黑龙江历史文化研究工程资助出版项目（CBZZ240
黑龙江省哲学社会科学研究规划项目（20YYC141）

濒危满语智能化保护研究

王 娣 著

哈爾濱工程大學出版社
Harbin Engineering University Press

图书在版编目(CIP)数据

瀕危满语智能化保护研究 / 王娣著. -- 哈尔滨 : 哈尔滨工程大学出版社, 2025. 5. -- ISBN 978-7-5661-4808-7

Ⅰ. H221.94-39

中国国家版本馆 CIP 数据核字第 2025JD5524 号

瀕危满语智能化保护研究
BINWEI MANYU ZHINENGHUA BAOHU YANJIU

选题策划 邹德萍
责任编辑 关 鑫 邹德萍
封面设计 李海波

出版发行 哈尔滨工程大学出版社
社　　址 哈尔滨市南岗区南通大街 145 号
邮政编码 150001
电　　话 0451-82519989
经　　销 新华书店
印　　刷 哈尔滨市海德利商务印刷有限公司
开　　本 787 mm×1 092 mm 1/16
印　　张 17
字　　数 413 千字
版　　次 2025 年 5 月第 1 版
印　　次 2025 年 5 月第 1 次印刷
书　　号 ISBN 978-7-5661-4808-7
定　　价 88.00 元
http://www.hrbeupress.com
E-mail:heupress@hrbeu.edu.cn

前　　言

满语是满族历史上使用的语言，也是清代的“国语”，与“骑射”一起成为维护清廷封建统治的有力工具。满语是从历史上的女真语发展演化而来的，历史文化内涵丰富多彩，满族的大量历史传说、民间故事及口头说部等，都是依托满语实现传承接续和世代发展的。加强满语研究力度，为留存原生态语言面貌和文化信息、强化民族认同、铸牢中华民族共同体意识提供语言支持，是重要的研究任务。当前，满语的生存状况不容乐观。2009 年，满语就被联合国教科文组织列入“极度濒危语言”行列。2013 年，据新华网报道，真正懂满语者不到百人，精通者不足十人。时至今日，满语已处于濒临消亡的境地，仅有黑龙江省齐齐哈尔市富裕县的三家子村、黑河市孙吴县的四季屯等地尚有一些能说满语的老人，被学界称为满语的“活化石”。面对满语如此严峻的濒危形势，如不加快抢救和保护步伐，在可以预见的将来，历史文化内涵深厚的满语将不可避免地走向消亡，逝于历史烟尘之中。

当今世界处于科技飞速发展的时代，为抢救和保护极度濒危的满语，可顺应科技之势，突破传统研究的局限，探索运用人工智能（AI）保护满语的新路子，为保留满语的原生鲜活形态、抢救满族传统语言文化贡献科技力量。基于此，本书在描写主义语言学理论的指导下，以三家子满语（简称满语）为主要研究对象，依托田野调查语料，借鉴当前人工智能研究成果，通过设计软件模块，进行满语的语音识别与合成研究，初步实现满语的智能“复制”，为抢救濒危满语提供一种智能化方案。

本书研究是在语音实验及数据的基础上开展的，相较于文献整理及音感推断，无疑更具客观性与可信度，亦是濒危满语抢救和保护的一种具体“实验”，相关的方法可能会对推动满语抢救进程、使“死语言”焕发出新生机有所裨益。因此，本书研究除了具有濒危满语保护功能外，还可推动满语书面语与口语相互印证，再现当时语言特点，为满文档案翻译、满文史料解读运用等提供语言实证，在深化清史、东北边疆史等研究，增进民族团结认同等方面，同样有着重要的现实意义。此外，本书研究所形成的语音语料数据库，还可为汉语及其他民族语言的智能化研究提供数据支持。

本书的研究对象主要为三家子满语,所建立的语音语料数据库简称“语料库”。本书采用宽式国际音标记音描写分析,不过分追求完备与详尽,对于其他记音没有进行转换,引用时仍保留原作者的记音方式。

目　　录

绪　　论

第一节　研究意义

满语是满族历史上使用的语言,文化内涵丰富,历史承载厚重,满族的大量历史传说、民间故事及口头说部等,都是依托满语实现传承接续、世代发展的,形成了独具特色的满族语言和历史文化。同时,作为钦定的官方语言,满语在清代200多年的国家政治生活中,衍生了浩如烟海的满文档案和文献,是清史、清代边疆史、民族“三交”史以及中华民族共同体等研究的重要资料,可以推动相关研究更加详尽细致、准确客观。辛亥革命后满语被弃用,当前已处于濒临消亡的境地,2009年被联合国教科文组织列入“极度濒危语言”行列。2013年,据新华网报道,真正懂满语者不到百人,精通者不足十人。时至今日,仅有黑龙江省齐齐哈尔市富裕县的三家子村、黑河市孙吴县的四季屯等地还有一些能说满语的老人,被称为满语的“活化石”。针对满语严峻的濒危形势,如不加快抢救和保护步伐,在可以预见的将来,满语将不可避免地消失于历史烟尘之中,因此加强满语的抢救性保护已迫在眉睫,成为国内外专家学者面临的重要课题。

当今世界科技飞速发展,运用实验方法和科技手段讨论和研究作为人类语言信息最重要载体的语音,已成为现代语音学研究的主旋律。① 在这方面,蒙古语、藏语等民族语言的智能化保护与开发走在了前列,早在2015年,蒙古语、维吾尔语、壮语等语种的光学字符识别(OCR)系统与智能翻译软件已得到广泛应用。运用AI技术保护和开发蒙古语、藏语等少数民族语言,为满语的抢救和保护提供了参考和借鉴。将AI技术应用于满语保护领域是新的历史时期加强满语保护的可行之路,更是继承和弘扬祖国优秀传统文化、深化中华民族共同体形成与发展等研究的务实之举。

一、研究内容

当前,由于满语的实验研究还处于初始阶段,语音语料库建设刚刚起步,尚未形成系统的满语语音识别、语音合成、机器翻译等基础理论及相关数据。面对这种情况,本书采取分步研究的策略。相关研究主要由三个模块构成:

一是基础性研究。本书依托数字化处理后的满语语料建立语料库,运用Praat语音实验软件,分别提取元音、辅音后接元音共振峰、嗓音起始时间(VOT)、谱重心等参数,对数据

---

① 呼和.加强少数民族实验语音学研究的几点建议[C].第十届全国少数民族语言文字信息处理学术研讨会论文集,2005:325-327.

的平均值、标准差和变异系数等进行统计和计算,作出声学元音图、辅音语图等声学图;结合音节类型、音节数量等对元音共振峰、辅音共振峰、浊音杠、冲直条、乱纹等进行分析和讨论,审辨确定音值,总结元音声学分布空间和分布规律;通过辅音语图中的辅音后接元音的共振峰、浊音杠、冲直条、乱纹等表现,依托数据对辅音声学特征、发音特点进行实验和分析,表征辅音特征,归纳辅音声学特点和规律,对辅音的发音方法和发音部位进行量化描写。

二是体系性研究。本书基于实验音系学理论和方法,依托基础性研究数据,对满语的音位音系、韵律特征进行研究,归纳整理元、辅音音位,在雅各布逊区别特征理论的指导下,运用 11 对区别特征完成音系的描写;运用 Praat 语言实验软件提取音强、音高、时长等数据来区分音节,对满语元音的音高、音长、音强、音节、词重音以及元音和谐等韵律特征进行实验和研究,归纳韵律规律,实现对满语声学规律的整体性把握。

三是智能化探索。本书在"语音罗塞塔方案"的启示下,依托数据和研究成果,运用人工智能技术,设计开发相关的程序模块,基于隐马尔可夫模型(HMM)实现满语的语音识别与合成。其中,语音识别的实现主要运用语音特征提取和分析工具、模型训练工具、语音识别工具等,构建识别模型,完成语音特征与声学模型的匹配和比较,实现从语音到文字的转换。语音合成的实现以语料库中自然语料为训练数据,运用隐马尔可夫模型合成简单的满语语音,通过调整和优化韵律,初步实现满语的智能"复制"。在此基础上,还针对满语田野调查语料多、听音记音任务重的实际,探索设计田野语音调查模块,运用计算机辅助开展田野调查,缩短记音和转写时间,提高工作效率。

二、研究价值

本书的研究价值和社会效益主要表现为以下几个方面:

一是完善学术理论。本书在描写主义语言学理论的指导下,综合运用实验语音学、实验音系学、区别特征以及自然语言处理等理论,对满语元音、辅音、韵律特征、音段音系、区别特征开展实验研究,并以数据为依托,对满语元辅音音值确定、音位音系归纳、韵律特征描写等进行研究,对满语智能化抢救和保护进行探索。本书的相关结论均在数据分析的基础上取得,客观度高,实用性强,可为满语智能化保护提供理论支撑,为实验操作提供实践支持,亦可为一些传统的研究成果提供验证,从不同的角度为一些疑难问题和争议的解决提供思路和方法。

二是提供基础数据。本书对满语元音、辅音、韵律特征和区别特征等逐一进行声学实验,提取了元音共振峰(F1、F2)、辅音时长(CA)、音强(CD)、无声段(GAP)、嗓音起始时间(VOT)、韵律参数等数据,经过统计处理后形成涵盖元音、辅音、韵律等内容的基础数据库,可以为满语、汉语及其他民族语言的语音识别、语音合成和应用开发等相关研究提供数据资源。

三是拓展研究方法。本书在描写主义语言学、实验语音学及音系学等理论的指导下,通过语音实验的方式,对满语进行系统的实验研究,对相关音位音系、韵律特征和区别特征进行描写和阐释,能够更好地拓展满语研究视野、丰富研究手段、促进满语研究的深入开展。

四是留存语音资料。为了便于开展研究,前期笔者进行了深入细致的田野语言考察,搜集和录制了较为丰富的语音资料,较好记录和反映了黑龙江省齐齐哈尔市富裕县的三家子村、黑河市孙吴县的四季屯,以及新疆察布查尔锡伯自治县等地的满语、锡伯语口语现状,形成了满语语料数据库,经过数字化处理后,实现了语料的数字化,可以永久保存满语的鲜活形态,加快了满语语音数字化建设步伐。

五是服务教学实践。当前的满语教学主要以满文档案和书面语研究为主,口语教学相对较少,这种现象是由多种原因造成的,但满语极度濒危、教学语料严重缺乏无疑是重要原因,导致教学机构及学习者无从入手,求学无门,对满语学习与研究造成了不利影响。在本书的研究过程中,笔者对语料库中的语料进行了初步的整理和标注,涵盖罗马字母转写、国际音标标注和汉语意译。这些工作可为满语科研教学提供语料服务,提高满语研究水平和教学质量。

六是服务国家语言战略。本书研究从语言学角度出发,通过语言棱镜展现满汉民族语言文字的微观接触、交融和演化的历程及规律,可为国家语言发展战略提供参考。同时,本书研究还可推动满语书面语与口语相互印证,展现当时语言特点,为满文档案翻译、满文史料解读和运用等提供语言资料和佐证,在深化清史、东北边疆史等研究,增进民族团结及认同等方面,同样有着重要的现实意义。

第二节　研究状况

一、传统研究

当前,满语研究成果主要集中在三家子满语的研究上。20 世纪以来,众多学者运用传统的语言调查和描写方法进行研究,成果丰硕。

(一)基础性研究成果多、分量重

(1)1961 年 8 月,清格尔泰带领调查组来到三家子进行满语调查,证实了国内仍有满语口语存在,引起了学术界的高度关注。1981 年 2 月,金启孮出版了《满族的历史与生活——三家子屯调查报告》①一书,对三家子村满族的社会历史、满语使用状况进行了详细的调查,书中第三章对三家子满语、满文使用情况进行了描写,运用汉字注音法记录了满语口语词汇。

(2)《现代满语八百句》②一书由季永海、赵志忠、白立元合作编著,是在三家子满语口语实地考察的基础上形成的。书中分析了黑龙江、嫩江流域两个地区满语口语存在的原因,对三家子满语口语的音位系统进行了总结归纳,对分布情况和语音环境进行了描写。为了便于读者学习,三位作者对采集到的口语进行了分门别类的整理,采用国际音标记音,

---

① 金启孮. 满族的历史与生活:三家子屯调查报告[M]. 哈尔滨:黑龙江人民出版社,1981.

② 季永海,赵志忠,白立元. 现代满语八百句[M]. 北京:中央民族学院出版社,1989.

并配以罗马字母转写形式的书面语与之对照,还附有书面语的原文。该书是学习满语口语的基础教材。

(3)《满语口语研究》[①]一书是1961年恩和巴图参加清格尔泰三家子调查组调查的成果。全书由三部分组成:一是三家子满语口语词汇论述,比较了口语和书面语词汇,研究了增音、减音、语音换位及语音缩减等现象。二是三家子满语话语材料,由对话、故事、传说、神歌等组成,用国际音标和汉语标注,便于初学者学习参考。三是三家子满语词汇,以词典的方式收录了3 800条满语词汇,词汇以拉丁字母音序排列。该书是学习研究三家子满语口语不可多得的好教材。

(4)《满洲语语音研究》[②]一书是爱新觉罗·乌拉熙春的博士论文,1992年由日本玄文社用汉文出版。本书由绪论、现代满语的语音系统等五部分组成,概述了现代满语的分布地区、使用情况等,分析了现代满语的语音系统,将现代满语和满语书面语语音进行了比较,论述了满语语音发展规律、历史过程、基本原理等。该书对于人们了解满语语音发展史、掌握现代满语语音结构和语音系统具有重要的意义。

(5)《濒危语言:满语、赫哲语共时研究》[③]一书由赵阿平、郭孟秀、何学娟合著,是一部关于三家子满语与赫哲语共时比较的重要著作。该书以三家子满语口语和赫哲语为研究对象,运用结构语言学、比较语言学等理论方法,对濒危的三家子满语、赫哲语的语音、语义、词汇、语法形态结构进行了共时的描写研究,总结了濒危语言的发展演变规律,不仅对濒危的满语、赫哲语研究具有重要的意义,而且对其他濒危少数民族语言的研究具有重要的参考价值。

(6)《三家子满语语音研究》[④]一书原为戴光宇的博士论文《三家子满语辅音研究》,后以专著形式出版,是一部以三家子满语辅音为研究对象的专题性著作。该书以田野调查法、历史比较法、结构分析法等为基础,对三家子满语口语辅音系统做了全面的研究,总结了三家子满语及满语支语言的语音特点,对于深入研究满语口语、阐释满-通古斯语族满语支的历史,有着重要的学术价值和意义。

(二)专题性研究方法多、有深度

学者们还结合三家子满语口语的语音特点,运用现代语言学方法和研究成果,对三家子满语口语的元辅音、元音和谐、重音等问题进行了专题研究,学术成果丰硕,极大地促进了现代满语口语研究的深入开展。

(1)元辅音研究。乌拉熙春的论文《满语元音的演变》,以清代形成的满语书面语为基本参照系,比较现代的黑龙江满语、嫩江满语、锡伯语元音之间的对应关系,论述了满语元音的基本特点、主要差别,归纳了满语元音演变的类型、规律和原因,是研究满语元音的重要文献。[⑤] 赵杰的论文《锡伯语满语语音演变的比较》,以黑龙江、嫩江满语和新疆锡伯语为研究对象,对满语、锡伯语语音演变进行了考察研究,探索其演变的原因和规律,认为现代

---

① 恩和巴图.满语口语研究[M].呼和浩特:内蒙古大学出版社,1995.

② 爱新觉罗·乌拉熙春.满洲语语音研究[M].京都:玄文社,1992.

③ 赵阿平,郭孟秀,何学娟.濒危语言:满语、赫哲语共时研究[M].北京:社会科学文献出版社,2013.

④ 戴光宇.三家子满语语音研究[M].北京:北京大学出版社,2012.

⑤ 乌拉熙春.满语元音的演变[J].民族语文,1990(4):57-65.

满语方言的语音差异反映出清代满语的历史发展进程。[①] 李兵的论文《现代满语唇辅音和圆唇元音的交互作用》,以三家子、大五家子和锡伯语为研究对象,对现代满语唇辅音和圆唇元音的交互作用进行了讨论。[②] 此外,吴雪娟、尹铁超的论文《满语第六元音研究》,以三家子、阿勒楚喀、巴拉、拉林满语口语为基础,对满语第六元音的相关问题进行了分析研究。[③] 郑仲桦的论文《试论满语方言的小舌音》,运用比较分析方法,对规范满语、三家子满语、大五家子满语和锡伯语中小舌音的语音环境进行了分析,认为小舌音消失和元音和谐律的解体都与语言接触有关。[④]

(2)元音和谐研究。元音和谐研究也是学者们关注和研究的重点,李兵对此进行了深入系统的研究,取得了重要的成果,他在其著作《阿尔泰语言元音和谐研究》中,系统描写了维吾尔语、清代满语、现代满语等方言的元音和谐特点,并运用专门章节对三家子满语的元音系统和元音和谐进行了分析探讨。[⑤] 此外,李兵还发表了《论通古斯语言元音和谐的语音学基础》[⑥]、《通古斯语言元音和谐与书面满语元音系统》[⑦]、《元音和谐的分类》[⑧]、《元音和谐的类型学问题》[⑨]等一系列论文,对满-通古斯语元音和谐问题进行了深入的研究和探讨。

(3)重音问题研究。这方面的成果不是很多,其中有黄锡惠的论文《满语口语研究的重音问题》。他针对"满语重音没有语法意义,不以重音区别词义"等研究现状,在相关研究基础上,以田野调查语料为基础进行横向比较,探讨了某些情况下满语重音区别词义的语法意义的共性。他还将研究视角延伸到通古斯语族,认为以重音区别词义是满-通古斯部分语言中客观存在的语法现象。该文是满语口语重音研究的重要成果,对于进一步深入研究探讨满语口语重音具有重要的学术价值。[⑩] 此外,王庆丰、乌拉熙春等学者也对满语口语的重音问题进行了探讨,这些成果散见于相关学术论文及著作中。

(三)探索性研究视野宽、角度新

(1)音位音系研究。李兵的论文《满语元音系统的演变与原始阿尔泰语元音系统的重新构拟》,以书面满语、大五家子满语、三家子满语、锡伯语为研究对象,对元音系统的演变进行了研究分析,提出了书面满语和现代满语三个方言的元音系统和谐类型,并对原始阿尔泰共同语元音系统进行了重新构拟。[⑪] 李兵还在其论文《满语和锡伯语元音系统结构的历时比较》中对满语和锡伯语元音系统结构进行了历时的比较研究。[⑫] 此外,郑仲桦的论文《满-韩语辅音音系与语音特征比较研究》,以相关的学术成果为基础,比较了满文、依布气

---

① 赵杰.锡伯语满语语音演变的比较[J].民族语文,1988(1):32-37.
② 李兵.现代满语唇辅音和圆唇元音的交互作用[J].民族语文,2004(2):1-12.
③ 吴雪娟,尹铁超.满语第六元音研究[J].满语研究,2009(2):9-12.
④ 郑仲桦.试论满语方言的小舌音[J].语言与翻译,2015(3):19-24.
⑤ 李兵.阿尔泰语言元音和谐研究[M].北京:商务印书馆,2013.
⑥ 李兵.论通古斯语言元音和谐的语音学基础[J].民族语文,1998(3):1-12.
⑦ 李兵.通古斯语言元音和谐与书面满语元音系统[J].满语研究,1998(1):21-32.
⑧ 李兵.元音和谐的分类[J].吉林大学社会科学学报,1990(1):30-37.
⑨ 李兵.元音和谐的类型学问题[J].民族语文,2001(2):32-46.
⑩ 黄锡惠.满语口语研究的重音问题[J].满语研究,2001(1):17-20.
⑪ 李兵.满语元音系统的演变与原始阿尔泰语元音系统的重新构拟[J].民族语文,1999(3):12-24.
⑫ 李兵.满语和锡伯语元音系统结构的历时比较[J].新疆师范大学学报(哲学社会科学版),1998(2):32-41,97-98.

满语、大五家子满语、三家子满语的音系特点，并在音系层面探讨了满语小舌音、唇齿擦音、送气擦音等问题，对古今韩语的发展过程进行了比较研究。①

（2）区别特征研究。关于满语区别特征的研究成果较少，仅有赵杰等学者对此进行了一些探讨。赵杰的专著《现代满语研究》②及论文《泰来满语音位解析》，对泰来县依布气满语单元音、复合元音和辅音音位的区别特征进行了研究。其中使用"有阻/无阻""鼻音/口音""唇音/舌音"等九对区别特征对依布气满语的元辅音位进行了讨论，并整理出了现代满语音位区别特征表；使用"前一个元音唇性展/圆""后一个元音唇性展/圆"等四对区别特征对复合元音的区别特征进行了探讨，并列出了复合元音区别特征简图，是关于满语口语元音辅音区别特征研究的首个学术成果。③ 此外，程烨、赵杰的论文《满语辅音字母 k、g、h 区别性特征分析》，运用区别性特征理论，以清代满语、大五家子满语、三家子满语和依布气满语口语为研究对象，对辅音字母 k、g、h 与元音相拼的区别性特征进行了分析研究，认为满语辅音字母 k、g、h 语音的历时演变发展与特定字母 k‘、g‘、h‘ 有合流的关系；并且对满文创制时辅音 k、g、h 所代表的小舌音和舌面后软腭音与元音结合的规律进行了解释，为满-通古斯原始共同语的历时构拟及亲属语言共时的比较研究提供了参考。④

（3）音变及词源研究。赵杰的论文《富裕县三家子满语与泰来县依布气满语及其音变的时间序列》，考察比较了三家子满语和依布气满语中 20 个常用词汇语音变化异同和音变的时间序列，印证了历史比较语言学"空间差异反映时间的发展"之方法论原则。⑤ 王敌非的论文《三家子满语口语 $kiαk^h$ 来源探析》，通过语音及语义分析解释了三家子满语程度副词 $kiαk^h$ 的来源，对三家子满语口语词源研究具有重要的学术价值。⑥ 胡艳霞、贾瑞光的论文《三家子满语中的汉语借词类型及其特点研究》，以三家子满语借词为研究对象，剖析了三家子满语汉语借词产生的原因、途径，总结了满语濒危过程中汉语借词的特点及规律等，为三家子满语口语的接触研究提供了实证性资料。⑦

二、实验研究

当前，国内关于满语的实验研究尚处于起步阶段，研究方法单一，手段简单，仅有少量的语音实验和声学比较成果。为了便于论述，这里对与之相关的研究一并阐述。

一是黄彩玉、郭碧莹的论文《满语元音 ū 实验语音学考察》，针对满语第六元音 ū 音值及其相关问题的争议情况，运用语音实验方法和元音格局理论，以三家子村满语传承人发音为语料样本，对满语元音 ū 进行了实验分析。作者依据实验数据作出满语元音 ū 声学空间分布图，通过对一级元音声位图中各单位进行归一化处理，得出元音格局标准图，确定了 ū 的音值，并对 ū 的变体进行了讨论。通过实验，作者认为 ū 的音位读音为后、次高、展唇元

① 郑仲桦. 满-韩语辅音音系与语音特征比较研究[J]. 满族研究，2017(4)：80-87.
② 赵杰. 现代满语研究[M]. 北京：民族出版社，1989.
③ 赵杰. 泰来满语音位解析[J]. 满语研究，1987(1)：51-66.
④ 程烨，赵杰. 满语辅音字母 k、g、h 区别性特征分析[J]. 北方民族大学学报(哲学社会科学版)，2019(4)：158-163.
⑤ 赵杰. 富裕县三家子满语与泰来县依布气满语及其音变的时间序列[J]. 黑龙江社会科学，2017(1)：112-115.
⑥ 王敌非. 三家子满语口语 $kiαk^h$ 来源探析[J]. 满族研究，2014(1)：113-116.
⑦ 胡艳霞，贾瑞光. 三家子满语中的汉语借词类型及其特点研究[J]. 大连民族学院学报，2010，12(4)：299-302.

音[ʊ],有两个变体,为与主要辅音相拼的[ʊ]和处于词头的[o],不建议确立与其他辅音相拼时的变体地位。①

二是尹铁超、张力的论文《满语元音 a 音值研究》,针对满语第一短元音 a 音值存在的争议,以黑龙江大学满族语言文化研究中心满语语料库中的语料为研究对象,从三家子满语、大五家子满语和标准满语的日常用语中选取含有 a 的语料词汇,运用 Praat 语音实验软件研究满语元音 a 的音值。作者以实验数据为基础作出声学元音图,对满语[a]、汉语[a]和美式英语[ɑ]进行了比较分析,认为满语的元音系统符合世界语言基础元音结构,由于满语中没有舌位更加靠近喉腔的元音,可将满语第一单元音标识为[a]。②

三是李兵、胡伟的论文《现代满语大五家子方言动词重音分布的声学分析》③,对满语口语的重音问题进行了探讨。该文于 2010 年 5 月举行的第九届中国语音学学术会议上宣读,后发表于《南开语言学刊》2013 年第 2 期上,是一篇关于满语口语重音实验研究的重要文献。该文对大五家子满语九类形态结构的动词进行了实验语音学分析,从音强、音高、时长三个方面对样本词进行了详细的声学量化、统计和比照,研究探讨了重音的分布和主要声学特点。作者通过实验分析提出,现代满语的词重音属于音强重音,时长与音高在区分轻、重读音节时作用不明显;词干、词缀可以分别构建自己的节律结构或音步。该文对于深化满语口语重音问题探讨、解决争议问题具有重要的实践和现实意义。

四是王娣的专著《黑河地区满语元音实验研究》,以黑河大五家子、蓝旗屯等地的满语口语元音为研究对象,以语音实验为手段,综合运用描写分析、数据统计、比较分析等方法,首次系统地对黑河地区满语元音,特别是复合元音和元音格局情况展开了实验探索。该书以田野调查语料为基础,运用 Praat 语音实验软件和 Matlab 数据处理软件,逐一提取了元音的主要共振峰数据,运用矩阵理论和卡-洛(K-L)变换进行标准化处理,作出声学元音图,以国际音标标准元音为参照审辨确定音值,对黑河地区满语元音的声学分布和声学规律进行了分析探讨,为满语口语的智能化保护提供了理论支撑和数据支持,是满语口语实验语音学研究的重要文献。④

三、智能化研究

满语的智能化研究处于萌芽阶段,成果更为稀少,所能检索到的资料显示,一些科研单位和学者已展开了积极的探索,主要成果体现在语料库建设、满语遗存的数字化保护、语言复制等方面。

一是曹萌的论文《论满语音像资料库的构建》,以满语音像资料库建设为研究对象,探索了音像资料库拓展功能模块建设,提出在网络平台上嵌入满语传承、满语义务普及、满语文学术研究、满语文人才培训四个功能模块,丰富满语音像资料库网络平台功能,使满语音像资料库平台更好地服务满语文保护抢救工作。⑤

---

① 黄彩玉,郭碧莹. 满语元音 ū 实验语音学考察[J]. 满语研究,2018(1):9-15.

② 尹铁超,张力. 满语元音 a 音值研究[J]. 满语研究,2016(2):14-16.

③ 李兵,胡伟. 现代满语大五家子方言动词重音分布的声学分析[J]. 南开语言学刊,2013(2):62-73.

④ 王娣. 黑河地区满语元音实验研究[M]. 哈尔滨:哈尔滨工程大学出版社,2021:1-2.

⑤ 曹萌. 论满语音像资料库的构建[J],满族研究,2018(1):73-76.

二是祖漪清等人的专题论文《用语言复制的方法记录濒危语言——锡伯语案例》,依托工信部的"面向少数民族的智能语音技术及系统开发" 项目,提出了锡伯语的复制思路和做法。该文探讨了系统建立锡伯语标准口语的音素体系,完成了具备音变预测等功能的文语转换系统,实现了将锡伯文输入文本转换成合成锡伯语语音的功能,并对相关功能进行了评测。该文还对濒危语言处理面临的问题进行了讨论,针对有文字濒危语言的处理、无文字濒危语言的处理、口语与书面语的区别等问题进行了探讨。该文思路清晰,可操作性强,是关于运用人工智能技术实现濒危语言保护的一篇重要的学术文章。①

三是黄志强、李德新的论文《齐齐哈尔市富裕县三家子村活态满语遗存的数字化保护与思考》,立足于"中国满语文保护抢救口述与满语印象资料库建构"项目,从三家子满语的现状出发,提出了加大数字化保护力度、整合语言资源、加快语言传承等对策建议,对三家子村活态满语遗存进行数字化保护有着一定参考价值。②

四是祖漪清、赵广立的《人工智能如何拯救方言》。这是一篇新闻报道,针对如不及时对弱势语言采取措施,将失去对人类文化遗产完整记录的机会的紧迫现状,提出依靠人工智能技术对语言进行完整"复制",同时呼吁更多热爱母语的人参与进来,共同保护方言。③

此外,科大讯飞还对满语口语语音合成进行了积极探索。在 2019 年 9 月上线的纪录片《你好,AI》第二集中,科大讯飞研究人员来到了黑龙江省黑河市孙吴县的四季屯,采集了满语"活化石"何世环老人的满语语音数据,运用人工智能技术进行了满语语音合成。合成的满语语音音质清晰,流畅自然,凸显了人工智能技术对拯救濒危语言的重要意义和作用。

需要指出的是,2020 年面对国内抗击新冠肺炎疫情时迫切的语言需要,在教育部和国家语言文字工作委员会的直接指导下,"战疫语言服务团"迅速开展语言应急服务,在很短的时间内就先后研制、推出了语言应急服务成果《抗击疫情湖北方言通》,设有微信版、网络版、抖音版等版本,为抗击新冠肺炎疫情提供了强大的语言服务保障。④讯飞输入法也紧急上线了"武汉话转普通话"功能。该功能不但能把病人所说的武汉话转为文字,还能以普通话自动播报,为医生迅速判断病情、对症治疗大开方便之门。⑤这也是运用人工智能技术合成方言的实际应用,为运用人工智能技术保护方言,特别是保护、抢救濒危语言蹚出了新路子。这些语言应急产品的研制开发与应用,具有较强的实际运用价值,为运用现代科技力量保护方言,特别是保护濒危语言开辟了一条新的可行之路。

四、国外相关研究

国外的专家学者针对满语的实验研究较少,仅有韩国的金周源、高东昊等学者运用仪器测定了一些满语语音的音质,解决了一些前人没有解决的问题,对于满语口语研究具有一定的参考价值。

---

① 祖漪清,高丽,王祖燕,等. 用语言复制的方法记录濒危语言:锡伯语案例[J]. 中国语音学报,2017(1):17-24.

② 黄志强,李德新. 齐齐哈尔市富裕县三家子村活态满语遗存的数字化保护与思考[J]. 理论观察,2018(2):5-7,177.

③ 祖漪清,赵广立. 人工智能如何拯救方言[N]. 中国科学报,2018-07-12(6).

④ 王铭玉. 应急语言服务的使命与担当[EB/OL]. (2020-05-27)[2025-05-20]. https://tj.chinadaily.com.cn/a/202005/27/WS5ecdc2c6a310eec9c72bb86b.html.

⑤ 赵广立. 从武汉话转普通话谈起:用人工智能技术保护方言[N]. 中国科学报,2020-03-20(3).

综上,经过半个多世纪的艰难探索,众多的专家学者,如清格尔泰、金启孮、季永海、恩和巴图、赵杰、乌拉熙春、李兵、王庆丰、赵阿平等,运用传统的方法对三家子满语进行了深入的研究,完成了音位系统的描写和归纳工作,对元辅音现象、音变现象、重音特征、元音和谐规律、外来语的影响等进行了深入的探讨,取得了一大批学术成果,从不同角度揭示了三家子满语语音系统的特点和规律,解决了一些实际问题,推动了现代满语口语研究的深入开展。但是,满语的研究还有不少问题亟待解决,例如争议性较大的元辅音音位的归纳问题、一些音位的条件变体问题、词重音的确定及变化问题等还没得到有效解决,一些争议性问题仍然存在。另外,在研究方法上也存在着一些不足,主要有以下几个方面:

一是重专题轻系统。侧重于满语口语语音结构特征、语音变体或某一语音现象的分析探讨,语音的系统性研究不够到位,对语音的变化规律及原因的探讨不够深入,对一些语音现象的解释较为牵强乏力。

二是重共时轻历时。语音的共时研究较多,能够对现代满语、锡伯语的语音进行共时比较研究,探讨语音发展规律,但系统性的历时研究较少,不能准确把握语音历时变化。

三是重描写轻实验。满语早已失去交际功能,濒临消亡,没有实际应用性,导致研究积极性缺乏。一些学者习惯于从传统的研究方式出发,着重对语音系统进行比较与描写,从相关文献中推断音感,研究思路和范围不够宽阔,实验研究仅是刚刚起步。

四是重元音轻辅音。元音研究成果相对较多,辅音研究比较薄弱,成果相对较少。在这方面,戴光宇首次系统地对三家子满语辅音进行了研究,虽然采用的是传统的研究方式,但对三家子满语语音研究仍具有十分重要的意义,特别是历时比较研究的方法仍具有重要的学术意义。

五是重传统轻创新。同丰硕的传统研究成果相比,学者们对实验研究的兴趣不高,信心不足,手段单一,故成果较少。在结合实验语音学和音系学理论方面,特别是运用现代科技手段如人工智能技术对极度濒危的活态满语口语进行有效抢救和保护的研究才刚刚起步,还有很大的拓展空间。

随着科技的发展,语音研究方式和手段正逐步走向信息化和技术化,运用现代科技对语音进行客观精确研究已成为语音研究的主流和趋势。面对当今世界信息化、智能化发展的冲击和满语即将消亡的危机,加强满语的实验研究和智能化保护已是刻不容缓,需要众多的研究机构和专家学者携起手来,群策群力,共同行动起来,为守护我们的语言家园、保护世界文化多样性贡献力量。

第三节　研究方法

本书以描写主义语言学相关理论为指导,以语音实验为手段,对满语进行实验研究,主要采用了以下方法:

一是语言描写。描写主义语言学在濒危语言的调查描写中发挥了重要的作用,是濒危语言描写的基础性理论和方法。本书在描写主义语言学的指导下,在有限的满语素材的基础上,力争对满语进行较为细致的描写和研究。

二是田野调查。语言学的田野调查是深入实地、面对面地进行研究和调查,是获取语料的基础性工作。为了撰写本书,笔者做了较为充分的田野调查工作,多次到黑龙江省的三家子村、大五家子村和新疆的察布查尔锡伯自治县等地,对现存的满语和锡伯语口语进行调查,获得了鲜活的口语语料,又通过搜集整理前人调查语料,形成了较为充足的口语语料库,为顺利进行语音实验奠定了语料基础。

三是数据处理。数据处理是语音实验和分析的基础和关键。本书运用 Praat 语音实验软件逐一提取了相关的数据,如平均值(AVG)、标准差(STD)和离散度(Dispersion)等,并使用统计软件对数据进行统计和处理,以数据为基础,以语图为手段,对三家子满语的语音现象进行统计分析,使研究结论更具科学性和说服力。

四是语音实验。本书针对三家子满语口语的特点,以元音头两个共振峰(F1、F2)、音长等参数描写元音音质,用辅音时长、嗓音起始时间、后接元音共振峰等参数对辅音进行分析和研究,通过听辨实验和声学分析来探讨音节、重音、元音和谐等存在的疑难问题,用数据描写音段特征和超音段特征。相关结论建立在具体的数据之上,保证了实验结论的客观性和可重复性。

五是新技术应用。运用统计方法对满语形态结构和音节进行分析,建立标注规则;运用人工智能技术对满语的语音识别、满语转国际音标进行研究,设计田野调查模型,实现简单的满语语音合成。

第四节　语料及说明

当前满语已极度濒危,母语者人数较少,语料获得难度大。2016 年以来,笔者多次深入黑龙江省黑河市的大五家子村、齐齐哈尔市富裕县的三家子村和新疆的察布查尔锡伯自治县等地进行田野调查,深入田间地头、屋舍村头,对满语、锡伯语母语者及传承人进行社会问卷、语言调查及民俗文化访谈,录制了大量的活态语料。语料情况如下:

一是语料较为充足。本书语料由两部分组成,一是刘景宪、黄锡惠、季永海于 1986—1987 年进行田野调查的录音,约 2 100.5 分钟,占总体语料的 67.7%;二是笔者于 2015—2019 年多次到黑龙江省黑河市的四季屯、齐齐哈尔市富裕县的三家子村和新疆的察布查尔锡伯自治县等地进行田野调查,获得了 1 000 多分钟的满语与锡伯语语料,占总体语料的 32.3%。

二是语料内容广泛。本书语料由生活中常见的动物植物、生产劳动、生活用具、交际往来、天文地理、时令节气等方面的日常用语组成,语料较为充实,而且发音人都是母语者和传承人,录音清晰、内容丰富,可以满足语音实验需要。

三是语料形式多样。本书语料由单词、句子、对话、故事传说等组成,均为现场录制,语料鲜活,口语特征明显,录音清晰自然,能够反映出三家子满语口语的现状及特点。相关发音人情况如表 0-4-1 所示。

表 0-4-1　三家子满语发音人基本情况表

编号	姓名	性别	录音时年龄	民族	职业	录音地点	录音人	录音内容	备注
1	计春生	男	不详	满族	农民	三家子	刘景宪、黄锡惠	时令、人体词汇	
2	计喜生	男	不详	满族	农民	三家子	刘景宪	词汇,短语,句子	
3	孟银秀	女	78	满族	农民	三家子	黄锡惠	词汇,短语,句子	
4	赵喜庆	男	不详	满族	农民	三家子	刘景宪	词汇,短语,日常用语	
5	孟宪孝	男	87	满族	农民	三家子	王娣、包维鹏	词汇,句子	第一代满语文化传承人
6	陶青兰	女	73	满族	农民	三家子	王娣、包维鹏	词汇,句子	第一代满语文化传承人
7	计福庆	男	69	满族	农民	大庆	王娣	词汇,句子	第二代满语文化传承人
8	陶淑琴	女	72	满族	教师	齐齐哈尔	王娣	词汇,句子	

第五节　难点及问题的解决

一是发音合作人少。进行语音实验时,理论上语料越全越好、发音合作人越多越好,这样才能更好地反映出语音的特点。但当前满语已极度濒危,能够熟练使用满语的母语者已寥寥无几,为了开展研究,笔者还运用了刘景宪等人的调查语料,因为刘景宪等人录制语料时,当时的发音合作人都是满语程度较好的母语者,语料非常具有代表性。后续还要深入黑龙江、新疆等地进行“地毯式”田野调查,广泛寻找母语者发音合作人录制语料,进一步充实完善实验语料。

二是数据烦琐庞杂。语音数据互相关联,烦琐庞杂,牵一发而动全身,若一处出现问题将对整个研究造成连锁影响,因此需要认真寻找、精挑细选数据处理办法和手段,进行精确取值,确保实验结果客观准确。

三是参考文献稀缺。由于满语口语语音系统非常复杂,系统性的语音实验尚处于起步探索阶段,没有现成的学术成果和实验数据可参考借鉴,因此需要借鉴其他民族语言的实验研究成果,探索总结适合满语实验研究的方法和路子。

四是专业人才匮乏。对满语进行实验研究,技术性强,专业要求高,需要研究制定文本转写规范,相关人员既要懂满语又要熟悉软件开发,但目前相关的复合型专业人才极其缺乏,因此需要进一步加强研究设计,投入大量的智力、财力和物力,共同破解难题,开拓创新,力求达到学术研究与保护应用的有机统一。

第一章　满语与满族的发展变迁

满语属阿尔泰语系满-通古斯语族满语支,是满-通古斯语族中唯一有文字的语言,是由古肃慎语经过发展演变而来的。在历史长河中,我国东北地区的肃慎经过挹娄、勿吉、靺鞨、女真等时期的发展和融合,形成了新的民族——满族,他们的语言也从肃慎语、女真语演变为满语。语言与文化有着密切的关系,语言是交际的工具,也是文化的载体,推动着文化的传播与发展,会对社会的政治、经济及文化产生重要的影响。文化是语言的内蕴,是语言的灵魂与主体,体现了语言的历史性与文化性。因此,开展满语智能化保护研究,不但要研究语言情况,还要发挥语言的棱镜作用,对其承载的文化进行语言考察和透视,深化对语言发展演变的理解和认识,从历史和现实中对其发展规律做出较为深入的研究与探讨。从女真语到满语的发展轨迹来看,明末时期是努尔哈赤统一女真各部到清入关成为全国统治者的时期,在这一时期满族社会发生剧烈的动荡,整个社会的政治、经济及文化获得了飞速的发展,满语成为满族文化发展的重要载体,对满族的影响是全方位和深层次的,满语词汇语义变化就是具体体现,赵阿平教授关于满族语言与文化的系列研究充分说明了这一点。这里我们参考赵阿平教授的研究成果,对《清文鉴》《五体清文鉴》《清文汇总》中的满文词汇,及三家子、大五家子满语词汇语义进行考察,揭示语言与文化之间的密切联系,深化对满族社会发展变迁的掌握和理解,进一步增强对满语进行智能化保护的责任感和使命感。

第一节　满语与满族的经济生活

满语体现了满族社会由渔猎采集向农业经济转变的过程。① 满族早期尚处于原始社会渔猎经济时期,主要以渔猎采集为主,在满语中留下了诸多关于渔猎的词汇,反映了满族人民认真细致的观察能力和朴素的自然观念,从中可以了解满族早期社会经济特点。

例如,满语中关于狩猎的词汇有田猎(aba)、打围(abalambi)、去打围(abalanambi)、来打围(abalanjimbi)、打牲(butambi)等。且满语中的兽类划分非常细致,反映了当时捕猎在人们生活中处于重要地位。鹿(buhv)分为公鹿(mafuta buhv)、母鹿(jolo buhv)、角鹿(oron buhv)、野角鹿(iren)、鹿羔(fiyaju)等。野猪(bigan ulgiyan)分为公野猪(aidagan)、母野猪(sakda)、野猪崽(mihacan)、二岁野猪(xurha)等。

满语中关于打鱼的词汇有打鱼(nimahaxambi)、捞鱼(herembi)、下拦河网(dangdalilambi)、下套网(tulembi)、敲冰打鱼(girin efulembi)、钓鱼(welmiyembi)、点火把叉鱼(tolon tolombi)等。且满语中的鱼类细分为大梭鱼(sarga nimaha)、细鳞梭鱼(ukuri)、鳊花

---

① 赵阿平.满族语言与历史文化[M].北京:民族出版社,2006:75-88.

鱼(haihvwa)、黑鱼(horo)、白鱼(yaru)、松花鱼(fongsonggi)、银鱼(menggun nisiha)、狗鱼(geoxen)、狗鱼仔(curhv) 等。

随着满汉交往交流的深化,满族向汉族学会了农业生产,满族经济由渔猎经济向农耕经济转化,很多满族人从事农业,其主食也从以肉食为主转为以杂粮为主。他们根据季节、礼仪和祭祀活动,制作出不同的面食,有关农业的词汇在满语中逐渐增多,社会经济生活的改变在语言中留下了深刻的痕迹。如与农作物、面食有关的词汇非常丰富,从中可以看出满族农业已经比较发达,所种农作物的种类也非常丰富。

农作物种类词汇如表 1-1-1 所示。

表 1-1-1 农作物种类词汇表

农作物种类	词汇
黍子	yeye ira
麦子	maise
燕麦	arfa
糜子	ira
黏高粱	yeye xuxu
大麦	muji
谷	jeku
玉米	aiha xuxu
小黄米	fisihe
米	bele
荞麦	mere
高粱	xuxu

面食种类词汇如表 1-1-2 所示。

表 1-1-2 面食种类词汇表

面食种类	词汇
搓条饽饽	mudan efen
打糕	tvme efen
萨其玛	sacima
松饼	hvri fahai xobin
软酥饼	ufuhu efen
麻花	ubaxakv
光头饼	gincihiyan xobin
铜盆糕	obokv efen

同时,也出现了很多制作面食的动词,如擀面(birembi)、搓饽饽条(siberembi)、揠面(uyembi)、发面(dedubumbi)、摊(tala)等,这些词汇都是在满族人的日常生活中形成的,可以看出他们对面食制作的熟练和精细程度。

第二节　满语与满族的宗教信仰

满语中众多的萨满教以及其他宗教信仰的相关词汇,体现了满族的宗教信仰由纷繁复杂向规范有序转变。早期的满族信仰认为世界上各种物类都有灵魂,他们把天地日月等自然物和动物进行神化,认为它们能够主宰人的福祸,通过向它们顶礼膜拜来祈求幸福安定的生活,这些关于自然和动物神灵崇拜的词汇反映了满族先民的生活环境、观察能力及信仰的变迁。

例如,满族的自然神灵崇拜主要是天神、月神、火神等。①

天神(abkai enduri)是满族萨满信仰的重要神祇。满族先民认为天生万物,天神是众神的统领者,人们对天神顶礼膜拜,祈求祝福,免于灾祸。

月神(biya enduri)在萨满信仰中是保佑人们狩猎丰收的神灵。人们祭拜月亮,祈求保佑多打猎物,获得丰硕的生活物资。

火神(tuwa enduri)也是满族崇拜的一个重要神祇,被尊为自然神之首,被视为万物生命之母。

在渔猎经济时期,动物是人们生存的重要保证。受万物有灵的观念影响,满族先民祭祀供奉这些动物神灵,以期得到保佑和满足生活需要。具有代表意义的是虎熊走兽和鸟雀飞禽神灵崇拜,如表 1-2-1 所示。

表 1-2-1　动物神灵崇拜词汇表

动物神灵	词汇
虎神	tasha enduri
熊神	mafka səwun
鹿神	buhv enduri
狗	indahvn
鸟神	gasha enduri
灵鹊	xengge saksaha
乌鸦	gaha
鹰神	giyahvn enduri

这些词汇反映了满族先民直观形象的思维和渔猎社会的变迁状况,但也体现出满族所信仰的神祇体系纷繁复杂,不利于形成民族的整体凝聚力。

---

① 赵阿平.满族语言与历史文化[M].北京:民族出版社,2006:204-411.

源于远古时期的萨满教是多神信仰的集中体现。在皇太极时期,为了维护统治和社会安定,统治者对萨满教进行了改革规范:垄断堂子祭祀,规范祭祀内容,使之成为皇家权力的精神象征;限制民间巫术,惩处不法萨满,扭转了萨满巫术盛行的社会风气;控制祭祀耗费,严禁铺张浪费,为后金政权积累了丰富的物质资料;引入外族神祇,拉近民族感情,改善民族关系,获得了外族的支持和帮助。清乾隆十二年(1747 年),清政府颁布了《钦定满洲祭神祭天典礼》,此为宫廷萨满祭祀的典章制度,使萨满祭祀由原始无序转变为周期性例祭,促进了萨满教的规范化和仪式化,对清代及以后的萨满教产生了深远的影响,满语中的萨满祭祀方面的词汇就是生动的体现和反映。

祭祀形式词汇如表 1-2-2 所示。

表 1-2-2 祭祀形式词汇表

祭祀形式	词汇
背灯祭	tuibumbi
祭肉敬天	oyo gaimbi
换索线	siren futa
还愿	julesi bumbi
柳枝祭	fodo wecembi
夜祭七星	amasi bumbi

祭祀器具词汇如表 1-2-3 所示。

表 1-2-3 祭祀器具词汇表

祭祀器具	词汇
女手鼓	untun
腰铃	sixa
神帽	yekse
神铃	honggon
男手鼓	imcin
香炉	hiyan dabukv
扎板、拍板	carki
神刀	halmari
神镜、铜镜	toli
抬鼓	tungken
神箭	desiku
神杆、索罗杆	somo

这些祭祀器具起着人与神沟通的重要媒介作用,有利于烘托出萨满教的神秘气氛。

有时，祭品与菜肴融为一体，御膳中很多面食是祭祀食品，如御膳中的太阳糕就是二月初一祭日时的供品，切糕是跳神时祭品的“上献”，还有坤宁宫的御膳面食馓子、打糕、搓条饽饽、椴叶饽饽、苏叶饽饽、淋浆糕、高丽栗糕等，也都是祭祀食品。[①]

第三节　满语与满族的政治组织

满族入关之后，满语中新增的有关政治、经济、文化的词汇，体现了满族的社会组织由部落联盟向封建集权转变。后金统一之前，满族还处于部落时期，社会组织是部落或部落联盟，氏族部落下的哈拉(hala)与穆昆(mukvn)是重要血缘组织，彼此关系密切。哈拉是基本的血缘组织，穆昆是由哈拉派生的，源于女真语“谋克”。穆昆作为满族社会生活的基本组织单位，在满族社会中发挥着重要的功能。努尔哈赤统一女真各部时，建立了八旗制度，实行牛录(niru)、八旗(jakvn gvsa)制。清代满族先后编入八旗后，日常的社会生活则由穆昆制起作用。[②] 牛录、八旗等词汇也进入了满语之中。

八旗制度相关词汇如表 1-3-1 所示。

表 1-3-1　八旗制度相关词汇表

八旗制度相关用语	词汇
牛录、箭、大箭	niru
旗主、固山额真、都统	gusa i ejen
参领	jalai i janggin
佐领	niru i janggin
副都统	meiren i janggin
将军	jiyanggiyvn
护军校	juwan i da
侍卫	hiya

清朝统一全国后，满族的社会组织发生了巨大的变化，统治者转承中原王朝的社会组织形式，将原来的部落联盟转为国家机构，建立了完整的衙署、官衔制度，封建集权制度进一步强化，满语中也出现了一大批与之相关的新词汇。天聪五年(1631 年)，皇太极定官制、设六部；天聪八年(1634 年)，将官名易以满语，满语官名自此始。到乾隆初年(1736 年)，乾隆又钦定诸多满语衙署、官衔名目，进一步丰富拓展了满语词汇。

衙署、官衔名目词汇如表 1-3-2 所示。

---

① 关笑晶. 清代满族的丧葬习俗：从《御制增订清文鉴》谈起[J]. 满语研究，2010(1)：101.

② 赵阿平. 满族语言与历史文化[M]. 北京：民族出版社，2006：104-107.

表 1-3-2　衙署、官衔名目词汇表

衙署、官衔名目	词汇
太仆寺(清代兵部管理马政的机构)	adun be kadalara yamun
三法司(以刑部、都察院和大理寺为三法司)	ilan fafun i yamun
内阁、内院(清代辅助皇帝执政的中枢机构)	dorgi yamun
尚书(清代中央六部和理藩院的长官)	aliha amban
总兵(清代绿营的高级将领,武职正二品)	uheri kadalara da
知府(清代地方府一级的长官)等	fu i saraci
志书馆	ejetun bithei kuren

清朝建立后,朝廷对行政办公用的公文成语、奏折用语等也进行了规范,满语中相关词汇也大量出现,这在入关前是没有的,如表 1-3-3 所示。

表 1-3-3　行政办公用语词汇表

行政办公用语	词汇
年陈	aniya
请安	elhe baimbi
准其离主	ejen ci hokore
以此	ereni
空缺	ekiyehun oron
副本	adabufi wesimbure hithe
无定规	an akv
允协	acanambi
为领取事	gaijara jalin
衔名、履历	gebu jergi yabuha ba
依议钦此	gisurehe songkoi obu sehe

这些词汇规定了公文行文表述,提高了公文处理效率和执政能力,是大一统的封建集权统治的行政基础。

满族进入辽沈地区,特别是入关统一全国后,其历史地位发生了翻天覆地的变化,一大批关于宫殿、城门、陵寝等皇家专用词汇出现在了满语之中,体现了皇家的尊严与皇权的至高无上。皇家专用词汇如表 1-3-4 所示。

表 1-3-4　皇家专用词汇表

皇家专用语	词汇
行宫	tatara gurung
泰陵	elhe munggan
昭陵	eldengge munggan

表 1-3-4(续)

皇家专用语	词汇
大清门	daicing duka
正阳门	tob xun i duka
永陵	enteheme munggan
午门	julergi dulimbai duka
保和殿	enteheme hvwaliyambure deyen

第四节　满语与满族的历史文化

从语言发展的历史来看,不同语言的词汇经常出现互相借用的现象,满语也不例外。满族入主中原后,由于满语词汇满足不了时代的需要,于是大量借助汉语词汇丰富语言内容,这些借词也成为满语词汇的组成部分。大量借词的采用,一方面说明了满语自身造词功能不足;另一方面也反映出满族善于学习、善于吸纳、包容开放的民族特点。

清初,满语借词在政治生活方面出现较多,如表 1-4-1 所示。

表 1-4-1　政治生活方面借词词汇表

政治生活方面借词	词汇
皇后	hvwang heo
皇帝	hvwang di
道士	dou se
皇太子	hvwang taidzi
皇贵妃	huwang gui fei
太师	tai si
灯盏	deng jan
校场	giyo can
太傅	tai fu
船	cuwan
饺子	giyo se
主	gungju
分	fuwen
钱粮	ciyan liyang
抹布	ma bu
俸禄	fung lu
王	wang

表 1-4-1(续)

政治生活方面借词	词汇
百姓	bei sin
盒子	ho se
京、经、更	jing
题目	ti mu
茶	cai
孝顺	hiyoo sun
琥珀	hv be
敕命	cy ming
丈	jang

随着借词的增多,满族统治者为了保持本民族的主要特点,不得不三令五申地提倡“国语骑射”。为了排斥汉语借词,乾隆时期采取了废弃借词、创制新词、改造借词等措施,使之满语化;刊行《御制增订清文鉴》,增加了“新定国语五千余句”①。但效果甚微,满语仍不可避免地走向了衰落。

新中国成立后,随着满族生活条件的改善,与外界交往的增多,其经济文化迅速发展,但满语的发展与社会发展没有同步而行,因此也大量借用了现代的新词术语,以适应时代要求,如一些时代用语、日常用品、蔬菜水果等词语都是在这时候进入满语中的,保留在黑龙江、嫩江流域村屯的满语口语更能够突出地反映这一特征。例如,齐齐哈尔市富裕县三家子村和黑河市大五家子村的满语词汇中就有很多这样的借词,如表 1-4-2 所示(口语以国际音标标注)。②③

表 1-4-2　时代用语等借词词汇表

时代用语等借词	词汇
庙	miao
香	çiaŋ
醋	tsu
表	biau
元帅	yanʂuai
拳头	kyaŋʔdo
钟表	tʂoŋ
筐	kuaŋ

① 赵杰. 论满语中汉语借词的发展[J]. 语文研究,1988(3):11.

② 王庆丰. 满语研究[M]. 北京:民族出版社,2005.

③ 胡艳霞. 濒危语言:黑龙江现代满语借词及其特点研究[D]. 哈尔滨:黑龙江大学,2005:34.

表 1-4-2(续)

时代用语等借词	词汇
花椒	xuadʑiau
白糖	ʂataŋ
医生	taifu
喇叭	lap
红缨枪	miaudza
人参	ʐənʂən
马勺	maʂao
钱	tɕian
香菜	ɕiaŋ sɔki
笼头	loŋtou
布票	bupiau
窖	dʑiau
纽扣	səmən kata
代表	aibiau
月饼	yuəpiŋ
师傅	səfu
幸福院	ɕiŋfujyan
白菜	paisɔki
菩萨	pusa
算盘	suanpan
朋友	pəŋɣou
号脉	xaomailampi
裙子	vəitɕin
西瓜	toŋka
袜子	vadzʅ
敬老院	dʑiŋlauyan
挂面	kuamian
棋盘	pandzʅ
社员	ʂəyan
学生	tsarəi

这些表示现代生活的词汇基本上涵盖了满族生活的方方面面,这不仅是语言的变化,也是人们社会心态和民族文化的反映。改革开放使满族人民的生活方式发生了很大的改变,思想也得到了解放,使这些满语方言点的生活进一步由闭塞向开放转变。而这些借词

虽反映了满语造词功能的退化,但也说明了满族整体文化具有较强的开放包容性。

通过简要分析我们知道,满语是中华文化的重要组成部分,不仅对于满族而言,而且对于整个中华民族的社会文化而言都具有重要的作用和意义。语言词汇与社会发展、民族特点密切相关,了解、掌握这些特点,不仅有助于我们学习、运用满语,而且有助于我们对满族发展史、满族与其他民族的关系史等进行深入的探讨与研究。[1] 面对满语濒临消亡的严峻形势,全社会应行动起来,大力宣传抢救满语的重要性,落实有关保护民族语言文字的法律规定,抓好满语数据库建设,为保护祖国的语言文化尽一份微薄的力量。

① 赵阿平. 论满语词汇的特点[J]. 满语研究,1990(1):36.

第二章　三家子满语概述

三家子村是嫩江东岸的一个满族小村庄，清康熙年间，萨布素水师营的三个八旗兵来到此处，见此地水草丰美，便携家眷在此定居下来，形成了三家子满族村，他们所使用的语言逐渐形成三家子满语。1961 年夏，内蒙古大学的清格尔泰等专家最先来此地调查，发现了这个满语的"活化石"，推翻了我国境内已无满语存留的论断。后来，众多专家学者纷纷来此地进行语言学、社会学调查，形成了一大批研究成果，有力推动了满语研究的深度开展。目前，三家子村还有多位能说满语的老人。

第一节　三家子村的历史文化

三家子村位于黑龙江省齐齐哈尔市富裕县满达柯友谊乡境内，地处嫩江拐角处的江畔，距离齐齐哈尔市 95 公里。据三家子村统计数据资料显示，目前全村有满族、蒙古族、达斡尔族、柯尔克孜族、鄂伦春族、汉族等 6 个民族，人口 1 142 人，其中满族 742 人，约占总数的 65%。① 为平定噶尔丹叛乱，增强黑龙江西部地区的战备力量，康熙三十年（1691 年），清政府下令在卜奎建城，并于康熙三十八年（1699 年）将黑龙江将军衙门从墨尔根迁至此地。② 卜奎成为八旗军的重要驻地，大批的八旗官兵携带家眷迁居于此。当时黑龙江地区地广人稀，为满足战备和训练的需要，允许八旗官兵携带家眷在驻地一百里内自由择地而居。水师营的计姓（计布出哈拉）、孟姓（摩勒吉勒哈拉）、陶姓（托胡鲁哈拉）选择了嫩江拐角处的"南北沟子"结伴而居，被称为"三家子"，后又有关姓（瓜尔佳哈拉）、吴姓（乌鲁古齐）等姓氏的满族人迁入，形成了三家子村。③ 由于原住址地势低洼，出入不便，后来他们陆续迁到了现在村子所在的位置。

三家子村在《清文鉴》中的释义为 ilan boo tokso（伊兰包托克索）。tokso 音译为"托克索"，原义为农庄，《清文鉴》注释为 usin weilebume niyalma tebuhe ba be tokso sembi（使耕田人居住的地方），《清文总汇》释义为"屯里""庄子"，《大清全书》解释为"庄子""村庄"。据此推测，tokso 来源可能与满语 toktombi（固定、安定、平定）或 taksimbi（存在、生存）有关，《御制清文鉴》中 toktombi 的释义为 yaya weilere jaka i durun dasaburakv sain oho jai yaya jaka axxarakv ojoro be gemu toktombi sembi。可能是词干 tok/tak+词缀-so，形成 tokso/takso 一词，意为"稳定之居"或"生存之处"，体现以田地为谋生手段的定居生活之意，后来逐渐发展变迁，具有了"村庄""村屯"的含义。据考证，"托克索"原为女真农业生产的一种组织形式，

---

① 2019 年，三家子村委会提供。

② 中国第一历史档案馆. 锡伯族档案史料（上册）[M]. 沈阳：辽宁民族出版社，1989：27.

③ 金启琮. 满族的历史与生活：三家子屯调查报告[M]. 哈尔滨：黑龙江人民出版社，1981：23.

在后金时期,努尔哈赤颁布设庄令,在建州卫统治区域内广设"托克索",就是奴隶(aha)或耕田人所住的地方,实际上为后金统治者和贵族所占有的农奴制庄园,是女真后期社会经济生产发展的重要反映。清入关前,以"托克索"奴隶制经济为主体的生产方式,创造了大量的物质文化,推动了满族由奴隶社会向封建社会的快速转化。① 清入关后,"托克索"由奴隶制庄园的含义逐渐变成了封建庄园的"庄""屯"。计、孟、陶三家定居后,所居之地亦被称为"托克索",即"三家子村/屯"。

三家子村位置偏僻,早年间交通不便,定居下来的三姓后人多是"披甲"(八旗兵)之后,与其他民族通婚较少,生活比较闭塞,正因为如此,一些满族固有的风俗习惯、语言文化、生产生活等文化遗存才能够在村子里较为完整地保留下来。

1954 年,罗常培、傅懋勣在《中国语文》上刊发的《国内少数民族语言文字概况》一文中指出,满族绝大部分已经使用汉语汉文,只有东北的极少数聚居村镇还说满语,黑龙江省龙江县有一个 82 户聚居村、富裕县有一个 62 户的聚居村都还会说满语。②

1961 年夏,清格尔泰带领由金启孮、恩和巴图、白音朝克图组成的调查组,对三家子满族语言、文化等进行了全面系统的调查。清格尔泰、白音朝克图负责调查语音、语法,金启孮负责调查社会历史情况,恩和巴图负责调查词汇和话语材料。调查组先后出版和发表了《满族的历史与生活——三家子屯调查报告》(1981)、《满洲语口语语音》(1982)、《满语口语研究》(1995)等学术成果,对三家子村的满族语言文化进行了研究和描写,证实了我国仍存在着鲜活的满语口语的事实,引起了学术界的高度重视。自此三家子村开始走向世界,成为中外闻名的满语研究基地,在学术界获得了"满语之光""满语基地""满语活化石"等称号,吸引着大批的国内外专家学者来此进行考察、研究。

随着国内外对三家子满语考察研究的不断深入,富裕县政府也积极展开了抢救保护满族语言文化的行动。1988 年,在富裕县委、县政府及相关部门的支持下,三家子村开设了国内第一所满族学校,第一任满语老师是赵金纯。后来又投入资金扩建校舍,购买办公用品,改善了办学条件。2006 年,学校聘用三家子村优秀青年石君广、赵莹为满语老师,为村里孩子们讲授满语课程,并编写了《小学满文教材》《满族字母字帖》等教材,推动了满语教育的顺利开展。

为抢救留存即将失传的满语,2010 年 8 月,富裕县委、县政府与中央民族大学、黑龙江大学共同举办了首届"中国·三家子满族语言文化论坛",成立了满族学会,在村里满语较好的老人中选聘孟淑静、孟宪连、孟宪孝、孟宪义、陶纯荣、陶玉华、陶青兰、陶云、陶云庆、计福庆、计金禄、计万才、吴贺云、关凤义、赵凤兰和赵金岭等 16 位老人为第一代满语传承人,并为其颁发了证书。③ 目前,这 16 位老人中已有 7 位老人先后故去,后又聘任了 3 位传承人,这些老人默默地传承着满语口语,接待了众多国内外专家学者,为保护濒危满语口语和传承满族文化做出了突出的贡献。

从 1961 年清格尔泰调查组对三家子村开展满语调查以来,众多的国内外学者纷纷到三家子村进行满语和文化调查,其中具有代表性的有以下几次:

一是 1986 年刘景宪、黄锡惠、季永海的调查。这次调查与清格尔泰、金启孮等人在 1961 年的调查相比,这时村子里的满语状况已经在走下坡路了,当年清格尔泰等人调查时

---

① 孙德昌. 从托克索看后金政权的性质[J]. 满族研究,1996(1):30.

② 《罗常培文集》编委会. 罗常培文集·第九卷[M]. 济南:山东教育出版社,2000:338.

③ 高荷红,石君广. 黑龙江省三家子村满语传承人调查研究[J]. 满语研究,2013(1):69.

能熟练说满语的老人都不在世了，一些会说满语的中年人也年纪大了，说满语的流利程度已经不是很好了。

二是1997年刘景宪、吴宝柱、蒋理的调查。这时的三家子满语已经处于濒危状态了，这次调查形成了《抢救满语　迫在眉睫——三家子满族村满语现状调查报告》，指出了三家子村满语的现状，论述了抢救满语的重大意义及学术价值，并对如何抢救满语提出了对策建议。①

三是2002年赵阿平、郭孟秀、唐戈的调查。他们对三家子村的满语会话程度进行了全面具体的调查，形成了《满-通古斯语族语言文化抢救调查——富裕县三家子满族语言文化调查报告》，分三个阶段比较了1961年至2002年三家子满语整体水平的变化，分析了变化原因，认为满语在三家子村的彻底消失只是时间问题。②

四是2002年定宜庄、邵丹的调查。他们重点对三家子村的满族历史文化进行了调查，形成了《历史"事实"与多重性叙事——齐齐哈尔市富裕县三家子村调查报告》。该报告以三家子村孟氏家族为研究对象，通过对金启琮《满族的历史与生活——三家子屯调查报告》的相关内容进行分析，对满族的认同问题进行了探讨。③

五是2005年刘正爱的调查。这次调查从人类学角度出发，根据金启琮《满族的历史与生活——三家子屯调查报告》，对三家子村进行了追踪调查，形成了调查报告《黑龙江省三家子村追踪调查》。报告介绍了三家子村的概况，通过访谈对三家子村计、孟、陶三姓家族的生活和家族史进行了人类学考察，勾勒了三家子村满族的语言、文化、历史变迁图景，对近四十年来村庄历史与文化的变迁进行了思考和探索。这次调查对于研究和探索满族历史文化和民族认同具有重要的意义和价值。④

为抢救保护、开发利用满族语言文化遗产，近年来，富裕县委、县政府辟建了三家子满族语言文化保护区、满族语言文化传习室等满族语言文化区域。2008年4月，三家子满语被齐齐哈尔市政府确定为第一批市级非物质文化遗产代表性项目，中央民族大学和黑龙江大学分别在三家子村建立了满语教学基地。这些举措为抢救保护濒危满语、传承满族历史文化、丰富祖国文化多样性做出了积极贡献。

第二节　三家子满语的元音

三家子满语的元音系统是学界研究的重点，对于了解、掌握满语口语的发展历史和现状具有重要的意义。三家子满语的元音系统比较复杂，20世纪以来，专家学者们运用现代音位学理论对其进行了系统的研究，但因研究者个人理解和听感不同，所归纳的音位也是繁简不一、数量不均，有的将变体作为音位，有的却将音位作为变体。本章综合前人的成果，结合田野调查情况，对三家子满语的元音系统进行了归纳整理，并采用语音实验的方法，对三家子满语的元音进行实验研究，探讨相关声学规律。

---

① 刘景宪，吴宝柱，蒋理．抢救满语　迫在眉睫：三家子满族村满语现状调查报告[J]．满语研究，1997(2)：68-71．

② 赵阿平，郭孟秀，唐戈．满-通古斯语族语言文化抢救调查：富裕县三家子满族语言文化调查报告[J]．满语研究，2002(2)：39-44．

③ 金启琮．满族的历史与生活：三家子屯调查报告[M]．哈尔滨：黑龙江人民出版社，1981．

④ 刘正爱．黑龙江省三家子村追踪调查[J]．满族研究，2009(1)：27-34．

一、研究概述

对三家子满语元音的研究,重点在音位的归纳上,学者们根据调查情况,归纳出了形式各异、数量不一的音位系统。主要有以下成果:

六元音系统。季永海等人合著的《现代满语八百句》,针对三家子满语口语的元音比较复杂的情况,将其归纳为 6 个音位,分别是 ɑ、ə、i、o、u、y,列出了例词,并对音值和出现环境进行了简要说明。①

七元音系统。李兵在论文《满语元音系统的演变与原始阿尔泰语元音系统的重新构拟》中指出,同大五家子满语相比,三家子满语元音系统的发展更进一步,y 已经发展成为独立的音位,ə 在三家子满语里已经成为高后元音 ɨ,在舌位高低维向上同 a 对立,在唇状维向上同 u 对立。他将三家子满语的元音归纳为 7 个,分别为 i、y、ɨ、u、ɛ、a、ɔ。②

八元音系统。乌拉熙春在《满洲语语音研究》一书中提出,满语黑龙江方言和嫩江方言的元辅音系统基本一致(其中黑龙江方言主要是指大五家子一带的方言,嫩江方言主要是指三家子一带的方言),主要差异表现在音位系统内部的音位变体、音位配置关系、重音位置等方面,并将这两个地区满语元音的 15 个音素归纳为 8 个音位,分别为 ɑ、ɤ、i、ɔ、u、e、ɘ、y,对这些音位及变体进行了详细的描写,针对每个音位和变体还给出了参考例词。③

十元音系统。恩和巴图在专著《满语口语研究》中,将三家子满语整理为 10 个元音,分别为 ɑ、æ、ɯ、e、i、ɔ、o、ʊ、u、y,比较了口语和书面语词汇,研究了增音、减音、语音换位及语音缩减等现象。书中第三部分还列出了具体的词汇。④

十一元音系统。戴光宇在《三家子满语语音研究》一书中提出,三家子满语元音音位的条件变体多数来自弱化音节,也有一些是由重读音节的强化产生的。他将三家子满语元音归纳为 11 个,分别是 a、ə、i、ɛ、e、o、ɔ、u、y、ɿ、ʅ,且列出了例词,进行了简要描写。⑤

关于音位的划分,总体来说只要不违背音位归纳的基本原则,当合则合,当分则分,这样的划分都可以认为是正确的。根据音系学原理,归纳音位主要是从音位的对立和互补入手,有对立的音位必为不同的音位,互补的两个音可以归纳成一个音位,也可以不是一个音位,要看当地人的语感和语言的语音结构系统,因此音位的归纳具有多种可能性。⑥

上述成果中关于元音的归纳与整理,由于理解不同、角度各异、方法不一,所归纳划分的音位也不尽相同,这都是可以的,也充分体现了学术研究的百花齐放、百家争鸣,是学术研究的活力和创新之所在。需要指出的是,这些繁杂不一的音位会给初学者带来困扰,也容易造成分歧和争议。因此,可以转换研究思路,探索新的研究方式,用量化的方式归纳整理音位,审辨确定音值,推动满语研究往更深的层次发展。

---

① 季永海,赵志忠,白立元. 现代满语八百句[M]. 北京:中央民族学院出版社,1989:5.

② 李兵. 满语元音系统的演变与原始阿尔泰语元音系统的重新构拟[J]. 民族语文,1999(3):18.

③ 爱新觉罗·乌拉熙春. 满洲语语音研究[M]. 京都:玄文社,1992:23-24.

④ 恩和巴图. 满语口语研究[M]. 呼和浩特:内蒙古大学出版社,1995.

⑤ 戴光宇. 三家子满语语音研究[M]. 北京:北京大学出版社,2012:46.

⑥ 罗常培,王均. 普通语音学纲要[M]. 修订本. 北京:商务印书馆,2002:218.

二、三家子满语的单元音

根据元音研究的相关情况可知,所归纳的音位中都有 a、i、u、y 这 4 个元音,但对于 ə、o、ɔ、e 等音位,是存在争议的。这里根据实地调查语料,参考先贤们的研究成果,对三家子满语元音进行了初步的归纳,将三家子满语元音的 i、y、e、ε、a、ə、ɐ、u、ɯ、o、ɤ、ɔ、ɑ、ʌ、ɿ、ʅ 等 16 个音素归纳为 8 个音位,即 ɑ、ɔ、ə、u、i、ε、e、y,如表 2-2-1 所示。

表 2-2-1　三家子满语元音表(括号内的为音位)

舌位高低度	舌位及唇形									
	舌面元音						舌尖元音			
	前		央		后		前		后	
	展	圆	展	圆	展	圆	展	圆	展	圆
高	(i)	(y)			ɯ	(u)	ɿ		ʅ	
次高					(ə)					
半高	(e)				ɤ	o				
中										
半低	(ε)		ʌ			(ɔ)				
次低										
低	a		ɐ		(ɑ)					

三、三家子满语的复合元音

关于三家子满语的复合元音的研究成果不是很多,也不是很深入,一些学者归纳总结了三家子满语的复合元音系统,进行了简单的描写,给出了一些参考例词。

季永海将三家子满语的复合元音归纳为 10 个二合元音:iɑ(iæ、iε)、ie(iə)、iɔ、iu、uɑ(væ、ʊɑ)、ɑi(æi)、ui、əi、uo、əu,2 个三合元音:uɑi(væi、ʊɑi)、iɑu,列出了例词,并对音值和出现环境进行了简单描写。①

赵阿平等学者将三家子满语的复合元音归纳为 15 个二合元音:ɑi、əi、ui、iɑ、iə、iɔ、iu、iy、ɑɔ、ɑɔ、ɑu、əu、uɑ、uo、ʊɑ,2 个三合元音:iɑu、uɑi,并对这些复合元音在词首、词中、词尾的使用情况进行了归纳。②

戴光宇将三家子满语的复合元音归纳为二合元音 12 个,其中前响 5 个:ɑi、əi、ui、ɑu、əu,后响 7 个:iɑ、iε、iə、iɔ、iu、uɑ、uε,三合元音 2 个:iɑu、uɑi,并列出了这些复合元音的变体及例词。③

① 季永海,赵志忠,白立元. 现代满语八百句[M]. 北京:中央民族学院出版社,1989:5.

② 赵阿平,郭孟秀,何学娟. 濒危语言:满语、赫哲语共时比较[M]. 北京:社会科学文献出版社,2013:165.

③ 戴光宇. 三家子满语语音研究[M]. 北京:北京大学出版社,2012:46.

笔者根据调查情况，总结出三家子满语二合元音 15 个(前响二合元音 5 个，后响二合元音 10 个)、三合元音 2 个。具体如表 2-2-2 所示。

表 2-2-2　三家子满语复合元音表

复合元音			例词
二合元音	前响	ɑi	tɑi(烟袋), ɑikɑn(琉璃)
		əi	wəiɣə(牙), pəirə(弓)
		ui	kuijə(脚后跟), ʂui(税)
		ɑu	tɑu(夸), jɑume(去)
		əu	jəurko(蚂蚁), təu(弟弟)
	后响	iɑ	piɑ(月亮), niɑmə(人)
		iɔ	fiɔ(屁), kiɔ(狍子)
		ie	niekʰə(鼻涕), pejie(身体)
		iu	niuru(箭), niuɣə(狼)
		uo	puo(家), tʂuo(二)
		iə	niəkə(鼻涕), viŋŋiə(猪)
		uɑ	luɑtʂɑn(罗刹), tuɑ(火)
		iy	niyŋŋun(六), niyŋniɑn(鹅)
		ɑo	ɑoz(网), ɑopun(堆)
		iɛ	tʂiɛntʰun(甜), jiɛmtʂisχun(下午)
三合元音	iɑu		miɑutʂɑn(枪), piɑulɑn(蓝色)
	uɑi		kuɑilime(变色、掉色), quɑitɑʁɑ(久了)

第三节　三家子满语的辅音

一、研究概述

关于三家子满语辅音音位的整理和归纳，主要有以下几种观点：

季永海等人认为有 28 个辅音音位：p、p‘、m、f、v、t、t‘、s、ts、n、l、r、tɕ、tʂ、tɕ‘、tʂ‘、ɕ、ʂ、ʐ、j、k、k‘、q、q‘、χ、x、ŋ、ts‘，并列出了例词，对出现环境进行了描写。①

赵阿平等人认为有 25 个辅音音位：b、p、m、f、v、d、t、w、l、r、s、g、k、h、ŋ、j、ʥ、tʂ、ʂ、ʐ、ʥ、tɕ、ɕ、ʣ、ts，并列出了例词，对辅音在词中的位置关系等进行了简要分析。②

李兵也总结归纳出 25 个辅音音位：p、b、t、d、tɕ、ʥ、tʂ、k、g、q、ɢ、f、v、s、ɕ、ʂ、x、χ、m、n、ŋ、

① 季永海，赵志忠，白立元. 现代满语八百句[M]. 北京：中央民族学院出版社，1989：5.

② 赵阿平，郭孟秀，何学娟. 濒危语言：满语、赫哲语共时比较[M]. 北京：社会科学文献出版社，2013：167.

l、r、j、ʥ,并对出现位置、变体情况、对立关系等进行了简要说明。①

乌拉熙春认为有27个辅音音位:p^h、p、t^h、t、k、k^h、ʔ、tʂ^h、tʂ、tʃ、tʃ^h、m、n、ŋ、l、r、f、v、s、z、ʂ、ʐ、ʃ、x、ɣ、w、j,并对这些辅音的变体情况、语音环境等进行了详细的描写,还对现代满语辅音与书面语辅音进行了比较,总结了相关规律和特点。②

恩和巴图归纳出27个辅音音位:b、d、dʐ、ʥ、f、ɢ、g、j、k、l、m、n、ɳ、p、q、s、ʂ、ɕ、t、ts、tʂ、tɕ、v、x、χ、z、ʐ,且每个辅音音位都有详细的例词。③

戴光宇按照发音部位和听感归纳出32个辅音音位:p^h、p、ts、ts^h、tɕ、tɕ^h、ɕ、q、q^h、χ、ʁ、ɴ、t^h、t、k、k^h、tʂ^h、tʂ、m、n、ŋ、l、r、f、v、s、z、ʂ、ʐ、x、ɣ、j,并给出了这些辅音的自由变体,用4个双向音位聚合进行了讨论。④

二、三家子满语的辅音

综合田野调查情况和相关研究成果,我们将三家子满语的38个辅音音素,即p^h、p、t^h、t、k、k^h、tʂ^h、tʂ、ʧ、ʧ^h、m、n、ŋ、l、r、f、v、s、z、ʂ、ʐ、ʃ、x、ɣ、w、j、ʈ^h、q^h、χ、ɕ、β、ɸ、ʈ、q、ʁ、ɴ、ɲ、ɭ,归纳为26个音位:p^h、p、t^h、t、k、k^h、tʂ^h、tʂ、ʧ、ʧ^h、m、n、ŋ、l、r、f、v、s、z、ʂ、ʐ、ʃ、x、ɣ、w、j,这些辅音中除ŋ、r、ɣ、ʐ、ʐ、w不能出现在词首外,其他的都可在词首出现,且所有辅音都可出现在音节的开头位置,如表2-3-1所示。

表2-3-1 三家子满语辅音表(括号内的为音位)

发音方法			发音部位								小舌
			唇音		舌尖音			舌面音			
			双唇	唇齿	舌尖前	舌尖中	舌尖后	舌面前	舌面中	舌根	
塞音	清	不送气	(p)			(t)	ʈ			(k)	q
	浊	送气	(p^h)			(t^h)	ʈ^h			(k^h)	q^h
塞擦音	清	不送气					(tʂ)	(ʧ)			
		送气					(tʂ^h)	(ʧ^h)			
	浊										
鼻音	浊		(m)			(n)			ɲ	(ŋ)	ɴ
颤音						(r)					
闪音											
边音						(l)	ɭ				
擦音	清		ɸ	(f)	(s)		(ʂ)	(ʃ)	ɕ	(x)	χ
	浊		β	(v)	(z)		(ʐ)			(ɣ)	ʁ
半元音	浊		(w)					(j)			

① 李兵.阿尔泰语言元音和谐研究[M].北京:商务印书馆,2013:265.

② 爱新觉罗·乌拉熙春.满洲语语音研究[M].京都:玄文社,1992:23-24.

③ 恩和巴图.满语口语研究[M].呼和浩特:内蒙古大学出版社,1995.

④ 戴光宇.三家子满语语音研究[M].北京:北京大学出版社,2012:46.

三、三家子满语辅音的腭化和唇化

关于三家子满语的腭化和唇化的研究成果不是很多，乌拉熙春在《满洲语语音研究》一书中进行了一些研究，描写得较为详细，指出了出现的环境，并列出了例词。① 王庆丰在《满语研究》一书中也提到了爱辉大五家子一带满语辅音的腭化和唇化现象，认为辅音受元音 i、u 的影响而出现腭化和唇化现象。腭化主要有 b$_j$、p$_j$、m$_j$、n$_j$、l$_j$、r$_j$、g$_j$、k$_j$、x$_j$ 等，唇化主要有 b^w、p^w、t^w、l^w、r^w、dʐ^w、g^w、k^w、x^w、q^w、χ^w 等。腭化辅音主要出现在词首和词末，在词中很少出现；唇化辅音多出现在词末，他在书中还给出了腭化和唇化辅音的例词。②

根据调查情况以及乌拉熙春和王庆丰等人的研究成果，我们对三家子满语辅音的腭化和唇化现象进行了简要的归纳，如表 2-3-2 所示。

表 2-3-2　三家子满语腭化和唇化辅音简表

类别			例词
腭化辅音	送气	p$_j{}^h$	p$_j{}^h$ɔlɔq^{h}ɔ(小船)，p$_j{}^h$elɑn(蓝)
		t$_j{}^h$	t$_j{}^h$eme(坐)，t$_j{}^h$eləme(蒸)
		k$_j{}^h$	k$_j{}^h$ɘrɑ(厉害)，nek$_j{}^h$ɘ(平)
		f$_j$	f$_j$ɑsχɑ(栅墙)，f$_j$ɔ(簸箕)
	不送气	p$_j$	p$_j$ɔʁɔ(土)，p$_j$ɑʁɑn (野地)
		t$_j$	t$_j$ɘlʧi(关系)，t$_j$øre(利益)
		k$_j$	ɔŋk$_j$ɑ(猪)，fiʧk$_j$ɘ(袍子)
		m$_j$	m$_j$etʂume(爬)，m$_j$ek^{h}ime(灭)
		n$_j$	n$_j$k^{h}jɘ(鼻涕)，mɔn$_j$ɔ(猴)
		l$_j$	l$_j$uqɑ(泥)，q^{h}ɔl$_j$ɑʁɑ(抠)
唇化辅音	送气	t^{hw}	t^{hw}ɑ(火)，ut^{hw}k^{h}u(衣服)
		k^{hw}	k^{hw}ɛq^{h}ɑn(小船)，k^{hw}ɑʧ^{h}ilme(刳)
		s^w	s^{w}ɛjin(黄)
		x^w	χ^{w}ɑʐʅn(低)，χ^{w}ɑ(院子)
	不送气	t^w	t^{w}ɑr nimɑʁɑ(鲇鱼)
		k^w	q^{w}ɑtɤrʁɤ(麻燕)，intɑq^{w}ɑ(狗)
		tʂ^w	tʂ^{w}ɛri(夏天)
		ʐ^w	muʐ^{w}ɑ(鹌鹑)

① 爱新觉罗·乌拉熙春. 满洲语语音研究[M]. 京都：玄文社，1992：23-24.

② 王庆丰. 满语研究[M]. 北京：民族出版社，2005：13-15.

第四节　三家子满语的韵律特征

韵律特征又叫超音段特征，主要包括音高、音强和音长，是语言和情绪表达的重要形式之一，在语言中有着非常重要的地位，人们在文化学习和口语交流中，都需要借助韵律特征准确理解语义，因此其在语言学、心理学、语音工程等领域得到了广泛的研究和应用。[①] 近年来，一些专家学者对三家子满语的韵律特征进行了研究，取得了一些成果，深化了对于满语韵律特征的理解和认识。但需要指出的是，虽然专家学者们对三家子满语韵律特征进行了探讨，付出了艰辛的劳动，但由于为研究思路和方法所限，目前在三家子满语词重音位置、性质等方面仍存在一些争议。这里我们结合当前的研究和调查材料，对三家子满语韵律特征进行了简要的归纳，并在后续章节中进行实验和探索。

一、音节类型和结构

乌拉熙春认为三家子满语的音节有六种类型：元音、元音+辅音、辅音+元音、辅音+元音+辅音、辅音+元音+辅音+辅音、辅音，并对这六种类型的构成情况、音节位置和相连音节中元音和辅音的关系等进行了研究。[②] 三家子满语的音节结构有两类：(C)V 与(C)VC(其中 V 表示元音，C 表示辅音，下同)，没有完全能够充当音节核心成分的辅音，同一音节内没有辅音丛。[③]

大五家子满语音节的构成类型与书面满语大体相同，主要有五种形式：以元音单独组成的音节(V)，以元音开头、后面跟着辅音所组成的音节(VC)，以元音开头、后面跟着元音所组成的音节(VV)、以辅音起首后面跟着元音所组成的音节(CV)和以辅音起首后面跟着元音和辅音所组成的音节(CVC)。[④]

赵杰将现代满语的音节结构形式分为七种：元音(V)、元音+辅音(VC)、辅音+元音+元音(CVV)、辅音+元音+辅音(CVC)、辅音+元音+元音+辅音(CVVC)、辅音+元音+辅音+辅音(CVCC)、元音+辅音(VC)。由于满语是以元音为中心构成音节的，满语元音在词中的响度较大，产生的肌肉伸张力也较强，因而以单元音为主的音节占清代满语音节的绝大多数。现代满语中的很多音节也只包含一个元音，这个元音往往就是构成音节的主要音素。现代满语中有极少数词在一个音节里有两个辅音的结合体，即辅音丛，这种辅音丛还处于不稳定的状态，不能自成音节，也不能出现在词首或音节开头的位置上。[⑤]

为便于后续的语音实验，我们对三家子满语的基本音节进行了总结，其基本音节结构有四种类型，其他音节都是在这四种音节的基础上形成的，具体如下：

元音(V)。例如：ɑʁɑ(雨)，evim(玩耍)，ətʂə(小叔子)等。

① 吴宗济，林茂灿. 实验语音学概要[M]. 北京：高等教育出版社，1989：261.

② 爱新觉罗·乌拉熙春. 满洲语语音研究[M]. 京都：玄文社，1992：89-91.

③ 李兵. 阿尔泰语言元音和谐研究[M]. 北京：商务印书馆，2013：265.

④ 王庆丰. 满语研究[M]. 北京：民族出版社，2005：14-46.

⑤ 赵杰. 现代满语研究[M]. 北京：民族出版社，1989：65-66.

元音+辅音(V+C)。例如:tɔʁo(瞎),tɤɣɤ(脸),kitɑ(枪)等。

辅音+元音(C+V)。例如:ɔxtɔ(药),ɛrkə(酒),ɛrɣu(细)等。

辅音+元音+辅音(C+V+C)。例如:lɛrkin(繁杂),jyskuŋ(正面),yenpu(鱼竿)等。

二、词重音

乌拉熙春认为,满语是有重音的语言,除单音节词以外,总有一个音节在音强(或音强兼音高)上优于其他音节。重读音节往往是音值清晰、带有节尾辅音或伴随现象的。现代满语的重音表现出向词首方向移动的趋势,重音的位置和音节的结构具有密切的关系,两音节词的重音位置在第一音节或第二音节;三音节词分为重音在第一音节、次重音在第二音节,重音在第二音节,以及重音在第三音节、次重音在第一音节三种情况;四音节词分为重音在第一音节、次重音在第三或第四音节,重音在第二音节、次重音在第三或第四音节两种情况。①

赵杰认为,重音是词的某个(或者某些个)音节上声音的加强或者音高的增加,有重音落在上面的音节叫作重读的音节。现代满语中,词由固定重音变成了自由重音,重音的性质也随之发生了变化,除了少数双音节词的后重音节有音高色彩外,绝大部分词重音的音强色彩清晰可辨。重音可以在词首、第二、第三和词尾音节,动词词级前的音节一般是重音;汉语借词词干加满语动词词级的,多数是首音节重音;双音节词后一音节末尾是高元音或央、中元音的,多数是前一音节重读;双音节词后一音节即使是高元音,但后附鼻辅音尾的,后一音节仍需重读;带有构词词缀的三音节名词和形容词,一般是在后级音节上重读;其余的三音节或四音节以上的词较少,重读规律比较杂乱。②

李兵在专著《阿尔泰语言元音和谐研究》中提出,三家子满语可被视为现代嫩江满语方言的代表。在大部分情况下词重音落在词首音节上,但是在一些词末音节是闭音节的词里,词重音落在词末音节上。书面满语词重音在词末音节,在三家子满语里,词重音已经转移至词首音节,词末音节重读可能是书面满语词重音分布的遗留现象。③

王庆丰认为,满语和同语族诸语言一样也有重音。在词内主要表现在词的第一个音节的元音上,其程度为微弱的着力重音。此外,在词内或接附加成分时又有相对升高的乐音声调重音出现在非第一个音节的元音上。单音节词重音在元音上;两音节词的重音在第一个音节(约占 2/3 以下)或第二个音节(约占 1/3 以上)上;三音节词大部分为动词的基本形式,重音主要在第三个音节上;三音节以上的词大都属于构形附加成分词或复合词,构形附加成分词一般落在构形附加成分上。④

戴光宇将三家子满语音节分为重音、次重音和弱化三类,前三个音节之后一般是弱化音节。三家子满语中,单音节词本身就是重音,单独念时一般高念。多音节词若有一个非弱化音节,即是重音所在,它只能出现在词首或第二音节处。在词首处可以低念或高念,在第二音节处必须高念。一个词若有两个非弱化音节,第一个位于词首必低念,是次重音,第

① 爱新觉罗·乌拉熙春. 满洲语语音研究[M]. 京都:玄文社,1992:61-65.

② 赵杰. 现代满语研究[M]. 北京:民族出版社,1989:68-72.

③ 李兵. 阿尔泰语言元音和谐研究[M]. 北京:商务印书馆,2013:264-466.

④ 王庆丰. 满语研究[M]. 北京:民族出版社,2005:16-17.

二个位于第二或第三音节,应高念,是重音。人们习惯上认为,满语的重音不区别词义。①

上述成果深入探讨了三家子满语的词重音现象及有关规律,为研究三家子满语的韵律特征提供了思路和研究方法,但仍还存在一些问题及争议,主要是词重音的位置及相关规律还需进一步研究和探索。本书主要以三家子满语的双音节词和三音节词为研究对象,对三家子满语的词重音问题进行研究。结合实际调查材料,笔者认为,三家子满语的双音节词的词重音一般在第一音节上,三音节词的词重音一般位于第三音节,当然也有很多词的重音位于其他音节,有待实验研究和论证。

三、元音和谐

元音和谐是阿尔泰语系语音的重要声学规律。清格尔泰认为,"元音和谐律就是关于一个词的前后音节里的元音之间的求同性、限制性、序列性、制约性的规律。简言之,就是一个词里元音之间的调和及制约关系的规律"②。

刘景宪对书面满语元音和谐进行了研究,将和谐情况分为阳性元音和谐、中性元音和谐和异性元音和谐三种类型,对三种和谐进行了讨论,并对一些争议问题进行了探讨。③

乌拉熙春对现代满语口语的元音和谐现象进行了深入的研究,认为元音和谐的初始表现形式是一个词的所有音节的元音音值统统由第一音节元音规定,后续音节元音与重读第一音节元音保持着一种特征上的关联。她通过区分体词和动词、音节结构对现代满语的和谐现象进行了探讨,列出了词干元音和谐配置关系表进行说明。④

李兵对满语元音系统的演变进行了研究讨论,对书面满语、大五家子满语、三家子满语、锡伯语的元音系统的演变进行了分析,提出书面满语和现代满语三个方言元音系统和谐类型,勾画了现代满语元音系统与和谐模式演变的脉络。⑤

李兵在《阿尔泰语言元音和谐的形式特点及其理论意义》一文中提出,元音和谐指的是在特定语法域内,所有元音具有某个或某些共同的语音特征,现代满语的嫩江方言和谐属于舌位高低型和谐。⑥ 他的《阿尔泰语言元音和谐研究》一书对三家子满语的元音系统和元音和谐进行了系统的分析,认为词干内元音同现不能从和谐特征[±RTR]的角度加以描写,RTR 型和谐与圆唇和谐已经解体,而在词干与后缀元音关系方面,不再是词干控制型,而是音段控制型,即词干末音节元音决定后缀元音的交替,新的类型圆唇和谐正在形成过程中。⑦

王庆丰认为,大五家子满语元音和谐主要以性属和谐为主,口语与书面语大致相近。但与其他语言相比,满语的元音和谐显得不十分严谨且比书面语更差。但是,它在词干内与构词构形附加成分上还存在着一定的和谐现象。阳性元音只能与阳性元音和谐或阳性

① 戴光宇.三家子满语语音研究[M].北京:北京大学出版社,2012:42-44.
② 清格尔泰.关于蒙古语族语言及其研究[J].内蒙古大学学报(哲学社会科学版),1985(4):23.
③ 刘景宪.论满语元音和谐律[J].满语研究.1995(2):19-23.
④ 爱新觉罗·乌拉熙春.满洲语语音研究[M].京都:玄文社,1992:23-24.
⑤ 李兵.满语元音系统的演变与原始阿尔泰语元音系统的重新构拟[J].民族语文,1999(3):12-24.
⑥ 李兵.阿尔泰语言元音和谐的形式特点及其理论意义[J].当代语言学,2014,16(4):466-482.
⑦ 李兵.阿尔泰语言元音和谐研究[M].北京:商务印书馆,2013:269-283.

元音只能与中性元音和谐,阴性元音能与阴性元音、中性元音和谐,中性元音能与中性、阳性、阴性元音和谐。词干末接语法成分时,主要有两种形式的和谐。①

赵杰认为,元音和谐律是整个阿尔泰语系的一个共同特点,即同一个词内各个音节里只能出现相同或相同性属的元音。满语的元音和谐律原本也是相当整齐的,可是在其发展演变中,由于语音内在规律支配和汉语借词的影响等原因,满语词内的元音和谐律不断受到语音繁化的冲击而逐渐松化。②他以依布气满语为研究对象,对现代满语元音和谐现象进行了研究。

从书面满语与现代满语的比较来看,元音和谐律是逐渐松化的。书面满语和现代满语都含有 a、i、u、o 四个音位,但书面满语发展到现代满语,一些音位的对立消失了,出现了一些新的音位。一种语言的元音系统是语音的基本系统,是维系这种语言语音特点的重要力量。吴宏伟对突厥语族元音和谐的影响因素进行考察后提出,“如果增加了八个标准元音以外的元音,这个元音一般只出现在词的内部,使这种语言多音节词内的元音和谐受到一定影响,但不会触及附加成分元音原有的分布格局;而八个标准元音内固有元音的合并和减少则不但使多音节词的元音和谐受到影响,也会破坏附加成分元音原有的分布格局而影响到附加成分元音和词尾音节元音的和谐。一种语言词内元音的变化同样也可以使词干元音和附加成分元音的搭配变得不协调。”③可见,如果元音系统发生了变化,则元音和谐就可能会解体或消失。

从前辈们的研究和实际调查来看,三家子满语与书面满语相比,元音系统发生了很大的变化,由书面满语的六元音系统发展为八元音系统,前元音和后元音逐渐向央元音靠拢形成新的音位,打破了原有的和谐格局。由于元音发生了变化,元音系统也随之发生变化,原来的系统格局改变,元音和谐也受到影响。例如,在三家子满语的很多词汇中,央、中元音 ə 就是由于后低元音 ɑ 向前高元音 i 的靠近而产生的。④ 与央、中、展唇元音 ə 和谐的现象有很多,究其原因,很可能是由于 ə 位于央、中位置,舌位不前不后、不高不低,是最为经济的发音位置,人们发这个音时不费力气,因此在现代满语中与 ə 和谐的现象就有很多。此外,重音的变化也是影响元音和谐律的一个非常重要的因素,书面满语的重音一般在最后一个音节上。赵杰提出,现代满语由于受到汉语和其他语言的影响,而导致重心前移,使得固有的强重音色彩前移到音首,前后音节的音强度差别较大,很容易使后面轻音节里的元音弱化。⑤ 在元音系统改变和重音前移的共同作用下,三家子满语的元音和谐逐渐解体,失去了规律性,仅有少数词还有微弱的和谐现象存在,对此进行研究探索,可以更进一步地深入了解满语元音和谐的发展和演变规律。

---

① 王庆丰. 满语研究[M]. 北京:民族出版社,2005:17-19.

② 赵杰. 现代满语研究[M]. 北京:民族出版社,1989:41.

③ 吴宏伟. 影响突厥语族语言元音和谐的几个因素[J]. 民族语文,1990(1):17.

④ 爱新觉罗·乌拉熙春. 满洲语语音研究[M]. 京都:玄文社,1992:82.

⑤ 赵杰. 现代满语研究[M]. 北京:民族出版社,1989:44-50.

第三章　元音声学分析

元音的声学特征主要体现在舌位前后及高低与第一、第二共振峰的关系上。满语元音有 i、y、e、ɛ、a、ə、ɐ、u、ɯ、o、ɤ、ɔ、ɑ、ʌ、ɿ、ʅ 等 16 个音素，我们将其归纳为 8 个音位：ɑ、ɔ、ə、u、i、ɛ、e、y，本章运用实验的方法，采用 Praat 语音实验软件提取元音共振峰，进行数据统计和处理，作出元音声学分布图，对满语元音进行实验研究，探讨其相关的声学规律，深化对满语元音规律性的认识。

第一节　元音的实验方法

“大量语音实验证明，元音的音质主要与元音的前两个共振峰有关。”①因此，这里我们主要运用元音的前两个共振峰数据作出声学元音图进行研究分析。由于元音实验主要依靠共振峰数据以及声学元音图实现，通过图中元音的相对位置、椭圆形状和大小、不同元音的重合度以及同一元音的集中度就可以比出各组数据的优劣，椭圆越小则表明同一元音的数据一致性越高。

本章以语料库中实验语料为研究对象，使用实验方法对满语元音进行定量研究，运用 Praat 语音实验软件提取词首音节、非词首音节元音的第一共振峰（F1）、第二共振峰（F2）的数据，作出满语声学元音图，对满语元音进行标示，作出满语元音舌位图。通过统计分析，以数据为基础，将定量研究和定性分析有机结合起来，对三家子满语元音的声学特点、空间分布情况进行声学描述。研究发现，语流中元音的形成主要取决于舌头移动的部位、舌面移动的高度、口腔开关度和两唇的状态。舌头移动的前后维、舌面抬起的高度和两唇动作的状态，是处在同一平面的元音的构成条件，任何一种因素发生变化，都会影响元音的性质。因此，这 3 个条件应该是元音根本的、起决定性作用的构成条件。② 为了便于研究，本章对元音的前后维和高低维进行实验研究，暂不考虑唇的状态，采用 joos 型声学元音图，F1 用 y 轴表示，F2 用 x 轴表示。为了符合人类舌位特征以及便于研究，用坐标系的纵轴表示 F1，用横轴表示 F2，两个坐标轴右上方的交点为原点。坐标系的单位标度一般用声学标度（线性或对数），单位是赫兹（Hz），也有用听感标度的，单位是巴克（Bark）。③ 这种声学图显示，F1 与元音舌位高低呈反比关系，F2 与元音舌位前后呈正比关系，可以更好地对应声

---

① 易斌. 维吾尔语元音/y/的声学特征分析[J]. 南京师范大学文学院学报，2005(4)：168-171.

② 罗安源，金雅声. 论元音音区[J]. 民族语文，1992(1)：71.

③ 朱晓农. 说元音[J]. 语言科学，2008(5)：463.

学元音图与元音舌位图,凸显各元音的声学分布和相对关系。

根据元音舌位和共振峰模式可知,F1 与舌位的高低呈反比关系,F2 与舌位的前后呈正比关系,可以作出元音舌位与共振峰模式的大概模式图。呼和通过对蒙古语的实验研究,提出蒙古语元音的共振峰频率与舌位之间具有如表 3-1-1 所示的对应关系,[①]可供满语元音实验参考。

表 3-1-1 元音舌位与共振峰对应关系表 单位:Hz

<table>
<tr><th rowspan="2">舌位</th><th>共振峰</th><th rowspan="2">舌位</th><th>共振峰</th></tr>
<tr><th>F1</th><th>F2</th></tr>
<tr><td>高</td><td>200~350</td><td rowspan="2">前</td><td rowspan="2">>1 600</td></tr>
<tr><td>次高</td><td>350~400</td></tr>
<tr><td>中高</td><td>400~500</td><td rowspan="2">中</td><td rowspan="2">1 200~1 600</td></tr>
<tr><td>中</td><td>500~550</td></tr>
<tr><td>中低</td><td>550~650</td><td rowspan="3">后</td><td rowspan="3"><1 200</td></tr>
<tr><td>次低</td><td>650~800</td></tr>
<tr><td>低</td><td>>800</td></tr>
</table>

F1 与舌位高低的对应关系:
高元音:200~350 Hz;
次高元音:350~400 Hz;
中高元音:400~500 Hz;
中元音:500~550 Hz;
中低元音:550~650 Hz;
次低元音:650~800 Hz;
低元音:大于 800 Hz。
F2 与舌位前后的对应关系:
前元音:大于 1 600 Hz;
央元音:1 200~1 600 Hz;
后元音:小于 1 200 Hz。

① 呼和.蒙古语语音实验研究[M].沈阳:辽宁民族出版社,2009:31.

第二节　元音的共振峰特征

一、元音共振峰数据及声学元音图

三家子满语有 i、y、e、ɛ、a、ə、ɐ、u、ɯ、o、ɤ、ɔ、ɑ、ʌ、ʅ、ʅ 等 16 个元音，实验测得 F1、F2 的数据如表 3-2-1 所示。

表 3-2-1　满语元音共振峰数据统计表

元音	共振峰	共振峰数据				
		最小值/Hz	最大值/Hz	平均值/Hz	标准差/Hz	变异系数
a	F1	719	1 012	896	91.988	0.103
	F2	1 398	1 574	1 520	38.754	0.025
e	F1	431	532	483	25.406	0.053
	F2	1 728	1 811	1 774	20.984	0.012
i	F1	251	370	312	27.135	0.087
	F2	1 933	2 154	2 056	57.185	0.028
o	F1	387	530	478	33.426	0.07
	F2	973	1 071	1 028	24.915	0.024
u	F1	261	372	317	26.939	0.085
	F2	918	1 088	1 006	43.26	0.043
y	F1	267	381	324	35.144	0.108
	F2	1 899	2 178	1 987	59.769	0.03
ɐ	F1	689	801	749	33.756	0.045
	F2	1 338	1 414	1 381	21.566	0.016
ɑ	F1	774	1 041	922	73.335	0.08
	F2	1 129	1 350	1 250	58.975	0.047
ɔ	F1	519	678	615	38.585	0.063
	F2	936	1 146	1 038	47.669	0.046
ə	F1	416	563	484	31.594	0.065
	F2	1 179	1 357	1 294	50.49	0.039
ɛ	F1	596	707	638	31.168	0.049
	F2	1 665	1 803	1 755	37.453	0.021

表 3-2-1(续)

元音	共振峰	共振峰数据				
		最小值/Hz	最大值/Hz	平均值/Hz	标准差/Hz	变异系数
ɤ	F1	481	531	500	13.844	0.028
	F2	1 040	1 200	1 128	41.342	0.037
ɯ	F1	296	421	358	31.24	0.087
	F2	1 019	1 157	1 106	41.224	0.037
ɿ	F1	314	391	360	20.789	0.058
	F2	1 575	1 651	1 626	21.582	0.013
ʅ	F1	299	390	365	20.739	0.057
	F2	1 381	1 502	1 438	30.292	0.021
ʌ	F1	597	635	619	13.198	0.021
	F2	1 089	1 185	1 135	34.254	0.03

为了使数据的差异接近听感距离,可以把 F1、F2 的数据单位从 Hz 转换为 Bark。用f代表共振峰频率,采取如下公式:①

$$\text{Bark}=7\ln\{(f/650)+[(f/650)^2+1]^{1/2}\}$$

作出三家子满语声学元音图,如图 3-2-1 所示。

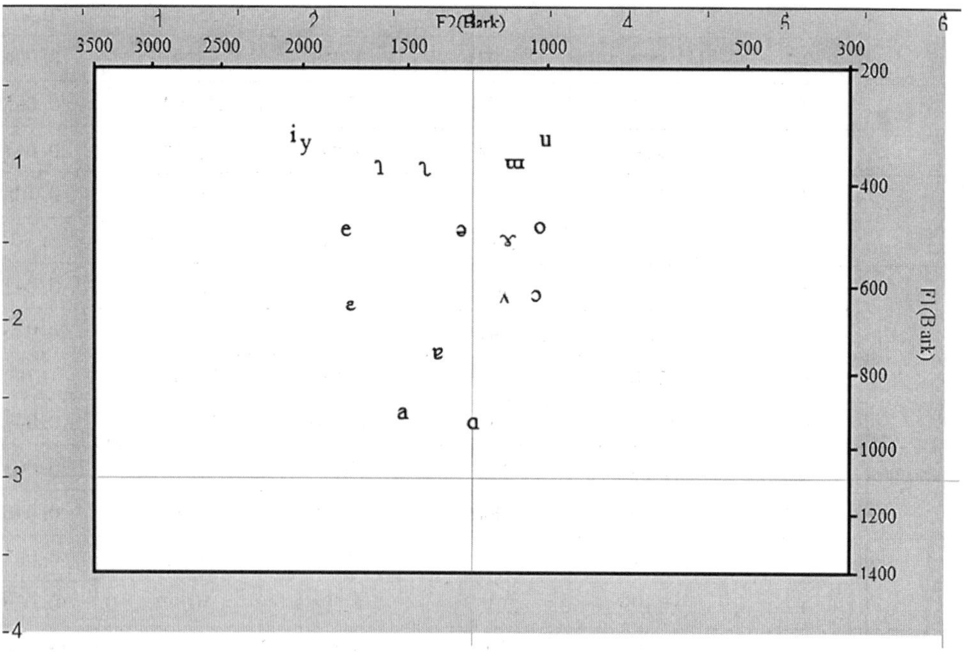

图 3-2-1 三家子满语声学元音图

① 吴宗济,林茂灿.实验语音学概要[M].北京:高等教育出版社,1989:90.

二、元音目标位置共振峰数据及分布图

为考察元音在词中目标位置即不同音节位置声学规律和音质情况,我们对元音在词中不同音节位置的共振峰进行测量,并作出元音分布图,如图 3-2-2 和表 3-2-2 所示。

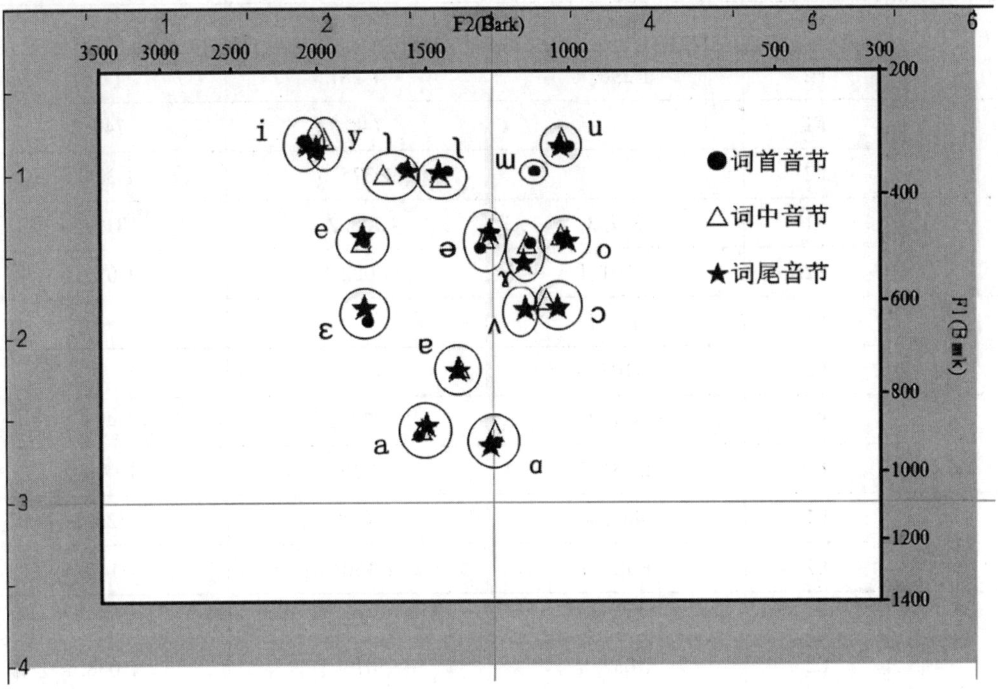

图 3-2-2 元音在词中目标位置分布图

表 3-2-2 目标位置元音的共振峰数据统计表 单位:Hz

元音	共振峰	目标位置		
		词首	词中	词尾
i	F1	307.8	313.4	317.5
	F2	2 070.5	2 047.2	2 040.8
y	F1	327.8	309.8	322.6
	F2	1 989.6	1 960.6	1 997.3
e	F1	484.9	489.3	476
	F2	1 771.8	1 785	1 774.4
ε	F1	641.3		618.7
	F2	1 751.5		1 772.7

表 3-2-2(续)

元音	共振峰	目标位置		
		词首	词中	词尾
a	F1	905.9	897.6	885
	F2	1 537.1	1 522.1	1 500.25
ə	F1	495.2	484.8	472.6
	F2	1 296.8	1 281	1 264
ɐ	F1		748.7	749.8
	F2		1 375.6	1 384.6
u	F1	317.3	308.2	319.2
	F2	1 001.1	1 022.8	1 025.9
ɯ	F1	357.7		
	F2	1 105.6		
o	F1	476.3	477.2	485
	F2	1 031.5	1 025.8	1 008.7
ɤ	F1	485.4	491	526.8
	F2	1 122.1	1 130.7	1 141.6
ɔ	F1	615.9	605	618.7
	F2	1 032.8	1 070.5	1 038.1
ɑ	F1	920.5	902.4	935.5
	F2	1 242.9	1 244.5	1 262.6
ʌ	F1			619.2
	F2			1135
ɿ	F1	354	369.1	360.3
	F2	1 593.4	1 682.5	1 575.8
ʅ	F1	357.6	375.3	364.5
	F2	1 419.3	1 442	1 447.1

三、不同性别合作发音人共振峰数据及声学元音图

由于性别对元音音质也有一定的影响，于是我们分别测出男女发音合作人元音共振峰数据，并作出声学元音图。其中，表 3-2-3 和图 3-2-3 为男性发音合作人共振峰数据和声学元音图，表 3-2-4 和图 3-2-4 为女性发音合作人共振峰数据和声学元音图。

表 3-2-3　满语元音共振峰数据统计表(男)

元音	共振峰	共振峰数据				
		最小值/Hz	最大值/Hz	平均值/Hz	标准差/Hz	变异系数
a	F1	678	921	814	85. 272	0. 105
	F2	1 425	1 534	1 502	32. 098	0. 021
e	F1	451	532	491	26. 912	0. 055
	F2	1 728	1 807	1 773	24. 454	0. 014
i	F1	255	370	321	23. 915	0. 074
	F2	1 933	2 113	2 021	54. 557	0. 027
o	F1	387	530	473	39. 863	0. 084
	F2	973	1 071	1 024	26. 265	0. 026
u	F1	268	368	318	25. 539	0. 08
	F2	918	1 087	996	45. 591	0. 046
y	F1	290	381	331	34. 97	0. 106
	F2	1 899	2 033	1 972	42. 228	0. 021
ɐ	F1	689	751	724	23. 866	0. 033
	F2	1 338	1 414	1 375	27. 078	0. 02
ɑ	F1	774	980	874	49. 532	0. 057
	F2	1 129	1 350	1 241	73. 237	0. 059
ɔ	F1	552	678	606	36. 816	0. 061
	F2	936	1 146	1 018	49. 021	0. 048
ə	F1	415	563	483	40. 223	0. 083
	F2	1 221	1 366	1 297	42. 541	0. 033
ɛ	F1	596	707	635	33. 505	0. 053
	F2	1 665	1 803	1 737	40. 295	0. 023
ɤ	F1	480	526	501	14. 058	0. 028
	F2	1 036	1 200	1 130	49. 845	0. 044
ɯ	F1	296	421	358	35. 294	0. 098
	F2	1 019	1 157	1 085	46. 258	0. 043
ɿ	F1	314	390	355	28. 937	0. 081
	F2	1 575	1 661	1 630	30. 677	0. 019
ʅ	F1	299	388	360	27. 249	0. 076
	F2	1 398	1 476	1 439	25. 342	0. 018
ʌ	F1	597	635	614	16. 27	0. 026
	F2	1 089	1 131	1 107	16. 808	0. 015

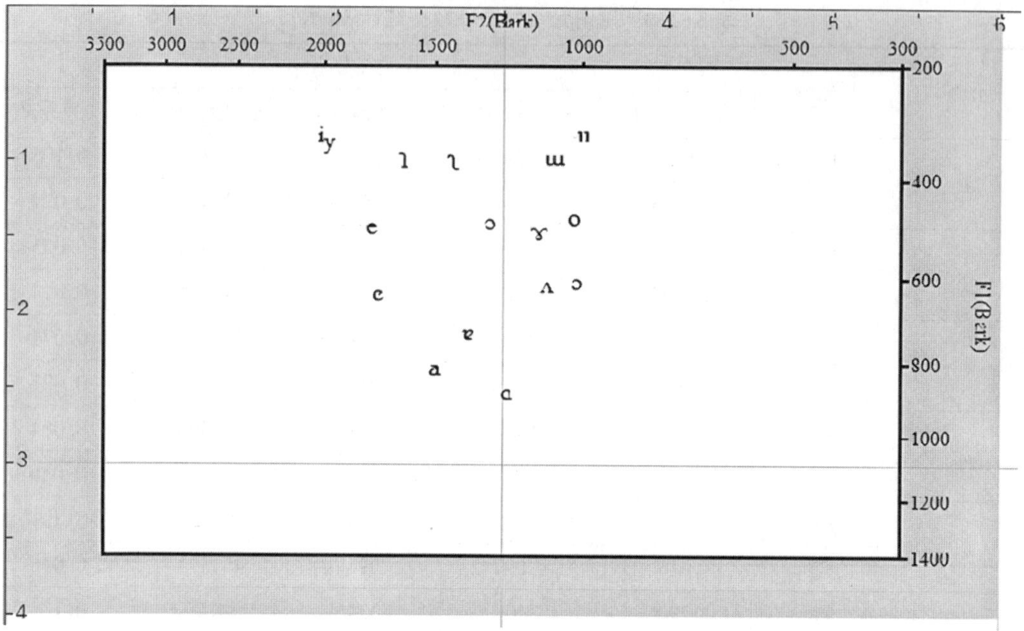

图 3-2-3　满语元音声学元音图(男)

表 3-2-4　三家子满语元音共振峰数据统计表(女)

元音	共振峰	共振峰数据				
		最小值/Hz	最大值/Hz	平均值/Hz	标准差/Hz	变异系数
a	F1	937	1 012	978	23. 564	0. 024
	F2	1 487	1 574	1 537	31. 462	0. 02
e	F1	431	515	478	24. 238	0. 051
	F2	1 748	1 811	1 775	19. 783	0. 011
i	F1	251	347	301	27. 112	0. 09
	F2	2 045	2 154	2 095	26. 16	0. 012
o	F1	466	513	487	15. 219	0. 031
	F2	999	1 067	1 036	21. 616	0. 021
u	F1	261	372	315	29. 595	0. 094
	F2	958	1 088	1 023	33. 899	0. 033
y	F1	267	380	319	35. 371	0. 111
	F2	1 930	2 178	1 997	68. 707	0. 034
ɐ	F1	746	801	774	20. 998	0. 027
	F2	1 365	1 403	1 386	14. 28	0. 01
ɑ	F1	900	1 041	985	40. 581	0. 041
	F2	1 219	1 314	1 261	31. 378	0. 025

表 3-2-4(续)

元音	共振峰	共振峰数据				
		最小值/Hz	最大值/Hz	平均值/Hz	标准差/Hz	变异系数
ɔ	F1	519	677	627	38. 148	0. 061
	F2	1 010	1 114	1 064	31. 059	0. 029
ə	F1	448	529	485	20. 353	0. 042
	F2	1 250	1 349	1 291	29. 223	0. 023
ɛ	F1	604	700	639	30. 897	0. 048
	F2	1 698	1 802	1 769	29. 776	0. 017
ɤ	F1	478	526	498	16. 592	0. 033
	F2	1 085	1 163	1 125	25. 978	0. 023
ɯ	F1	321	413	357	29. 062	0. 081
	F2	1 099	1 157	1 126	23. 265	0. 021
ɿ	F1	342	385	365	12. 634	0. 035
	F2	1 606	1 635	1 621	11. 185	0. 007
ʅ	F1	346	385	370	12. 403	0. 034
	F2	1 386	1 473	1 437	24. 979	0. 017
ʌ	F1	616	635	624	8. 044	0. 013
	F2	1 131	1 185	1 163	19. 937	0. 017

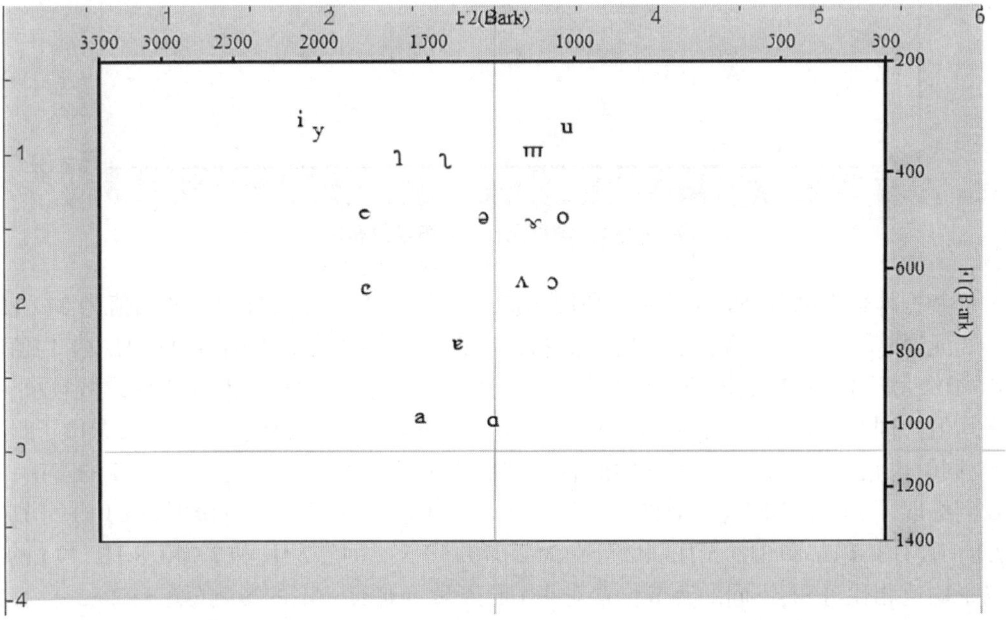

图 3-2-4　三家子满语元音声学元音图(女)

第三节 元音的声学特征

本节我们提取了16个元音的共振峰数据,按照男女发音合作人数据分别作出声学元音图,根据音节位置作出词首、词中、词尾位置元音图,对满语元音的分布、共振峰特征、音节位置、语言环境、发音合作人等情况进行声学研究,审辨确定音值,探讨元音声学特征。

一、[i]

通过对语料库中含有i的样本共振峰进行统计(见表3-2-1),作出声学分布图(图3-3-1)。

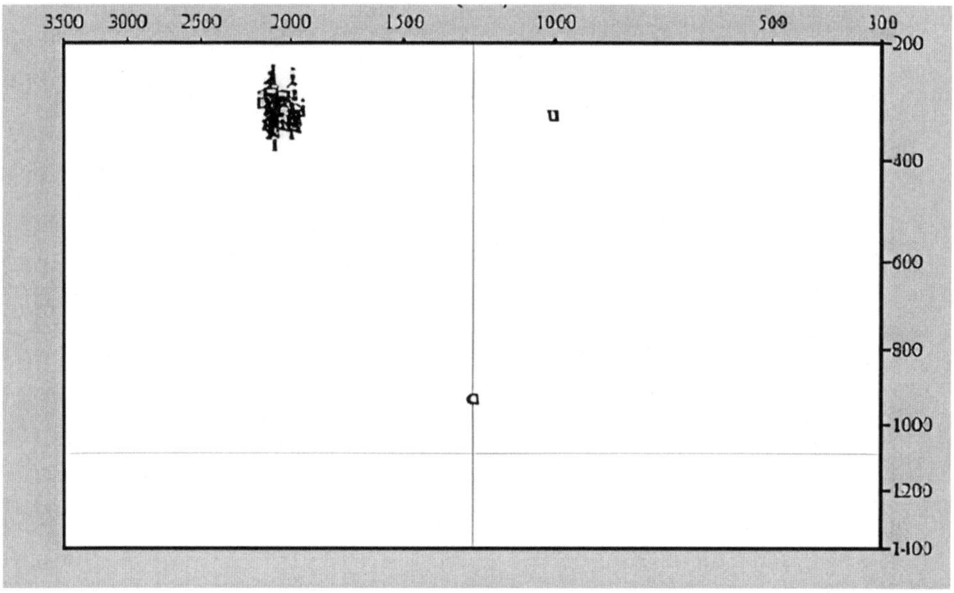

图3-3-1 满语元音i的声学分布图

从共振峰数据来看,F1的最大值和最小值分别为370 Hz和251 Hz,平均值为312 Hz,位于高元音音区,是高元音;F2的最大值和最小值分别为2 154 Hz和1 933 Hz,平均值为2 056 Hz,大于1 600 Hz,位于前元音音区,是前元音。共振峰的标准差和变异系数较小,接近平均值。同时,如图3-2-1所示,i位于声学元音图的左上角,从前后位置来看位于最前位置,同时也是最高位置。由于不同的音节位置对元音的声学特点也具有重要的影响,所以我们提取了i位于不同音节时的共振峰数据,在词首、词中和词尾音节时,i的F1分别为307.8 Hz、313.4 Hz和317.5 Hz,F2分别为2 070.5 Hz、2 047.2 Hz和2 040.8 Hz,与i的共振峰平均值相比可知,不同的音节位置对于i的声学分布有一定的影响(图3-2-2)。在语音实验中,性别因素对元音音质也具有一定的影响,因此,我们将发音合作人按性别区分,分别提取共振峰数据进行研究。在数据库中,男性发音合作人的F1的最大值和最小值分别为370 Hz和255 Hz,平均值为321 Hz;F2的最大值和最小值分别为2 113 Hz和1 933 Hz,平均值为 2 021 Hz。女性发音合作人的 F1 的最大值和最小值分别为 347 Hz 和 251 Hz，平均值为 301 Hz；F2 的最大值和最小值分别为 2 154 Hz 和 2 045 Hz，平均值为 2 095 Hz。综上可知，女性发音合作人的 F1 的最大值、最小值和平均值都比男性发音合作人的小，F2 的最大值、最小值和平均值则都比男性发音合作人的大，可见女性发音合作人发出的元音 i 要比男性发音合作人的更高和更靠前些。由 i 元音分布图（图 3-3-1）可知，i 位于前高音区，声学空间不是很大，前后和高低的范围较小，声学性质较为稳定，是前、高元音。

二、[ɿ]

元音 ɿ 是一个舌尖元音。由表 3-2-1 可知，ɿ 的 F1 的平均值为 360 Hz，位于次高音区，为次高元音；F2 的平均值为 1 626 Hz，位于前元音音区，是前元音。由数据和图 3-2-1 可知，ɿ 的标准差和变异系数较小，共振峰数据接近平均值。与 i 相比，ɿ 的高低位置在 i 的下方，舌位较 i 靠后。从音节位置来看，词中位置的 F1 为 369. 1 Hz，略大于词首和词尾的 F1；F2 为 1 682. 5Hz，大于词首和词尾的 F2，可见发音时词中音节要比词首和词尾音节的舌位略低和略靠前些（图 3-2-2），说明不同的音节位置对 ɿ 的舌位具有影响。从男女发音合作人的数据和声学元音图来看，F1 的平均值之差为 10 Hz，F2 的平均值之差是 9 Hz，数据比较接近，说明在发 ɿ 音时，男女发音合作人的舌位较为一致，性别因素影响不大。根据 ɿ 的共振峰数据和声学分布图（图 3-3-2）可知，ɿ 位于前、次高音区，是前、次高元音。乌拉熙春认为 ɿ 是舌尖前元音，出现在 z、s 以及汉语借词 tʂ、tʂʻ的后面。[①] 戴光宇将 ɿ 作为一个独立的音位，认为 ɿ 在固有词中一般只出现在非词首位置的舌尖前辅音后，读作舌尖前不圆唇元音[ɿ]。[②] 但本次的实验数据和 ɿ 的声学分布图（图 3-3-2）显示，舌尖元音 ɿ 是一个前、次高元音。

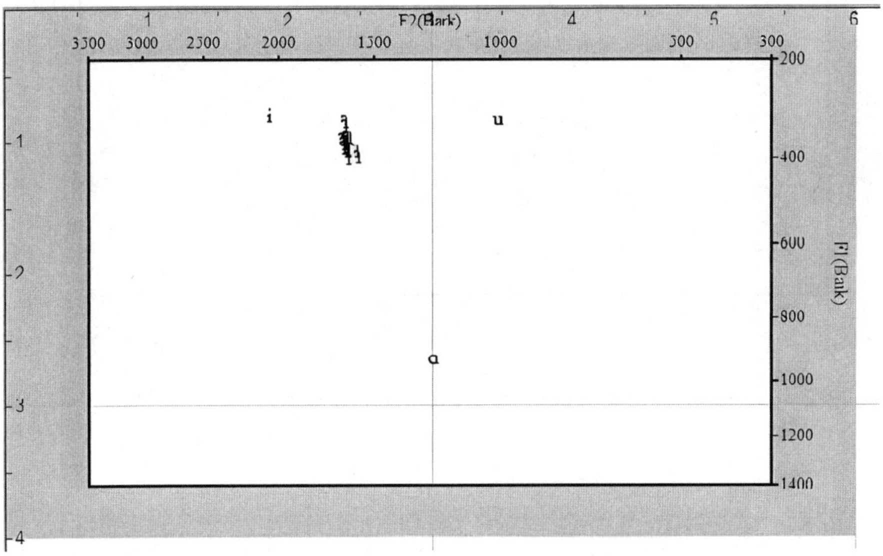

图 3-3-2 满语元音 ɿ 的声学分布图

① 爱新觉罗・乌拉熙春. 满洲语语音研究[M]. 京都：玄文社，1992：7.

② 戴光宇. 三家子满语语音研究[M]. 北京：北京大学出版社，2012：49.

三、[ʅ]

元音 ʅ 也是舌尖元音，主要出现在 tʂ、tʂʻ、ʂ、ʐ 之后，由表 3-2-1 可知，ʅ 的 F1 的平均值为 365 Hz，位于次高音区，为次高元音；F2 的平均值为 1 438 Hz，位于央元音音区，是央元音。由数据和图 3-2-1 可知，ʅ 的标准差和变异系数较小，共振峰数据接近平均值。与 ɿ 相比，ʅ 位于 ɿ 的后略下位置，舌位比较靠后。从音节位置来看，词中位置的 F1 要大于词首和词尾的 F1，说明发 ʅ 音时，词中位置要比词首和词尾位置的舌位低一些。词尾位置的 F2 要比词首和词中位置的 F2 大，可见词尾位置要比词首和词中位置的舌位靠前（图 3-2-2）。从发音合作人的角度来看，F1、F2 的平均值之差较小，数据比较接近，性别因素影响不大。根据 ʅ 的共振峰数据和声学分布图（图 3-3-3）可知，ʅ 位于央、次高音区，是央、次高元音。乌拉熙春认为 ɿ 是舌尖后元音，出现在 tʂ、tʂʻ、ʂ、ʐ 这类辅音的后面，多出现在嫩江满语中（嫩江满语就是三家子满语）。[①] 戴光宇也将 ʅ 作为一个独立的音位，认为 ʅ 一般只出现在非舌尖后辅音之后，读作舌尖后不圆唇元音[ʅ]。[②] 通过实验我们认为，将 ʅ 作为央、次高元音更符合实际一些。

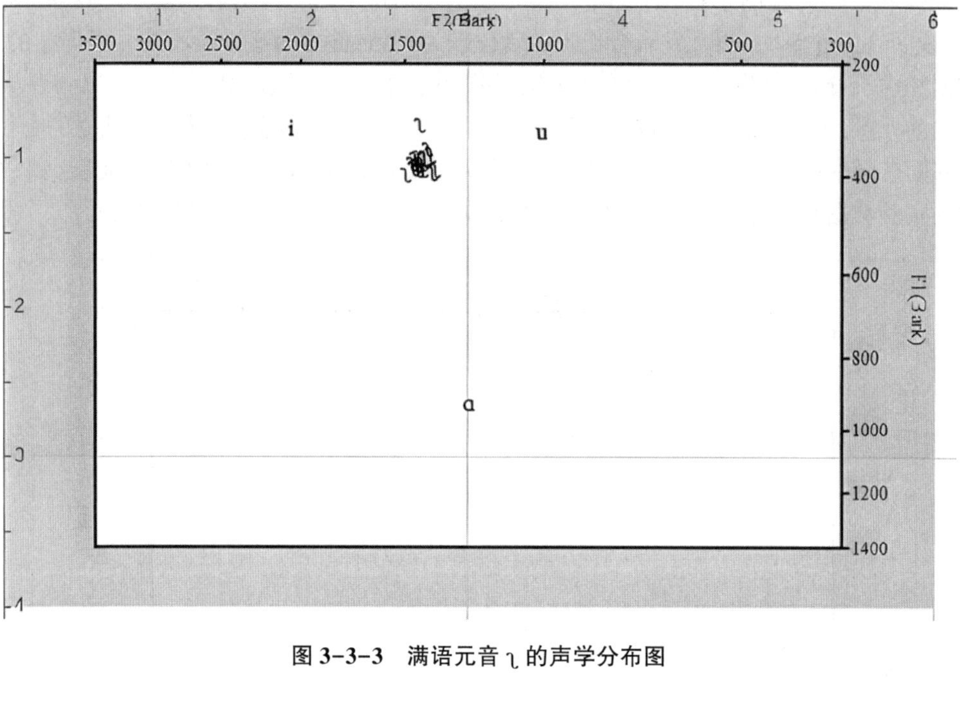

图 3-3-3 满语元音 ʅ 的声学分布图

---

① 爱新觉罗·乌拉熙春. 满洲语语音研究[M]. 京都：玄文社，1992：31.

② 戴光宇. 三家子满语语音研究[M]. 北京：北京大学出版社，2012：49.

四、[y]

元音 y 在语料库中出现得较多,由表 3-2-1 可知,y 的 F1 的平均值为 324 Hz,位于高音区,为高元音;F2 的平均值为 1 987 Hz,位于前元音音区,是前元音。与 i 相比,y 与 i 位置相近,舌位稍向后且略低于 i。从音节位置来看,词中位置的 F1 为 309.8 Hz,比词首和词尾的 F1 要小,可见词中位置的 y 发音时舌位要比词首和词尾位置略高些;F2 为 1 960.6 Hz,小于词首和词尾的 F2,发音时要比词首和词尾音节的舌位靠后(图 3-2-2),音节位置对 y 的舌位也有影响。从男女发音合作人的数据和声学元音图来看,男性发音合作人的 F1 的平均值要大于女性发音合作人,但 F2 的平均值比女性发音合作人小,说明发 y 音时,男性发音合作人的舌位低于女性发音合作人,且略靠后些。根据 y 的共振峰数据和声学分布图(图 3-3-4)可知,y 位于前、高音区,是前、高元音。

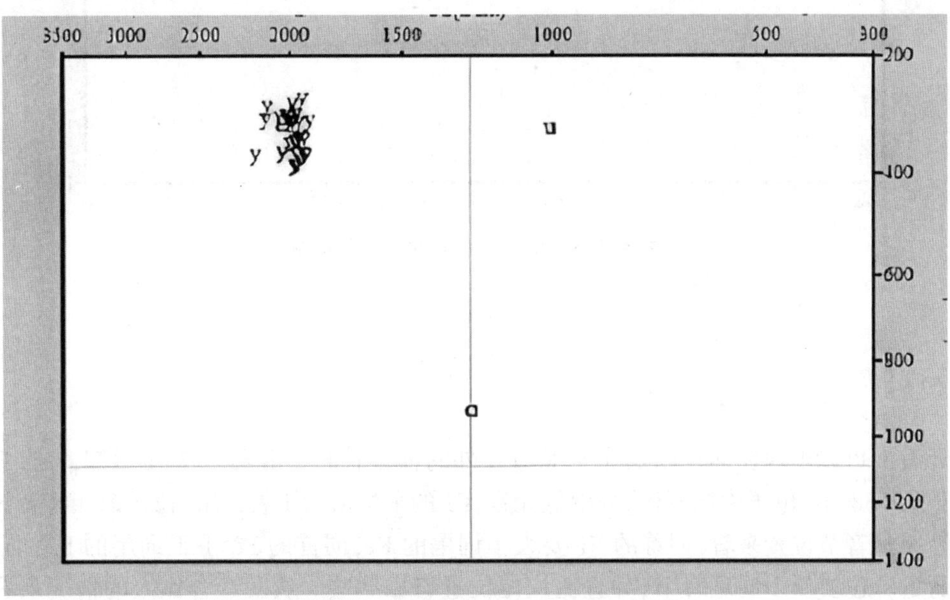

图 3-3-4　满语元音 y 的声学分布图

学界对于 y 的来源以及音值定位进行了研究,对于 y 的音位设立以及音质讨论较多,认为 y 是前、高、圆唇元音,本次语音实验对此观点予以支持,关于 y 的声学讨论,将在后续章节中进行。

五、[e]

元音 e 的语音环境主要是词首以及 ʧ、ʧʻ、ʃ、j 的后面,由表 3-2-1 可知,e 的 F1 的平均值为 483 Hz,位于中高音区,为中高元音;F2 的平均值为 1 774 Hz,位于前元音音区,是前元音。从音节位置来看,词的不同位置的 F1 和 F2 略有差别,但差值不大,词中的各位置对 e 的发音影响不大。从发音合作人的情况来看,男性发音合作人的 F1 的平均值要大于女性发音合作人,但 F2 的平均值略小于女性发音合作人,说明发 e 音时,男性发音合作人的舌位低于女性发音合作人,且稍靠后些。根据 e 的共振峰数据和声学分布图(图 3-3-5)可知,e 位于前、中高音区,是前、中高元音。

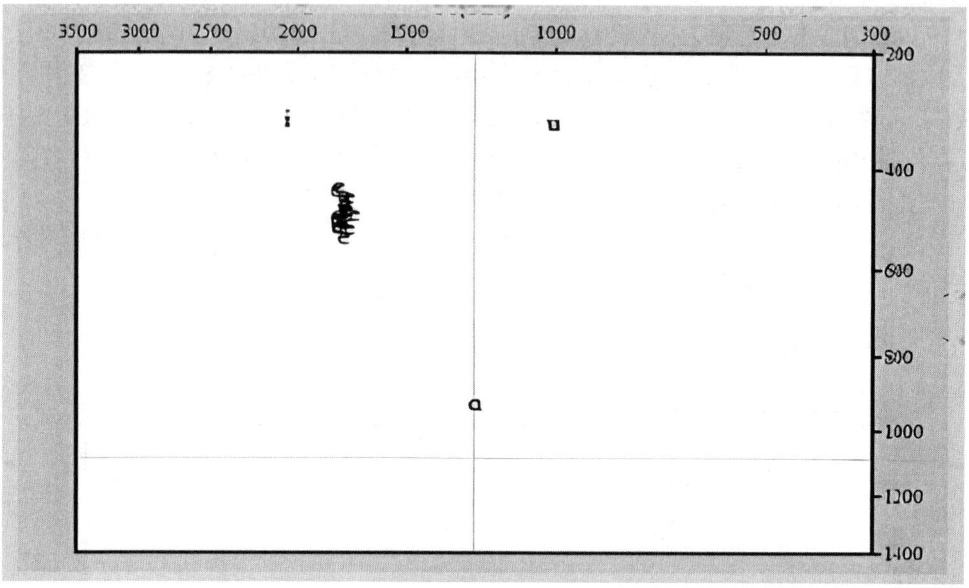

图 3-3-5 满语元音 e 的声学分布图

六、[ɛ]

元音 ɛ 可以出现在词首以及除 ʧ、ʧ'、ʃ、j 外的辅音后面。由表 3-2-1 可知,ɛ 的 F1 的平均值为 638 Hz,位于中低音区,为中低元音;F2 的平均值为 1 755 Hz,位于前元音音区,是前元音。从音节位置来看,词首的 F1 要大于词尾的 F1,词首的 F2 小于词尾的 F2,词首音节位置的舌位要低于词尾音节,并且比词尾位置略靠后些。从发音合作人的情况来看,男性发音合作人的 F1、F2 的平均值都小于女性发音合作人,其中 F2 的差值要大些,可知在发 ɛ 音时,男性发音合作人的舌位高于女性发音合作人,且略靠后。根据 ɛ 的共振峰数据和声学分布图(图 3-3-6)可知,ɛ 位于前、中低音区,是前、中低元音。

七、[ɑ]

元音 ɑ 的出现位置比较灵活,可以出现在词首、词中或词尾音节,在词首和小舌辅音后位置更为靠后。实验测得(表 3-2-1)ɑ 的 F1 的平均值为 922 Hz,位于低音区,为低元音;F2 的平均值为 1 250 Hz,位于央元音的后部音区,与后元音非常接近,是一个央、低元音。音节中,词中音节的 F1 要小于词首和词尾的 F1,词尾音节的 F2 大于词首和词中的 F2,可知 ɑ 处于词中音节时舌位要比词首和词尾略高些,位于词尾音节时,舌位比词首和词中音节更为靠后(图 3-2-2)。女性发音合作人发 ɑ 音时,F1、F2 的平均值都要大于男性发音合作人,其中 F1 的平均值之差为 113 Hz,相差较大,可知发 ɑ 音时,女性发音合作人的舌位比男性发音合作人更低,并且还要略靠前,可见性别对发 ɑ 音的影响较大。根据 ɑ 的共振峰数据和声学分布图(图 3-3-7)可知,ɑ 位于央、低音区,是央、低元音,也可认为 ɑ 为后、低元音。

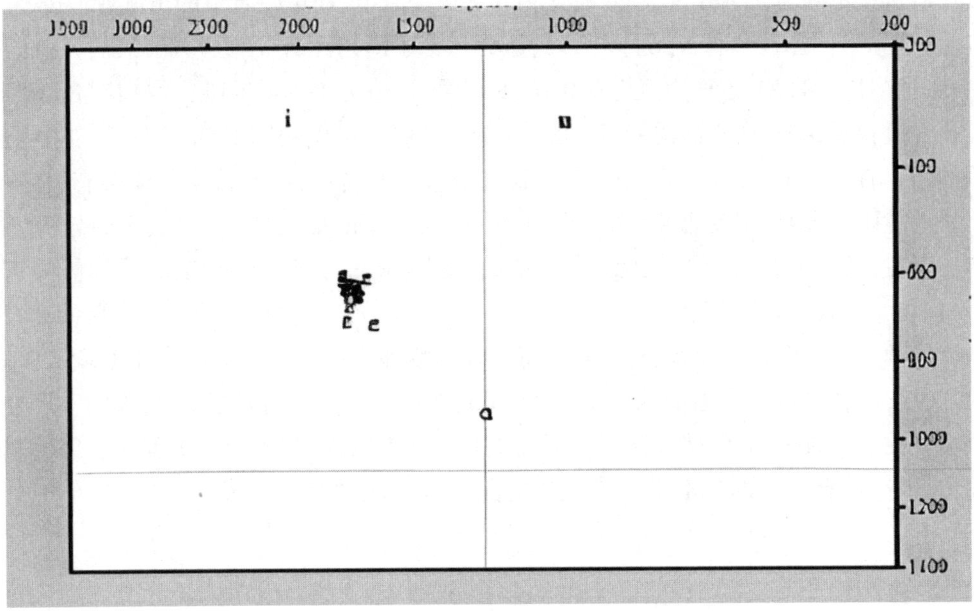

图 3-3-6　满语元音 ε 的声学分布图

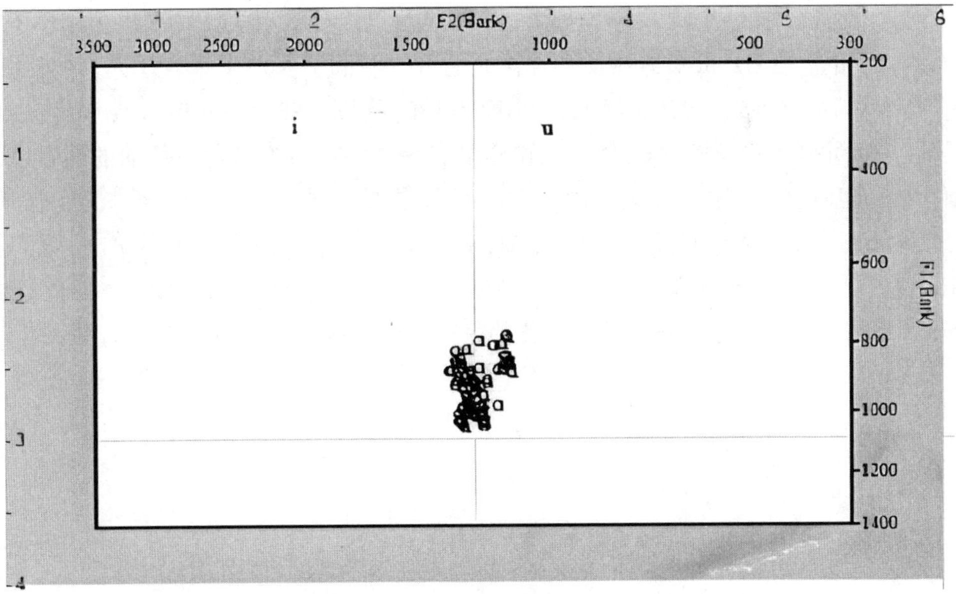

图 3-3-7　满语元音 ɑ 的声学分布图

关于ɑ的音值问题,学界的研究较多,观点不一,有的认为是a,也有的认为是ɑ。争论的焦点主要集中在ɑ的前后舌位上。乌拉熙春认为ɑ是一个很靠后的元音,尤其在词首和小舌辅音后,并且在第一音节和重读音节时摩擦非常明显。① 戴光宇认为ɑ在非弱化音节中多数情况下被读作央、低、不圆唇元音ᴀ,不同的发音合作人偶尔读作a或ɑ,在小舌音后常读作后、低、不圆唇元音ɑ。② 季永海认为ɑ在第一音节、非第一音节的重读音节以及小舌辅音后,在非第一音节中为ʌ(ə)。③ 李兵认为三家子满语元音a为后、低、展唇元音。④ 尹铁超、张力测得a的F1的平均值为920 Hz,F2的平均值为1 344.5 Hz,并将其与汉语a、美式英语ɑ进行了比较,认为满语元音a为前、低、不圆唇元音,可将其标识为a。⑤ 尹铁超等使用的语料有三家子满语的语料,也有大五家子满语的语料,因此数据可能会有一定的出入。从上述研究来看,相关研究主要着眼于音位层面,对ɑ没有进行音素层次的分析。ɑ作为音位存在,实际上是含有音位变体的,从实验数据来看,元音ɑ的F2的平均值为1 250 Hz,虽然位于央元音音区,但已是相当靠后,几乎达到后元音的音区,是一个央后的元音,这也是有的学者将ɑ作为央元音、有的学者将ɑ作为后元音的原因所在。由于本章实验立足于对三家子元音进行音素层面的声学考察,实质上在将ɑ作为音位后,a是ɑ的一个变体,本章实验关于a的F2的数据表明,a的舌位要比ɑ靠前很多,虽然也在央元音音区,但非常靠前,几乎达到前元音的音区,是一个央前的元音,因而导致争议的发生。

八、[ʌ]

元音ʌ一般仅出现在音节后是辅音m、n的位置。由表3-2-1可知,ʌ的F1的平均值为619 Hz,位于中低音区,为中低元音;F2的平均值为1 135 Hz,位于后音区,是后元音。发ʌ音时,男性发音合作人的F1的平均值要大于女性发音合作人,而F2的平均值则小于女性发音合作人,相差56 Hz,可知男性发音合作人的舌位要低于女性发音合作人,并且比女性发音合作人靠后。根据ʌ的共振峰数据和声学分布图(图3-3-8)可知,ʌ位于后、中低音区,是后、中低元音。乌拉熙春认为,ʌ是在节尾辅音为n、m等发音部位靠前的辅音以及带有鼻化伴随现象的场合,由ɑ的舌位略微升高而来,主要出现在除第一音节外的场合。⑥ 由三家子满语声学元音图(图3-2-1)可知,ʌ位于ɑ的上方,两者的F1的平均值相差303 Hz,ʌ由低音区升至中低音区,几乎接近ɔ,升幅较大;两者的F2的平均值之差为115 Hz,ʌ比ɑ要靠后不少。这可能是鼻化的摩擦或音节后辅音m、n影响的结果。

---

① 爱新觉罗·乌拉熙春.满洲语语音研究[M].京都:玄文社,1992:24.

② 戴光宇.三家子满语语音研究[M].北京:北京大学出版社,2012:46.

③ 季永海,赵志忠,白立元.现代满语八百句[M].北京:中央民族学院出版社,1989:5.

④ 李兵.满语元音系统的演变与原始阿尔泰语元音系统的重新构拟[J].民族语文,1999(3):18.

⑤ 尹铁超,张力.满语元音a音值研究[J].满语研究,2016(2):14-16.

⑥ 爱新觉罗·乌拉熙春.满洲语语音研究[M].京都:玄文社,1992:24.

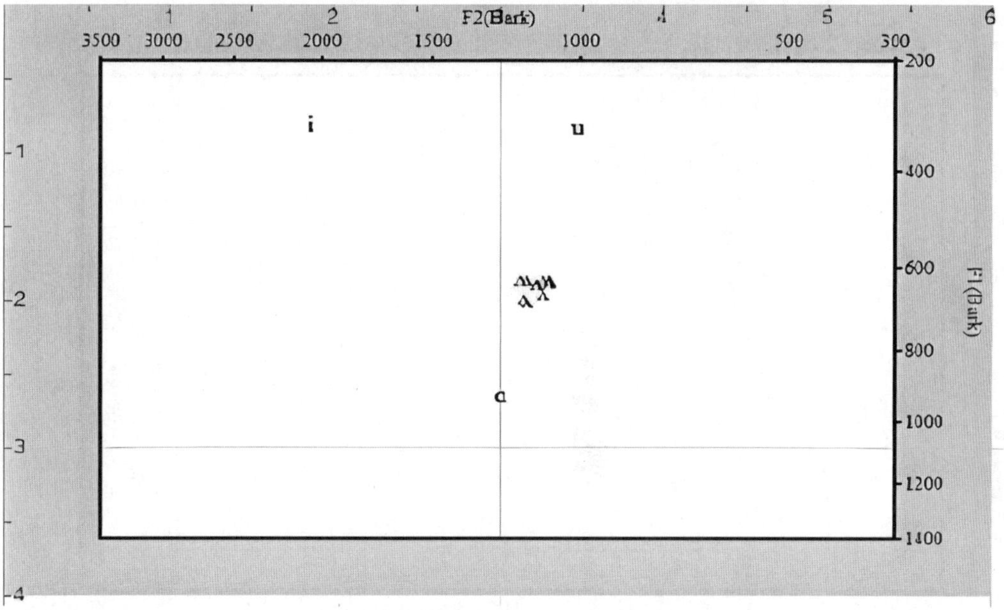

图 3-3-8　满语元音 ʌ 的声学分布图

九、[a]

元音 a 常出现在 p、f、m、n、j、ʧ、ʧʻ等发音部位靠前的腭化辅音之后，可以出现在词首、词中或词尾位置。由表 3-2-1 可知，a 的 F1 的平均值为 896 Hz，位于低音区，为低元音；F2 的平均值为 1 520 Hz，位于央元音的前部音区，与前元音非常接近，是一个央且靠前、低元音。音节中，词首音节的 F1 和 F2 的平均值要比词中和词尾音节的都大，因而词首音节的舌位要低于词中和词尾音节，并略靠前（图 3-2-2）。发音时，女性发音合作人的 F1、F2 的平均值都要大于男性发音合作人，其中 F1 的平均值之差较大，达到 164 Hz，女性发音合作人的舌位比男性发音合作人更低；F2 的平均值之差为 35 Hz，女性发音合作人较男性发音合作人靠前，可知性别因素对 a 的舌位高低影响较大。依据 a 的共振峰数据和声学分布图（图 3-3-9）可知，a 位于央前、低音区，是央且靠前、低元音，也有人认为 a 为前元音。关于 a 的音值，有一些研究存在不同意见，有的认为三家子满语为 a，也有的认为是 ɑ，在舌位的前后表现上出现了不相一致的观点。乌拉熙春提出，当 a 在节首辅音发音部位靠前的腭化辅音的场合中，在这些辅音的影响下，ɑ 的舌位前移，开口度保持不变，成为 a。① 通过实验我们认为，三家子满语元音有 ɑ 和 a 两个元音，在不同的语音环境下表现为不同的音值，在词首和小舌辅音后为 ɑ，虽处于央元音音区，但位置比较靠后，可以视为后元音；在 p、f、m、n、j、ʧ、ʧʻ等腭化辅音之后为 a，位置比较靠前，可将其作为前元音。ɑ 和 a 不构成对立，应为互补关系，是同一音位的条件变体，可视为同一音位的两个音素。

---

① 爱新觉罗·乌拉熙春.满洲语语音研究[M].京都：玄文社，1992：25.

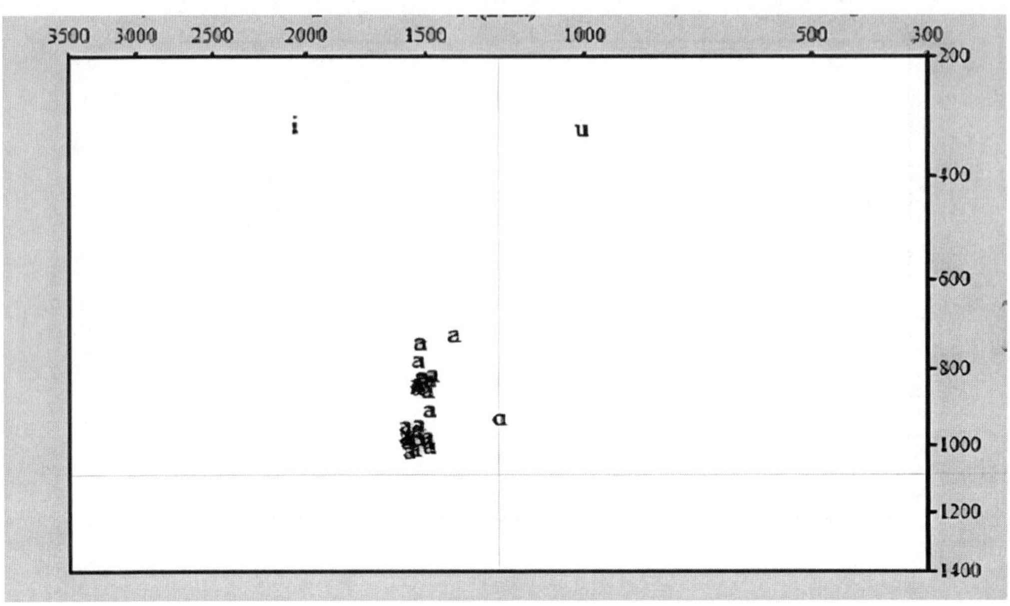

图 3-3-9　满语元音 a 的声学分布图

十、[ɐ]

元音 ɐ 一般出现非词首音节的 ʈ、ʈʻ、ʐ 等辅音之后。由表 3-2-1 可知，ɐ 的 F1 的平均值为 749 Hz，位于次低音区，为次低元音；F2 的平均值为 1 381 Hz，位于央元音音区，是一个央、次低元音。音节中，词中音节的 F1 和 F2 的平均值要比词尾音节的大，因而舌位要低于词尾音节，并比词尾音节略靠前些（图 3-2-2）。从共振峰数据来看，女性发音合作人的 F1、F2 的平均值都要大于男性发音合作人，但数据相差不大，且女性发音合作人的舌位比男性发音合作人略低并靠前些。根据 ɐ 的共振峰数据和声学分布图（图 3-3-10）可知，ɐ 位于央、次低音区，是一个央、次低元音。乌拉熙春认为 ɐ 也来源于 ɑ，在节首辅音是舌尖后辅音的某些场合，ɑ 的舌位前移并升高接近 ɐ，主要出现在非第一音节。[①] 实验中，我们将 ɐ 与 ɑ 进行了比较，通过声学元音图（图 3-2-1）可知，ɐ 位于 ɑ 上方且略靠前，两者的 F1 之差为 173 Hz，F2 之差为 131 Hz，值较大，从 ɑ 到 ɐ，不但舌位升高了，而且还发生了前移。发音时，在舌尖后辅音的影响下，ɑ 的位置发生了变化，舌位升高且前移，接近了 ɐ 的位置，并且男女发音合作人所发的 ɐ 音出现了此种类似的情况，只是女性发音合作人的舌位更低更靠前而已。

① 爱新觉罗・乌拉熙春. 满洲语语音研究[M]. 京都：玄文社，1992：25.

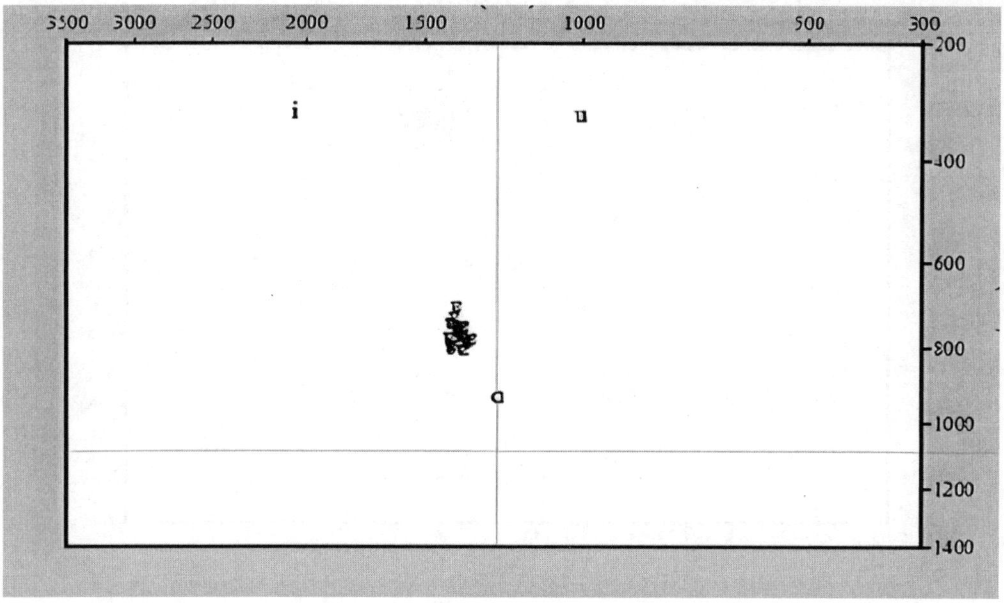

图 3-3-10　满语元音 ɐ 的声学分布图

十一、[u]

元音 u 一般出现在半元音 w 和舌根辅音之后，可以出现在词首、词中和词尾音节中。由表 3-2-1 可知，u 的 F1 的平均值为 317 Hz，位于高音区，为高元音；F2 的平均值为 1 006 Hz，位于后元音音区，在所有元音中是位置最为靠后的元音。从共振峰数据来看，u 在词首、词中和词尾音节的 F1 相差不大，发音时舌位高度基本相同；词首位置的 F2 要比词中和词尾的小些，词首位置的舌位要比词中和词尾略靠后些。从性别因素来看，男女发音合作人的 F1 几乎相同，发音时舌位高度基本一致；男性发音合作人的 F2 小于女性发音合作人，可知女性发音合作人的舌位要略靠前些。根据 u 的共振峰数据和声学分布图（图 3-3-11）可知，u 位于后、高音区，是一个后、高元音。

十二、[ɯ]

元音 ɯ 一般出现在 m、p、v、s、l 等辅音后面的词首音节中。由表 3-2-1 可知，ɯ 的 F1 的平均值为 358 Hz，位于次高音区，为次高元音；F2 的平均值为 1 106 Hz，位于后元音音区，是一个后、次高元音。从共振峰数据来看，男女发音合作人的 F1 的平均值基本相等，发音时舌位高低几乎一致；女性发音合作人的 F2 的平均值比男性发音合作人大 41 Hz，说明女性发音合作人的舌位要略靠前些。根据 ɯ 的共振峰数据和声学分布图（图 3-3-12）可知，ɯ 位于后、次高音区，是一个后、次高元音。

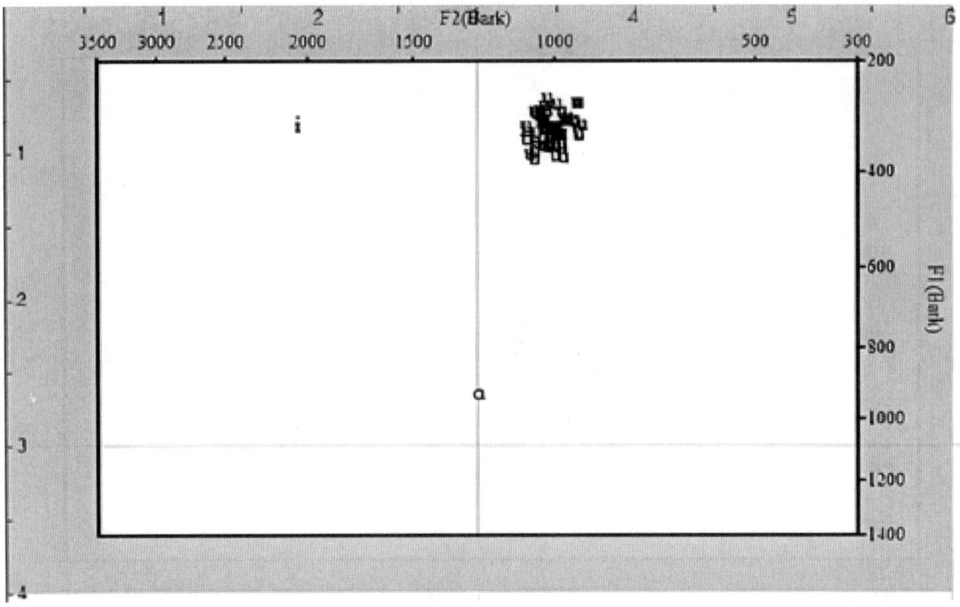

图 3-3-11 满语元音 u 的声学分布图

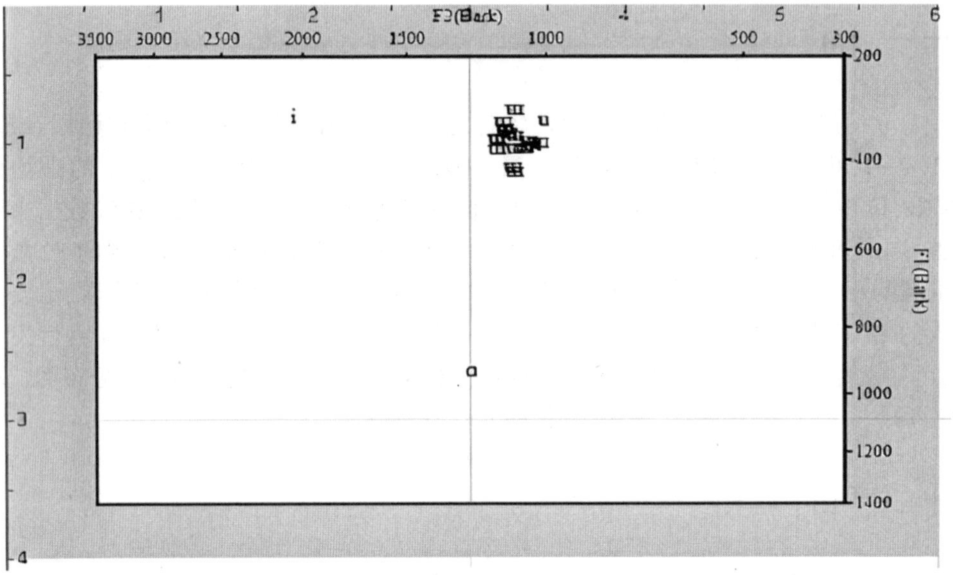

图 3-3-12 满语元音 ɯ 的声学分布图

关于 ɯ 的来源,乌拉熙春认为是在一些发音部位靠前的节首辅音后,由 ɤ 的舌位升高到与 u 等同的高度而来,多出现在第一音节(即重读音节)中。[①] 李兵认为,三家子满语元音中,ɨ 的音值以[ɨ]和[ɯ]居多,因此有些学者用 ɯ 表示这个元音,ɯ 主要来源于书面满语

① 爱新觉罗·乌拉熙春.满洲语语音研究[M].京都:玄文社,1992:25.

的 ə、u 和 a。ɨ 和 u 一般同属高、后元音，它们的唯一区别在于唇状不同。[①] 实验中，我们将 ɯ、ɤ、ə、u 进行比较，四个元音的 F1 的平均值分别为 358 Hz、475 Hz、479 Hz、317 Hz，其中 ə 的 F1 的平均值最大，u 的 F1 的平均值最小，两者之间差值为 162 Hz，差值较大，则舌位高低相差也较大。四个元音中，u 的舌位最高，ə 的舌位最低，ɤ 和 ə 高度基本一致。考察四个元音的 F2 的平均值，分别为 1 106 Hz、1 117 Hz、1 177 Hz、1 006 Hz，其中 ə 的 F2 的平均值最大，u 的 F2 的平均值最小，两者之间差值为 171 Hz，对于 F2 而言相差不是很大，说明舌位的前后相差不大。四个元音中，u 最为靠后，ə 最为靠前，ɯ 和 ɤ 的舌位前后几乎相同。仅从四个元音的共振峰平均值我们可知，在 m、p、v、s、l 等节首辅音的作用下，与 ə 高度基本一致的 ɤ 的舌位发生了变化，纵向升至 ɯ 的音区，表现出了 ɯ 的音色。

十三、[ɔ]

元音 ɔ 一般出现在辅音 ʁ、tʂʻ、l、m、t、tʻ、q 之后，可以在词首、词中和词尾音节中出现。由表 3-2-1 可知，ɔ 的 F1 的平均值为 615 Hz，位于中低音区，为中低元音；F2 的平均值为 1 038 Hz，位于后元音区，是一个后元音。从词中位置来看，词中位置的 F1 的平均值比词首和词尾都要小些，说明词中位置的舌位要高于词首和词尾位置；词中位置的 F2 的平均值要大于词首和词尾位置，说明词中位置的舌位要比词首和词尾位置靠前些。从性别因素来看，男性发音合作人的 F1、F2 都小于女性发音合作人，说明男性发音合作人的舌位稍高于女性发音合作人，并且稍靠后些。根据 ɔ 的共振峰数据和声学分布图（图 3-3-13）可知，ɔ 位于后、高音区，是一个后、中低元音。李兵认为，三家子满语元音的 ɔ 是一个后、低、圆唇元音，在三家子满语里，ɔ 变成与其对应圆唇的高元音 u，说明 ɨ 是与 a 对应的展唇、高元音。[②] 乌拉熙春认为满语的 ɔ 也是一个和 ɑ 一样的很靠后的元音，特别是在词首位置和小舌辅音后面的场合。[③] 戴光宇提出，ɔ 在非弱化音节里一般读作后、半低、圆唇元音[ɔ]，有时舌位略微升高或下降读作[o]或[ɒ]，在弱化音节一般读作[o]。[④]

我们在实验中对 ɔ、u、ɑ、o 四个元音的共振峰数据进行了分析，四个元音的 F1 的平均值分别为 615 Hz、317 Hz、922 Hz、478 Hz，其中 ɑ 的 F1 的平均值最大，舌位最低，u 的 F1 的平均值最小，舌位最高，o 高于 ɔ 的舌位，在声学元音图（图 3-2-1）上位于 ɔ 的上方位置。从 F2 的平均值来看，四个元音分别为 1 038 Hz、1 006 Hz、1 250 Hz、1 028 Hz，ɑ 的 F2 的平均值最大，舌位最为靠前，u 的 F2 的平均值最小，舌位最为靠后，o 的舌位在 ɔ 的稍后位置，由此可以看出，ɔ 和 ɑ 的舌位同样也较为靠后，在词中位置以及小舌辅音等因素的影响下，ɔ 的舌位上下和前后位置分别由 ɑ 经 o 至 u 音区进行变化，其中上下位置变化较大，具有中元音的游移等复杂性质，表现出了不同的元音音色。

---

① 李兵. 满语元音系统的演变与原始阿尔泰语元音系统的重新构拟[J]. 民族语文，1999(3)：18-19.

② 李兵. 满语元音系统的演变与原始阿尔泰语元音系统的重新构拟[J]. 民族语文，1999(3)：18-19.

③ 爱新觉罗·乌拉熙春. 满洲语语音研究[M]. 京都：玄文社，1992：25.

④ 戴光宇. 三家子满语语音研究[M]. 北京：北京大学出版社，2012：48.

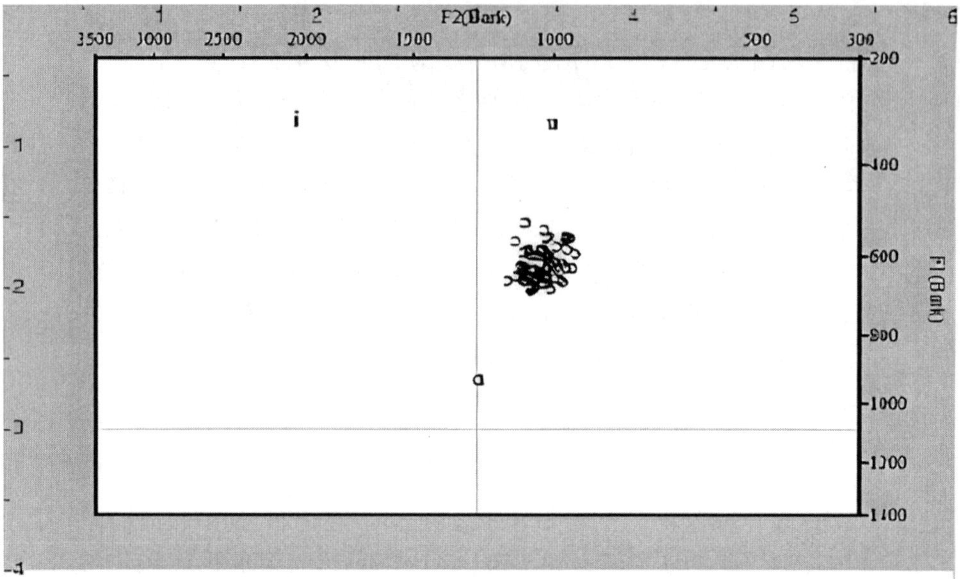

图 3-3-13 满语元音 ɔ 的声学分布图

十四、[o]

元音 o 可以在词首、词中和词尾音节出现。由表 3-2-1 可知,o 的 F1 的平均值为 478 Hz,位于中高音区,为中高元音;F2 的平均值为 1 028 Hz,位于后元音音区,是一个后元音。从词中音节的位置来看,词中各位置的 F1 的平均值相差不大,各位置舌位的高低基本一致;词尾位置 F2 的平均值要比词首和词中小些,说明词尾音节的舌位最为靠后。从性别因素来看,男性发音合作人的 F1、F2 都小于女性发音合作人,说明男性发音合作人的舌位稍高于女性发音合作人,并且稍靠后些。根据 o 的共振峰数据和声学分布图(图 3-3-14)可知,o 位于后、中高音区,是一个后、中高元音。季永海认为,三家子满语元音 o 在第一音节自成音节时接近 ɔ,有时 o、ɔ 可以自由变读。① 乌拉熙春提出 o 在词末非重读的场合,嫩江满语的 u 常常发成 o 的音值,这里的嫩江满语是指三家子满语。② 戴光宇也认为,o 在非弱化音节里一般读作后、半高、圆唇元音[o],在一些词中 o 与 ɔ 有时可以自由变读,不改变词义。③ 实验中,o、ɔ、u 三个元音的 F1 的平均值分别为 478 Hz、615 Hz、317 Hz,ɔ 的 F1 的平均值最大,舌位最靠前,u 的 F1 的平均值最小,舌位最靠后;F2 的平均值分别为 1 028 Hz、1 038 Hz、1 006 Hz,ɔ 的 F2 的平均值最大,位于三个元音中的最下方,u 的 F2 的平均值最小,在三个元音中舌位最高,o 和 ɔ 的舌位前后相近,在一些词或音节中舌位高低发生变化,在自由变读中呈现出相同的音色,听感基本一致。

① 季永海,赵志忠,白立元. 现代满语八百句[M]. 北京:中央民族学院出版社,1989:6.

② 爱新觉罗·乌拉熙春. 满洲语语音研究[M]. 京都:玄文社,1992:29.

③ 戴光宇. 三家子满语语音研究[M]. 北京:北京大学出版社,2012:48.

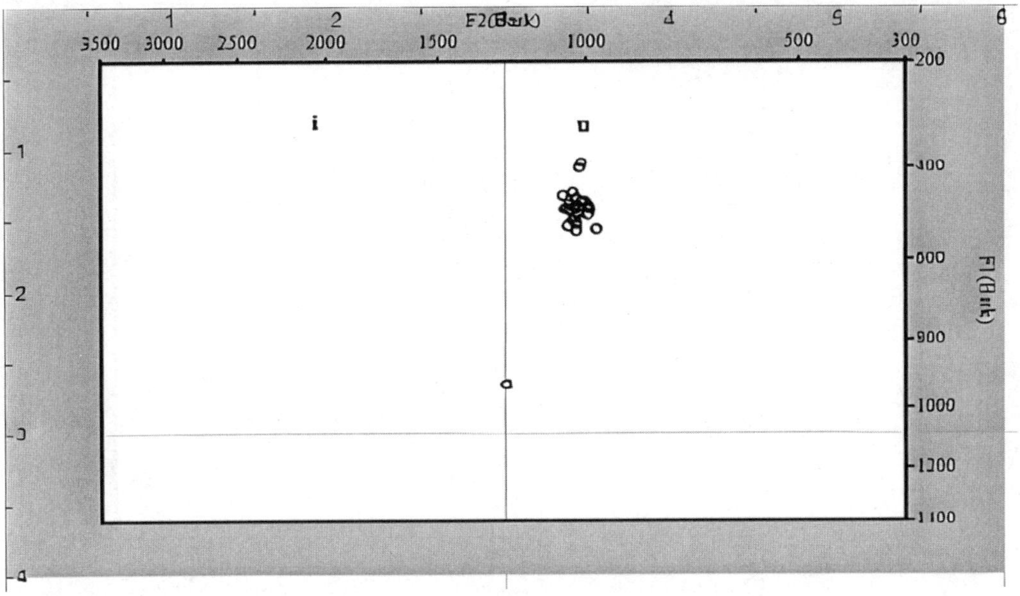

图 3-3-14　满语元音 o 的声学分布图

十五、[ɤ]

元音 ɤ 常与 k、ɣ、n、t、kʻ等辅音结合,也可与 q、ʁ 等辅音结合。由表 3-2-1 可知,ɤ 的 F1 的平均值为 500 Hz,位于中音区,为中元音;F2 的平均值为 1 128 Hz,位于后元音区,是一个后、中元音。音节中,词尾音节的 F1 和 F2 的平均值要比词中和词首的大,因此词尾音节的舌位要低于词中和词首音节,且略靠前。发音时,男性发音合作人的 F1、F2 的平均值都大于女性发音合作人,但差值较小,可见发音时男性发音合作人的舌位比女性发音合作人略低,且略靠前些。根据 ɤ 的共振峰数据和声学分布图(图 3-3-15)可知,ɤ 位于后、中音区,是后、中元音。元音 ɤ 是中元音,具有一定的游移性。乌拉熙春提出,ɤ 在没有 ɑ 或 ɔ 的词中舌位不像 ɑ 或 ɔ 那么靠后,当词中主要音节中出现 ɑ 或 ɔ 时,可以与小舌辅音结合,这种情况的 ɤ 从历史上看就是来自 ɑ 或 ɔ,在这种情况下 ɤ 的舌位才和 ɑ 或 ɔ 一样靠后。① 这实际上是 ɤ 的中元音性质的一种体现,从 ɤ、ɑ 和 ɔ 的共振峰数据中可以看出,F1 的平均值最大的是 ɑ,为 992 Hz,最小的是 ɤ,为 500 Hz,差值为 492 Hz,差值较大,可见 ɤ 在纵向上可以由 ɑ 经过 ɔ 达到 ɤ 的音区,即由低音区升至中音区,上升的幅度较大,上下占据了较大的声学空间。对 F2 进行比较可知,三者中最大者是 ɑ,为 1 250 Hz,最小者是 ɔ,为 1 038 Hz,差值为 212 Hz,基本位于央后音区,横向占据的声学空间较小,游移幅度不是很大。由于这种情况是 ɤ 在主要音节中有 ɑ 或 ɔ 时与小舌辅音结合时出现的,可知在与小舌辅音结合时,在 ɑ 或 ɔ 的作用下,ɤ 的舌位发生了游移,向下可到 ɑ 的音区,向上经过 ɔ 到达 ɤ 的音区,也可认为在这种语音环境下,ɑ 的舌位升高并后移,经过 ɔ 到达 ɤ 音区,表现出 ɤ 的音色。

① 爱新觉罗·乌拉熙春. 满洲语语音研究[M]. 京都:玄文社,1992:25.

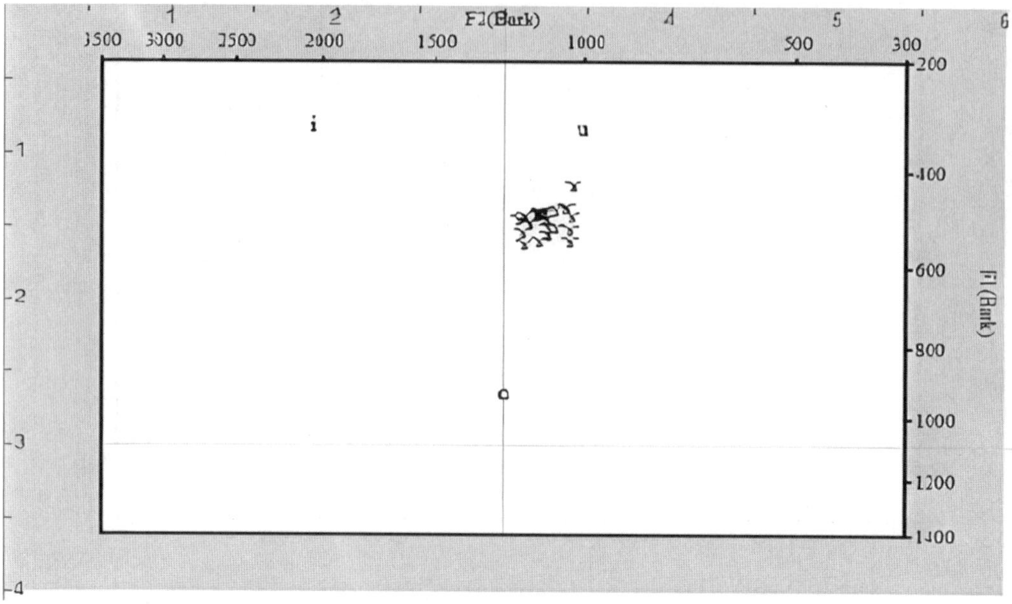

图 3-3-15 满语元音 ɤ 的声学分布图

十六、[ə]

元音 ə 的位置较为灵活,可以出现在词首、词中和词尾音节中,但词首音节中出现得较少。由表 3-2-1 可知,ə 的 F1 的平均值为 484 Hz,位于中音区,为中元音;F2 的平均值为 1 294 Hz,位于央元音音区,是一个央元音。音节中,词首音节的 F1 的平均值要略大于词中和词尾音节,因而词首音节的舌位要低于词中和词尾音节;词首音节的 F2 的平均值略大于词中和词尾音节,因而词首音节的舌位要比词中和词尾音节靠前些。从共振峰数据来看,女性发音合作人的 F1 的平均值要略大于男性发音合作人,但 F2 的平均值则略小,相差不大,男女发音合作人在发 ə 时舌位位置几乎相同。根据 ə 的共振峰数据和声学分布图(图 3-3-16)可知,ə 位于央、中音区,是一个央、中元音。由于 ə 是中元音,而中元音具有游移性,因而表现出了较为复杂的声学特征。关于 ə 的音值问题,学界的相关研究和讨论也较多。季永海提出,ə 可以和 ɯ 自由变读,在浊化辅音后往往为 ɤ,在半元音 j 后为 e,在第一音节时有时也为 e。[①] 乌拉熙春认为,ə 的存在条件是弱化音节,在另外一些没有发生弱化的同一音节中,对应于 ə 的往往不只是 ɤ,可能是 u、i,还可能是其他元音。[②] 李兵提出,ə 在三家子满语里已经成为高、后元音 ɨ,在舌位高低维向上同 a 对立,在唇状维向上同 u 对立。[③] 戴光宇认为,ə 在非弱化音节里多数情况下被读作半高、不圆唇元音 ɘ,但也有发音合

① 季永海,赵志忠,白立元. 现代满语八百句[M]. 北京:中央民族学院出版社,1989:6.

② 爱新觉罗·乌拉熙春. 满洲语语音研究[M]. 京都:玄文社,1992:27.

③ 李兵. 满语元音系统的演变与原始阿尔泰语元音系统的重新构拟[J]. 民族语文,1999(3):18.

作人读作 ɜ 或 ɤ,在弱化音节里,这一音位通常偏央,被读作 ə 或 ɜ。① 实验中,我们将 ə 和 ɯ、ɤ、e、u、i 相比较,进行声学考察和分析。首先考察这几个元音的 F1 的平均值,分别为 484 Hz、358 Hz、500 Hz、483 Hz、317 Hz 和 312 Hz,其中 F1 的平均值最大的为 ɤ,最小的为 i,最大平均值与最小平均值之差为 188 Hz,可知 ɤ 的舌位最低,i 的舌位最高,其余的 ə、e、ɯ、u 舌位依次升高,即 ə 的舌位向下可以达到 ɤ 的位置,向上经过 e、ɯ 和 u 达到 i 的音区。

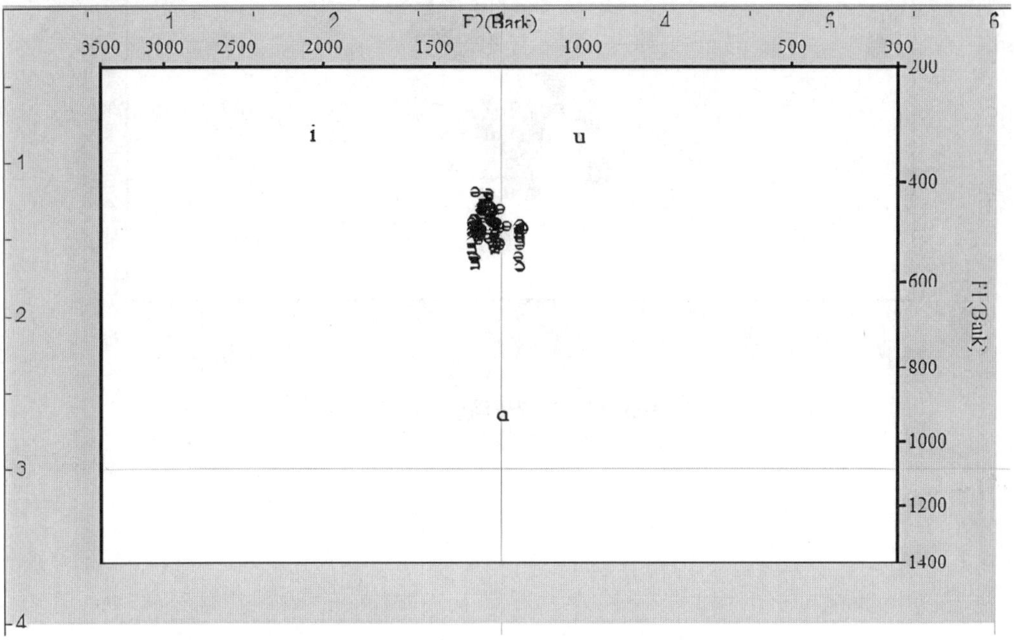

图 3-3-16　满语元音 ə 的声学分布图

ə 和 ɯ、ɤ、e、u、i 的 F2 的平均值分别为 1 294 Hz、1 106 Hz、1 128 Hz、1 774 Hz、1 006 Hz 和 2 056 Hz,其中 F2 的平均值最大的为 i,最小的为 u,最大值与最小值之差为 1 050 Hz,舌位最前的为 i,最后的为 u,其余的由前向后依次为 e、ə、ɤ 和 ɯ。可见在横向游移中,最前达到 i 的音区,往后依次经过 e、ə、ɤ 和 ɯ 达到 u 的音区。由实验可知,ə 的纵向和横向的变化幅度都比较大,在元音声学图的上半部分占据了较大的声学空间,在不同的语音环境中,ə 的舌位纵向和横向分别跨越 6 个元音,游移性较强,表现出不同的元音音色。

三家子满语有 i、y、e、ɛ、a、ə、ɐ、u、ɯ、o、ɤ、ɔ、ɑ、ʌ、ɿ、ʅ 等 16 个元音音素,有前元音 5 个、央元音 4 个、后元音 7 个;高(含次高和中高)元音 8 个、中元音 2 个、低(含中低和次低)元音 6 个。通过实验可知,这些元音互相对立,能区别词义,可归纳为/ɑ/、/ɔ/、/ə/、/u/、/i/、/ɛ/、/e/、/y/8 个音位,声学分布如图 3-3-17 所示。

① 戴光宇. 三家子满语语音研究[M]. 北京:北京大学出版社,2012:46.

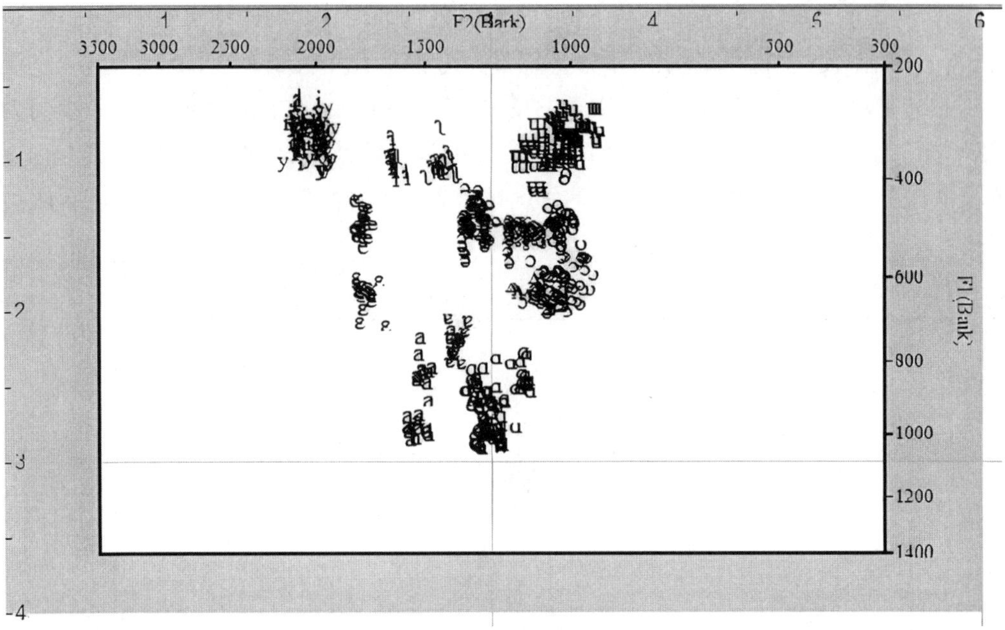

图 3-3-17　三家子满语声学分布图

第四章　辅音声学分析

满语辅音音素众多，有 p^h、t^h、$ʈ^h$、k^h、q^h、f、s、ʂ、ʃ、x、χ、ɕ、$ʈʂ^h$、$ʧ^h$、p、t、ʈ、k、q、β、ɸ、v、z、ʐ、ɣ、ʁ、ʈʂ、ʧ、m、n、ŋ、ɴ、ɲ、l、ɭ、r、w、j 等 38 个辅音音素，我们将其归纳为 p、p^h、t、t^h、k、k^h、f、v、s、z、ʂ、ʐ、ʃ、x、ɣ、$ʈʂ^h$、ʈʂ、$ʧ^h$、ʧ、m、n、ŋ、l、r、w、j 等 26 个辅音音位，除 ŋ、r、ɣ、ʐ、z、w 外，都可以出现在词首和音节开头位置。从送气与否来看，p^h、t^h、k^h、$ʈʂ^h$、$ʧ^h$、f、s、ʂ、ʃ、x 为送气辅音，除ʂ、ʃ、x 外，都具有送气较强的特点。本章我们重点提取了辅音的部分声学参数，运用语图、时长、共振峰模式等方式，对辅音开展实验研究，进行声学描写，相关的语图和数据是用 Praat 语音实验软件提取和完成的。

第一节　辅音的声学特征

当前，对辅音的实验研究主要集中在发音方法方面，主要运用无声段长度、嗓音起始时间（VOT）、辅音时长、擦音谱重心等声学参数表征辅音特征，但需要运用哪些参数进行研究，则由研究需要和实验分析来确定。

一、语图表现

人们在语音实验中发现，辅音在语图上表现为冲直条、嗓音横杠和乱纹。其中冲直条是塞音和塞擦音的除阻段，嗓音横杠是声带振动的嗓音段，乱纹是擦音的摩擦段、塞音和塞擦音的送气段，从语图上可以对辅音的发音方法进行描述，如表 4-1-1 所示。①

表 4-1-1　辅音的语图表现

辅音		语图表现
塞音	不送气清塞音	空白段、冲直条
	送气清塞音	空白段、冲直条、乱纹
	不送气浊塞音	浊音杠、冲直条
擦音	清擦音	乱纹
	浊擦音	浊音杠、乱纹

① 贝先明，向柠. 实验语音学的基本原理与 praat 软件操作［M］. 长沙：湖南师范大学出版社，2016：109.

表 4-1-1(续)

辅音		语图表现
塞擦音	不送气清塞擦音	空白段、冲直条、乱纹
	送气清塞擦音	空白段、冲直条、较长的乱纹
	不送气浊塞擦音	浊音杠、冲直条、乱纹
鼻音		共振峰
边近音		共振峰或冲直条
近音		乱纹、共振峰
颤音		浊音杠、连续的若干个冲直条

二、声学参数

辅音的声学描述中,无声间隙(GAP)、VOT 时长、辅音时长、谱重心、后接元音共振峰等都是重要的声学参数,在辅音的声学研究中起到了重要的作用。

无声间隙。其主要是清塞音、清塞擦音的喉部发声动作时的闭塞段和声学层面的持阻段,但不包括塞音的成阻时段,此阶段口腔受阻没有达到完全闭合,且在语流中,成阻基本上在前一个音段中完成。

VOT 时长。VOT 时长是塞音从爆破开始到声带振动之间的时长,在语图上就是冲直条到浊音横杠间的距离。① 人们从语音实验中发现,对于送气塞音而言,其 VOT 值都比不送气塞音要大,可以用于区分塞音、塞擦音以及送气、不送气等辅音。Lisker 和 Abramson 在研究中发现,塞音为浊音时声带振动早于爆破,VOT 值小于 0;塞音为清音时声带振动等于或晚于爆破,VOT 值基本分布在 100 ms、10 ms、75 ms 左右,可以将塞音分为强送气、不送气和弱送气,并且发音部位越靠后,VOT 值越大。② 由于清塞音在发音时先爆破后振动,VOT 值大于 0;浊塞音在发音时先振动后爆破,VOT 值小于 0。语音实验表明,送气清塞音的 VOT 值大于不送气清塞音,可以用 VOT 值作为塞音清浊及送气与否的标准。当前,这方面的研究主要集中在 VOT 的测量和分析方面,“影响 VOT 的因素与送气状态有关,其中送气音大于不送气音;发音部位对 VOT 有一定程度的影响”③。而声调和音节长度对 VOT 的影响不大。

辅音时长。辅音中擦音和鼻音的时长最长,不送气塞音最短。吴宗济认为,普通话中的擦音、塞擦音时长中,摩擦段时长是主要区别,其中塞音不超过 30 ms,时长最短,擦音在 70 ms 以上,时长最长,塞擦音在 30~60 ms 之间,时长居中。④ 因此,时长对塞擦音、塞音、擦音具有区别作用。同时,送气与否、发音部位、后接元音等也是影响时长的重要因素。齐士

① 李芳. 日照方言辅音实验语音学研究[D]. 上海:上海大学,2015:5.

② LISKER L, ABRAMSON A S. A cross-language study of voicing in initial stops: Acoustical measurements[J]. Word, 1964, 20(3):384-422.

③ 李芳. 日照方言辅音实验语音学研究[D]. 上海:上海大学,2015:5.

④ 吴宗济. 汉语普通话单音节语图册[M]. 北京:中国社会科学出版社,1986.

铃、张家騄通过汉语普通话辅音音长实验认为,辅音音长与送气状态有直接关系,不送气塞音最短,送气塞擦音最长,各种发音方式之间有一定的音长比值,而音长与发音部位关系不大。① 冉启斌通过汉语普通话语音实验,测量了塞擦音时长数据,在 6 个塞擦音中,zh,ch 声母时长都要短于其他塞擦音,单纯从语音性质上看,普通话中的 zh、ch 声母在不与舌尖后元音相拼时并不是纯粹的塞擦音,而是比较接近爆发音。②

谱重心。谱重心位置可以反映出擦音的发音部位,对擦音的研究具有重要的意义,可以以此做出擦音空间进行研究。当前,相关的研究主要集中在谱重心的测量、分析以及应用等方面。宝音对现代蒙古语喀喇沁土语辅音[p]、[b]、[ɸ]、[β]的谱重心进行了测量和研究,以此区分塞音、浊擦音、清擦音。③ 另外,还有学者通过对谱重心的影响因素,谱重心平均值、标准差等参数进行比较研究,对擦音进行细致的声学描写。

后接元音共振峰。后接元音共振峰起始值能够体现辅音的影响,揭示辅音的声学特点,通过测量后接元音共振峰平均值、比较发音部位和方法,分析法总结相关原因。人类口腔发辅音时,会对后接元音产生一定的影响,后接元音的共振峰值能够反映辅音的特点,Stevens 对此研究后认为,辅音的声谱、后接元音共振峰与辅音发声时口腔前腔形成的体积有关,口腔的前面腔体越长,后接元音的共振峰则越低,后接元音共振峰起始值能够体现辅音的一些特性。④

三、满语的辅音研究

满语的辅音系统比较复杂,相关成果主要集中在传统的音位描写等方面,与丰富的元音研究成果相比,其研究成果不多,研究不够深入。在现有的研究成果中,大多为耳听手记的传统研究,辅音实验的成果还不多见,研究对象主要集中在三家子满语、大五家子满语、依布气满语等方面,其中穆晔骏、王庆丰、赵杰、乌拉熙春等学者付出了大量的努力,取得了丰硕的学术成果。

20 世纪 60 年代,穆晔骏老师对哈尔滨一带留存的满语进行了深入的调查和研究,对拉林满语⑤、阿勒楚喀满语⑥、巴拉满语⑦的辅音进行了详细的描写。其中,将阿勒楚喀满语的辅音归纳为 24 个音位:b、p、m、w、f、v、d、t、n、l、r、dʐ、tʂ、ʂ、ç、dʒ、ʧ、ʃ、ʐ、g、k、h、ŋ、j;巴拉满语的辅音归纳为 22 个音位:b、p、m、w、f、v、d、t、n、l、r、dʐ、tʂ、ʂ、dʒ、ʧ、ʃ、g、k、h、ŋ、j;拉林满语的辅音归纳为 22 个音位:b、p、m、w、f、v、d、t、n、l、r、dʐ、tʂ、ʂ、dʒ、ʧ、ʃ、g、k、h、ŋ、j。

赵杰对黑龙江泰来县依布气满语进行了田野调查和研究,将依布气满语辅音归纳为 24 个音位:p、pʻ、m、f、v、ts、tsʻ、s、t、tʻ、n、l、tʂ、tʂʻ、ʂ、tɕ、tɕʻ、ç、j、k、kʻ、x、ŋ、w,这些音位在发音部位

---

① 齐士铃,张家騄. 汉语普通话辅音音长分析[J]. 声学学报,1982(1):8.

② 冉启斌. 从音长论普通话舌尖后塞擦音声母的性质[J]. 汉语学报,2007(3):69.

③ 宝音. 现代蒙古语喀喇沁土语音系研究[D]. 北京:中央民族大学,2015:79.

④ STEVENS K N. Evidence for the role of acoustic boundaries in the perception of speech sounds[M]//FROMKIN V A. Phonetic linguistics:Essays in honor of Peter Ladefoged. Orlando:Academic Press,1985:243-255.

⑤ 穆晔骏. 拉林满语语音概论[J]. 满语研究. 1986(2):16-24.

⑥ 穆晔骏. 阿勒楚喀满语语音简论[J]. 满语研究. 1985(1):11-15.

⑦ 穆晔骏. 巴拉语[J]. 满语研究. 1987(2):14-16.

上的分布是平行对称的，形成简单整齐的系统，没有复辅音。①

王庆丰对大五家子满语进行了研究，将大五家子满语辅音归纳为 24 个音位，还有 2 个半元音音位，分别是：p、b、m、f、v、d、t、n、l、r、ʣ、ts、s、ɖʐ、ʈʂ、ʂ、ʐ、ʨ、ɕ、g、k、x、ʥ、ŋ；w、j。②

乌拉熙春对黑龙江和嫩江满语进行了深入的考察和研究，将满语辅音分为送气辅音和不送气辅音，并归纳为 27 个辅音音位，其中塞音 7 个：p、p'、t、t'、k、k'、ʔ；塞擦音 4 个：ʈʂ、ʈʂ'、ʧ、ʧ'；鼻音 3 个：m、n、ŋ；边音颤音 2 个：l、r；擦音 9 个：f、v、s、z、ʂ、ʐ、ʃ、x、ɣ；半辅音 2 个：w、j。③

戴光宇运用历史语言学和传统的研究方法，对三家子满语辅音进行了专题研究，将三家子满语辅音归纳为 32 个音位，是当前满语研究中音位最多的，分别为：p^{h}、p、ts、ts^{h}、ʨ、ʨ^{h}、ɕ、q、q^{h}、χ、ʁ、ɴ、t^{h}、t、k、k^{h}、ʈʂ^{h}、ʈʂ、m、n、ŋ、l、r、f、v、s、z、ʂ、ʐ、x、ɣ、j，并给出了这些辅音的自由变体，用 4 个双向音位聚合进行了讨论。④

此外，满语口语辅音的研究还有其他的一些成果，但大多是归纳音位，分析语音环境和分布条件等，运用实验的方法进行声学研究的成果尚未发现。

第二节 塞音的声学特征

塞音又称爆破音。发音时阻碍处发音器官闭合，气流被堵在口腔或咽喉处，除阻时气流爆破性地冲开阻塞形成塞音。满语中有 10 个塞音，其中 5 个为送气音：p^{h}、t^{h}、ʈ^{h}、k^{h}、q^{h}，5 个为不送气音：p、t、ʈ、k、q。本节我们选择满语语料库中的口语语料，运用 Praat 语音实验软件提取语图、声学参数进行分析，用量化的方法对塞音进行声学研究和分析。

一、语图表现

（一）送气塞音

送气塞音在语图上主要表现为空白段、冲直条和乱纹，其中空白段是无气流时的持阻特征，冲直条为气流突然发出时的除阻特征，乱纹是气流流出时的特征。5 个送气塞音 p^{h}、t^{h}、ʈ^{h}、k^{h}、q^{h} 的实验及语图分析如下：

1. [p^{h}]

辅音 p^{h} 为双唇送气清塞音，满语中主要用来拼读汉语借词，大部分出现在第一音节，其他音节中不常见，例如 p^{h}olo（簸箩）、p^{h}iŋko（苹果）等。塞音的声学性质表现为冲直条，因发音时阻碍闭塞而得名。如图 4-2-1 所示，有一段无色的空白段，空白段后接窄的细冲直条，冲直条后面是乱纹。发音时，由于持阻阶段闭塞气流不能通过，使声音暂歇，呈现空白段的

① 赵杰. 现代满语研究[M]. 北京：民族出版社，1989：16.

② 王庆丰. 满语研究[M]. 北京：民族出版社，2005：1.

③ 爱新觉罗·乌拉熙春. 满洲语语音研究[M]. 京都：玄文社，1992：41-42.

④ 戴光宇. 三家子满语语音研究[M]. 北京：北京大学出版社，2012：46.

持阻特征,无气流从口中发出;到了除阻阶段,双唇打开,口腔放开气流冲出,表现为冲直条;之后还有一段时间的气流发出,表现为乱纹。从语图上看,除阻时间很短,强度也不大,后接元音两两混淆,不容易分辨。

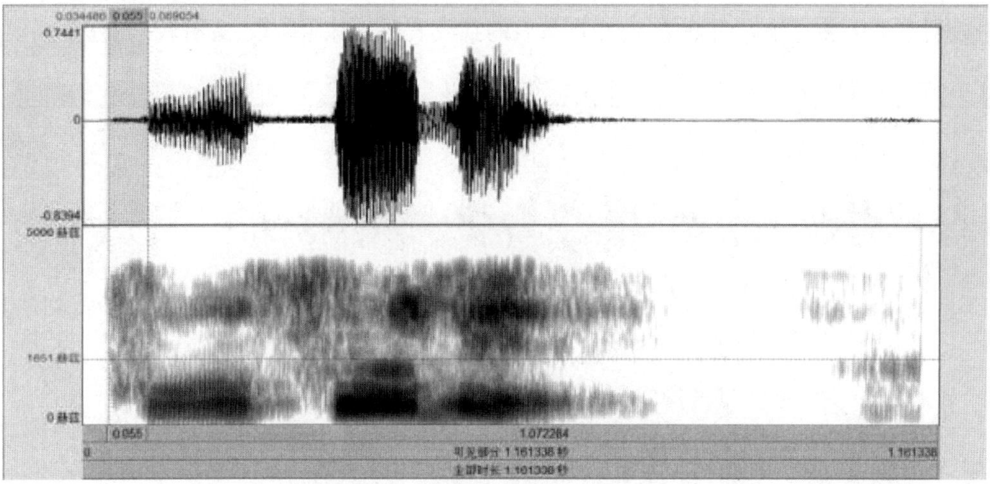

图 4-2-1 pʰuzulo(铺子)的语图

2. [tʰ]

辅音 tʰ 为舌尖中送气清塞音,在满语中可以出现在词首、词中或词尾位置,例如 tʰɑntɑm(拉)、sɔtʰɔʁo(醉了)、futʰɑ(绳子)等。发音时,舌尖紧贴上齿龈,形成阻碍,然后舌尖突然下降里收,气流从舌尖中冲出形成爆破。如图 4-2-2 所示为空白段、冲直条和乱纹,空白段为除阻前的静音段,是发音时的持阻阶段,空白段之后是窄细的冲直条,为除阻的表现。乱纹是发送气音时较强气流通过口腔所形成的,冲直条后细长的乱纹表示发音时的送气阶段,说明 tʰ 是送气塞音。

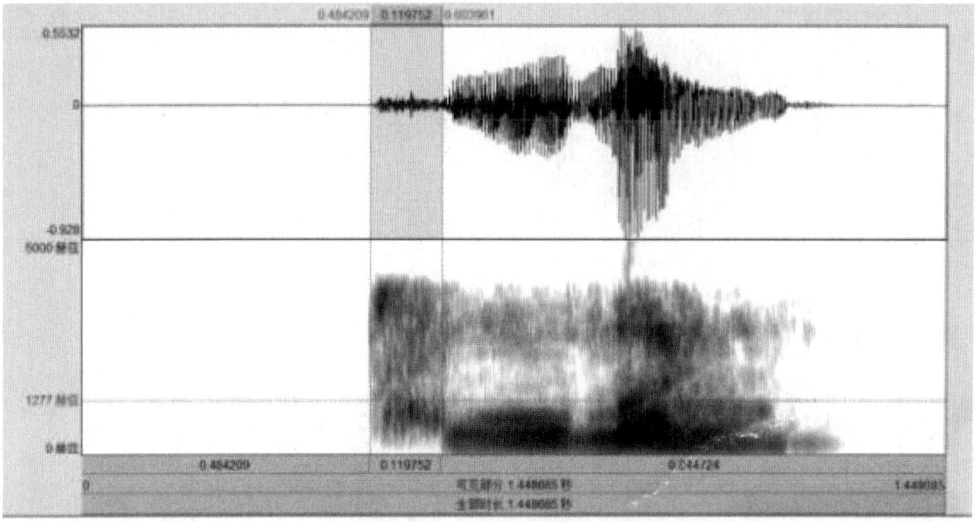

图 4-2-2 tʰumu(万)的语图

3. [ʈ^h]

辅音 ʈ^h 为舌尖后清塞音，在满语中出现得不多，主要出现在 ɑ 等央、后元音前。发音时舌尖紧贴上齿龈，形成阻碍，然后舌尖突然下降里收，气流从舌尖后冲出口腔形成爆破。如图 4-2-3 所示，有一个短暂的空白段，接着为冲直条和乱纹，说明 ʈ^h 发音除阻前有短暂静音段；空白段后窄细的冲直条表明是送气；冲直条后的乱纹表明是除阻阶段，具有较强的送气。

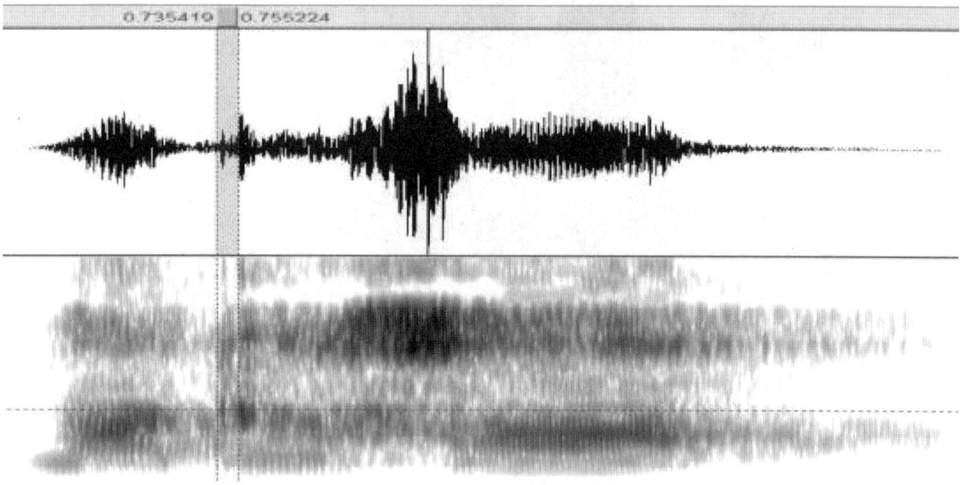

图 4-2-3　lɑʈ^{h}ɐ(鹞鹰)的语图

4. [k^h]

辅音 k^h 为舌面后清塞音，在满语中的位置比较灵活，可以出现在词首、词中或词尾音节，例如 k^{h}uɣu(乳房)、ʃisk^{h}ɤ(昨天)等。发音时，舌面靠近软腭形成阻塞点，肺部力量加大阻塞点压力，气流从舌面冲出形成爆破，除阻时送气。语图上为空白段、冲直条和乱纹。如图 4-2-4 所示，空白段后接冲直条和乱纹，表明除阻前有一短暂静音段，就是语图上的空白段；后面一条窄细的冲直条表明为送气阶段；送气后表现为乱纹，为除阻阶段，有较强的送气。

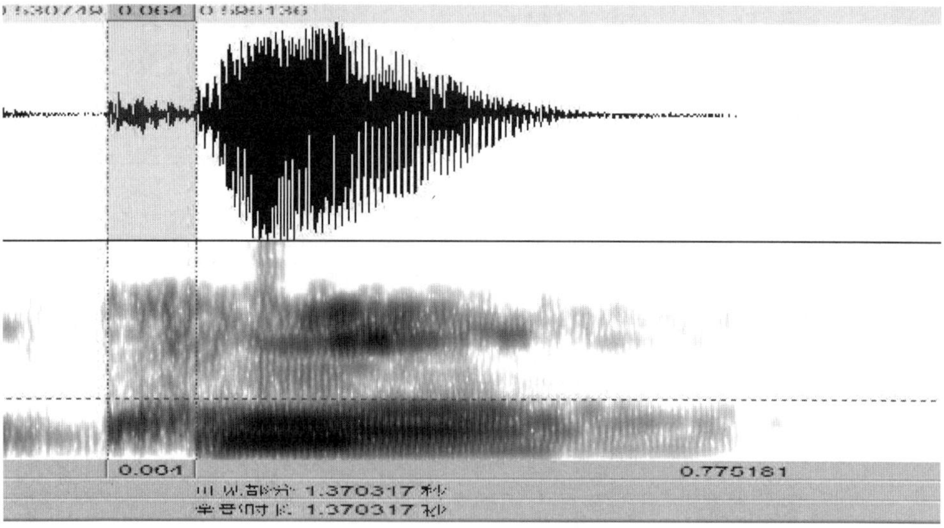

图 4-2-4　muk^{h}u(水)的语图

5. [q^h]

辅音 q^h 为小舌清塞音，主要出现在词中元音 ɑ、ɔ、u 之前，例如 tuq^hɑ(大门)、faq^hure(裤子)、nuq^hɑ(刺)等。发音时，小舌上抬构成阻碍，除阻时气流从小舌冲出形成爆破，除阻时送气。如图 4-2-5 所示，有空白段、冲直条和乱纹，表明 q^h 为塞音。从语图上看，空白段后有冲直条和乱纹，表明发音前有一静音的空白阶段，后面的窄细的冲直条为送气阶段，乱纹为最后的除阻阶段，送气相对较强。

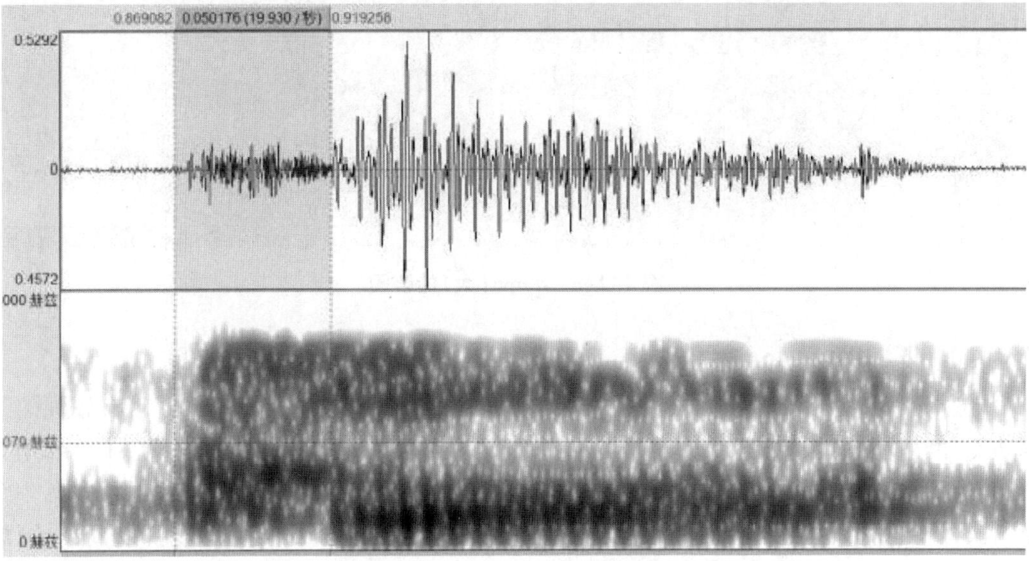

图 4-2-5　ɑq^hɤ(天)的语图

(二)不送气塞音

不送气塞音的语图表现与送气塞音类似，主要是空白段和冲直条，但没有送气乱纹。5 个不送气塞音 p、t、ʈ、k、q 的实验及语图分析如下：

1. [p]

辅音 p 为双唇不送气清塞音，在满语中分布较为灵活，可以出现在词首、词中或词尾音节，例如 pi(我)、jɑpɑ(哪里)等。发音时双唇紧闭，肺部气流使口腔压力加大，气流从双唇间冲出除阻，除阻时不送气。从图 4-2-6 中能看到一条不是很清晰的冲直条，表示 p 处于第二音节时，爆破不明显；前面有一段空白段，体现了发音时的持阻特征，这期间无气流冲出；冲直条则体现的是除阻特征，表示突然发出气流爆破，没有乱纹存在表示发音时不送气。从语图上可以看出，p 的除阻段很短，强度也较弱，在低频区有一能量集中区，后接元音共振峰在高频区和低频区都有分布，后接元音的四个共振峰清晰可辨，其中第一、第二共振峰较近，第三、第四共振峰稍微分开。

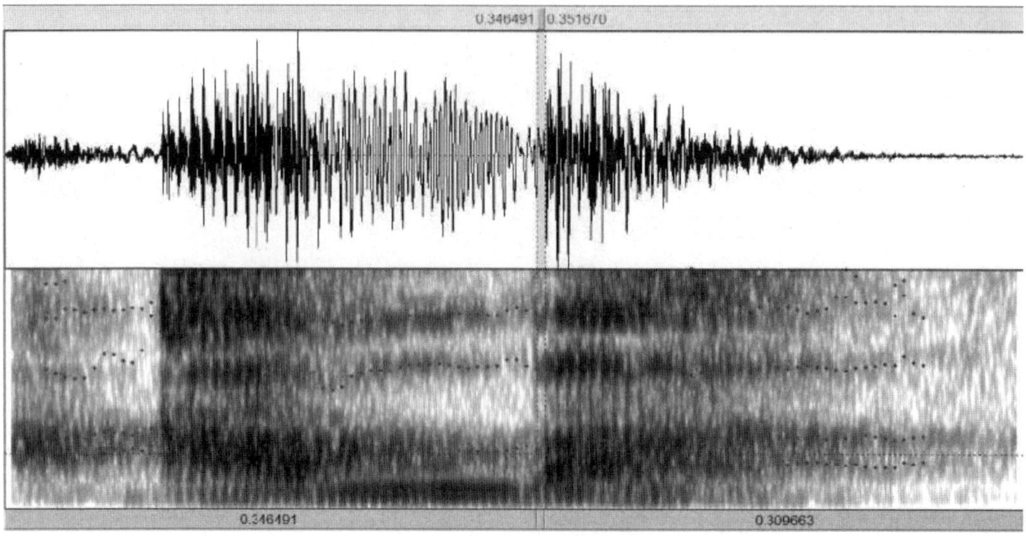

图 4-2-6 ampa(大)的语图

2.[t]

辅音 t 为舌尖中清塞音,与 p 一样,可以在词首、词中和词尾音节中分布,具有较强的组词功能,例如 puta(饭)、tɤrɤ(脸)、ʃintame(放)等。发音时,舌尖与软腭形成阻塞,肺部用力增加气流压力,然后除阻,气流从舌尖中冲出,除阻时不送气。如图 4-2-7 所示,先有一个空白段,表示除阻前的静音段,其间无气流冲出;而后是表示除阻特征的冲直条,表示突然发出气流爆破;后面没有乱纹,表示发音时不送气。从语图上可以看出,t 的除阻段很短,强度也比较弱,后接元音共振峰比较模糊,但可以分辨,其中第一、第二共振峰混在一起,第三、第四共振峰较为清晰且稍分开。

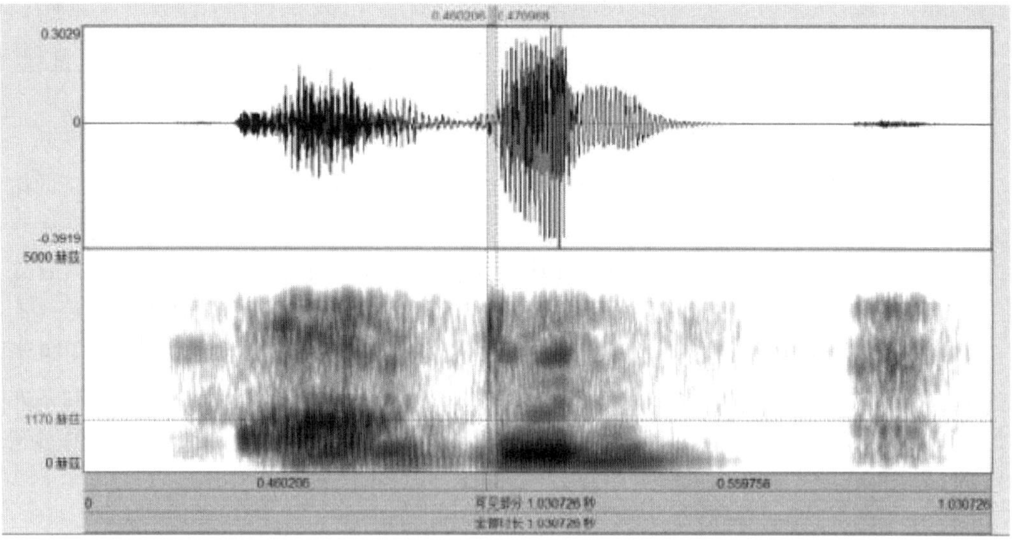

图 4-2-7 aktun(结实)的语图

3. [ʈ]

辅音 ʈ 为舌尖后清塞音,在满语中出现得不多,很少出现在词首音节,主要出现在词中和词尾音节,例如 ɛʈələme(帮助)、sɤnʈɑ(五)等。发音时,舌尖与软腭形成阻塞,持阻阶段肺部增大气流压力,然后除阻,气流从舌尖后冲出,除阻时不送气。从图 4-2-8 中可以看出,其语图表现与 t 相似,先是有一个短暂的空白段,为除阻前的静音段;而后是冲直条,但冲直条较为模糊且不易发现,表示除阻时为不明显的爆破;后面没有乱纹,表示发音时不送气。从语图上可以看出,ʈ 的除阻时间不长,强度也较弱,后接元音共振峰比较模糊,且不易分辨。

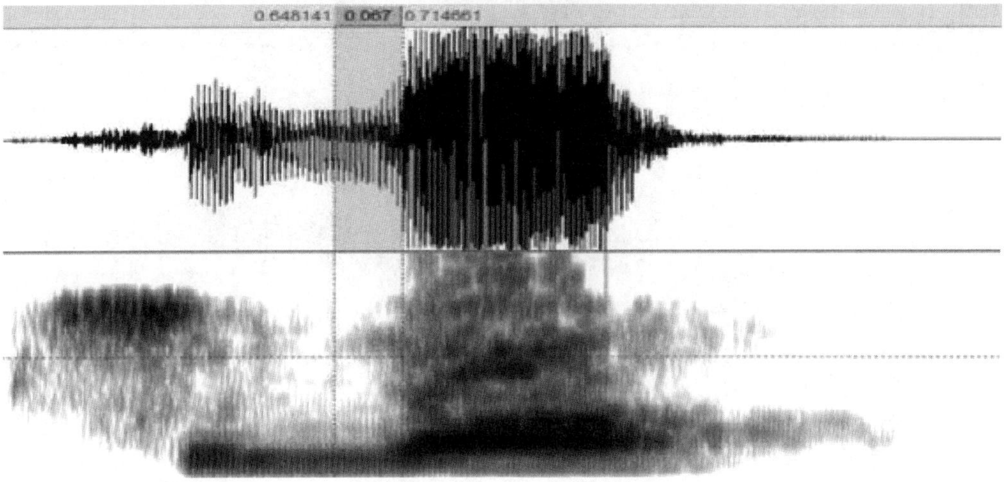

图 4-2-8 sɤnʈɑ(五)的语图

4. [k]

辅音 k 为舌面后清塞音,在满语中分布较为广泛,可以出现在词首、词中以及词尾音节,例如 kurun(国家)、kitame(压)等。发音时,舌面与软腭形成阻塞,随着肺部压力加大形成持阻,除阻阶段气流从舌面后冲出,除阻时不送气。如图 4-2-9 所示,先有一个空白段,为除阻前的静音阶段;后接表示爆破的冲直条,冲直条不是很清晰,表示爆破不明显;冲直条后面没有乱纹,表示发音时不送气。从语图上看,k 的除阻时间稍长一些,后接元音共振峰较为清晰,第一、第二共振峰较为靠近,第三、第四共振峰较为分开。

5. [q]

辅音 q 为小舌清塞音,在满语中出现得不多,分布也较为受限,主要分布在词首或词中位置,多与元音 ɑ、ɔ 组成音节,例如 qɑlmɑ(蚊子)、qɑsχɑ(鸟)等。发音时,小舌紧贴软腭,形成阻塞,肺部压力使持阻加大,除阻阶段气流冲出不送气。如图 4-2-10 所示,先有空白段,为除阻前的静音阶段,后有表示爆破的冲直条;冲直条后面没有乱纹,表示发音时不送气。从语图上看,q 除阻时间不长,后接元音的第一、第二共振峰较为清晰且较为靠近,第三、第四共振峰较为模糊。

由语图可知,满语的 5 个不送气塞音语图较为相似,语图上都有空白段,是除阻前的静音阶段,后接较窄的冲直条,体现塞音的爆破阶段。语图显示,有的冲直条较为清晰,而有的则不太明显,说明除阻阶段的爆破程度不一,有强有弱。5 个送气塞音的语图也较为相似,都有空白段,是除阻前的静音阶段,后接冲直条。与不送气塞音不同的是,送气塞音的冲直条后有一些乱纹,是除阻后的送气阶段,也是摩擦的声学体现。语图显示,5 个送气塞音的乱纹清晰程度不同,宽窄也不同,说明发音时能量不同。

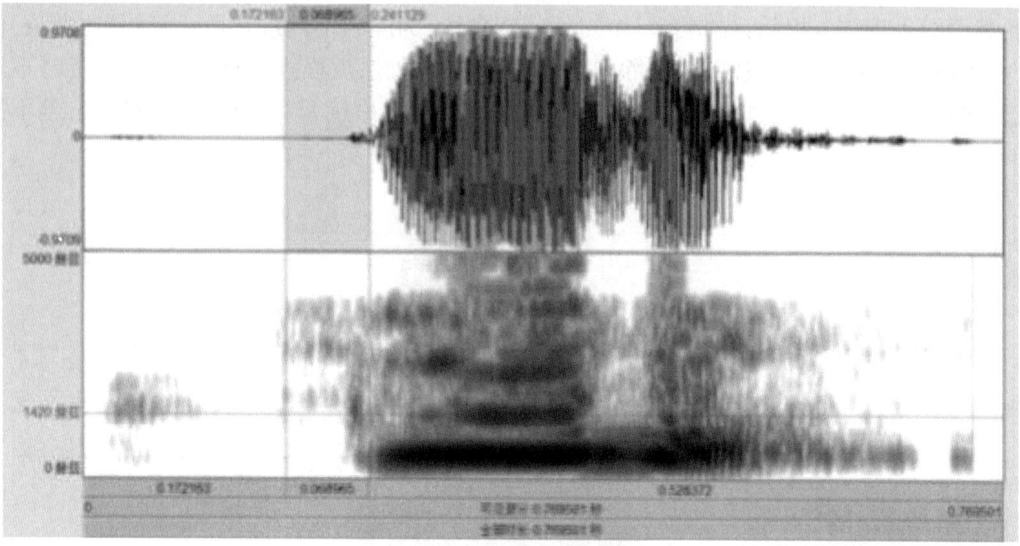

图 4-2-9　kəvə(名字)的语图

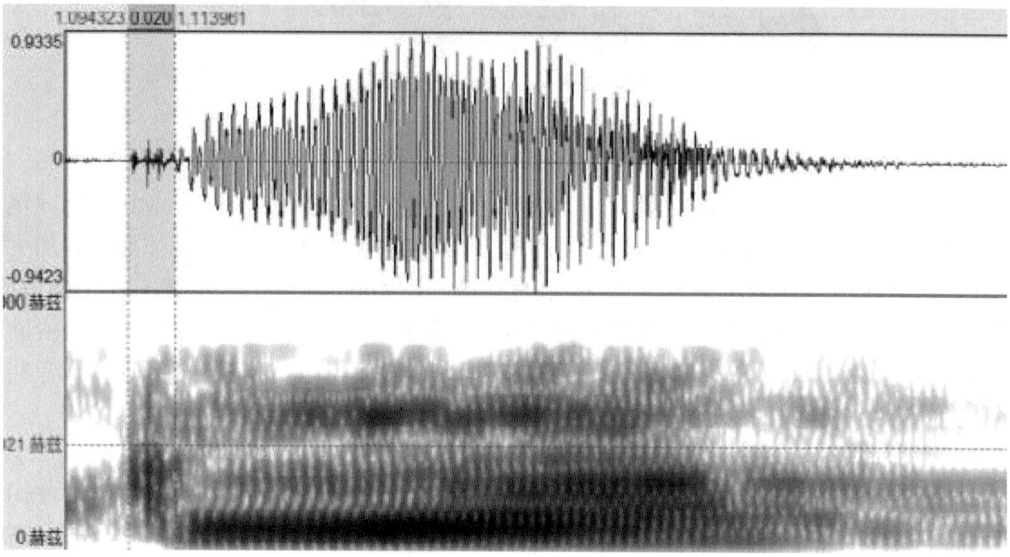

图 4-2-10　ɑqɤ(哥哥)的语图

综上,送气塞音和不送气塞音语图相同点是,先出现除阻前的静音阶段,后为除阻阶段的冲直条。不同点是,送气塞音冲直条后有表示送气的乱纹,不送气塞音则无乱纹。究其原因,送气塞音除阻送气时,口腔没有阻碍,到后接元音时送气阶段尚未结束,所以出现乱纹,这个可以作为送气塞音和不送气塞音的区分标准。

二、VOT 时长

考察塞音和塞擦音的带声与否、送气与否，还可以用 VOT 时长来衡量。VOT 时长指从除阻到声带颤动过程中所用的时间，即爆破到声带振动的时长，表现在语图上为冲直条到浊音杠间的距离。实验显示，如果是清送气塞音、清送气塞擦音，则 VOT 数值越大，表示送气时长越长，送气越强。如果是浊塞音、浊塞擦音，则 VOT 数值越小（或者说绝对值越大），表示带声时长越长，浊感越强。①

从表 4-2-1 来看，不送气塞音中，p 和 t 的 VOT 时长最短，平均值为 13 ms，其次为 ʈ，平均值为 16 ms，最长的为 k，平均值为 28 ms。5 个不送气塞音中，VOT 值相差最大的为 k 与 p、t，差值为 15 ms；相差最小的为 p 和 t，差值为 0 ms。送气塞音中，q^h 的 VOT 值最短，为 71 ms，其次是 t^h，为 80 ms；p^h 的 VOT 值最大，为 87 ms。5 个送气塞音中，VOT 值相差最大的为 p^h 与 q^h，差值为 16 ms；相差最小的为 k^h 与 t^h，差值为 1 ms。从标准差的数值来看，5 个不送气塞音标准差中最大的为 k，数值为 16 ms；而 5 个送气塞音中，ʈ^h 的标准差最小，为 16 ms，其他 4 个的标准差都在 20 ms 以上，说明送气塞音的标准差都要大于不送气塞音，从离散度方面来说，送气塞音也要大于不送气塞音。从上述 VOT 的数据来看，不送气塞音 p、t 组与送气塞音 p^h、t^h 组的 VOT 差值问题值得注意。

表 4-2-1　满语塞音 VOT 时长表

塞音	平均值/ms	标准差/ms	样本数/个
k^h	81	28	37
p^h	87	22	16
q^h	71	27	18
t^h	80	30	50
ʈ^h	86	16	19
p	13	8	41
k	28	16	18
t	13	11	30
q	19	9	27
ʈ	16	7	17

满语塞音中，不送气塞音的 VOT 时长平均值都在 30 ms 以下，最大的为 k，为 28 ms；p 与 t 的 VOT 时长平均值相等，都是 13 ms。送气塞音的 VOT 时长平均值范围在 70～90 ms 之间。送气塞音中，p^h 的 VOT 时长平均值为 87 ms，t^h 的 VOT 时长平均值为 80 ms，二者差值为 7 ms，t^h 的变体 ʈ^h 的 VOT 时长平均值为 86 ms，p^h 与 ʈ^h 的 VOT 时长平均值差值为 1 ms。由此可见，满语塞音中，不送气塞音 p 与 t、送气塞音 p^h 与 ʈ^h 的 VOT 时长平均值相差

① 贝先明，向柠. 实验语音学的基本原理与 praat 软件操作［M］. 长沙：湖南师范大学出版社，2016：103.

很小。从标准差来看,排列顺序由大到小,送气塞音为 $t^h>k^h>q^h>p^h>ʈ^h$,最大值为 30 ms,最小值为 16 ms,标准差较大,精度略低。不送气塞音为 k>t>q>p>ʈ,最大值为 16 ms,最小值为 7 ms,标准差较小,精确度较高。

数据显示,送气是与 VOT 时长有着一定关系的。乌拉熙春认为,现代满语的送气音除 ʂ、ʃ、x 外,都有较强的送气,尤其是在重读音节的节首位置。非第一音节的非重读场合,往往出现送气音与不送气音的音位中和现象。① 一些学者也对其他语言的 VOT 情况进行了研究和探索,冉启斌、石锋对普通话单音节爆发音 VOT 进行了研究,其中 p、t 组的差值男性为 4.1 ms,女性为 1.78;p^h、t^h 组的差值男性为 0.33 ms,女性为 4.33 ms,两者的 VOT 值相差也是很小的。② 李芳对日照方言塞音 VOT 进行了研究,p、t 组的差值为 5.6 ms,p^h、t^h 组的差值为 22.8 ms,两者的 VOT 值相差不大。李芳在研究中还提到了吴宗济、任宏漠等人关于汉语普通话塞音 VOT 的研究,发现 p、t 组和 p^h、t^h 的差值不是很大为共性现象。③ 满语不送气塞音和送气塞音的 p、t 组和 p^h、$ʈ^h$ 组的 VOT 值也出现了与汉语相似的现象。汉语是汉藏语系,满语为阿尔泰语系,两个语系有着较大的差别,但是在送气和不送气塞音的 VOT 上却表现出了较为一致的语音现象,这个问题是值得探讨的。

从发音原理来看,不同的发音部位对辅音的时长是有影响的。在汉语普通话方面,冯隆对北京话语流中声韵调时长进行研究后认为,"时长与发音方法有直接关系,依照浊音、不送气塞音、不送气塞擦音、擦音、送气塞音、送气塞擦音的顺序,大致成 6∶8∶9∶10∶11∶12 的比例关系。与其发音部位也有关系,在同样发音方法的类别中,舌面音长于双唇音,双唇音又长于舌尖音"④。对于这种现象,李芳提出,"由于喉上腔气压的不同,在发双唇音时,口腔为闭塞的,里面堆积的气压较大,而发舌根音(舌面后音)的时候,舌根与软腭接触口腔内的气压较小。发音时双唇音的发音器官移动速度比舌根音的速度要快,所以影响 VOT 的时长"⑤。其他学者也有相关的研究,提出了发音器官、接触面积等影响 VOT 时长的观点和看法,并对此进行了解释和探讨。满语的相关研究中,乌拉熙春认为,"塞音发音时口腔中呼出的气流受到全面的阻碍,当气流冲破形成阻碍的发音器官时,就产生强烈的噪音"⑥。关于满语的这种现象,我们认为,满语同汉语或其他语言语系不同,但人类有着相同的发音器官,虽然语音各异,但发音大同小异,具有相似的共性特点,发音器官对辅音时长的影响比较相似,表现出了与其他语言类似的特点。

三、后接元音共振峰

后接元音共振峰是体现塞音声学特点的一个重要方面,我们通过 Praat 语音实验软件,结合宽带语图,选取了辅音结束后元音开始部分的稳定段,提取前三个共振峰的起始值的平均值,对后接元音共振峰起始值和塞音的关系进行研究与探讨,见表 4-2-2。

---

① 爱新觉罗·乌拉熙春.满洲语语音研究[M].京都:玄文社,1992:41.
② 冉启斌,石锋.普通话单音节中爆发音的 VOT 分析[J].南开语言学刊,2007(2):23.
③ 李芳.日照方言辅音实验语音学研究[D].上海:上海大学,2015:30-31.
④ 林焘,王理嘉.北京语音实验录[M].北京:北京大学出版社,1985:187.
⑤ 李芳.日照方言辅音实验语音学研究[D].上海:上海大学,2015:32.
⑥ 爱新觉罗·乌拉熙春.满洲语语音研究[M].京都:玄文社,1992:41.

表 4-2-2　后接元音共振峰起始值表　　单位：Hz

塞音	后接的元音	F1 起始值	F2 起始值	F3 起始值
p^h	u	352	1 120	2 256
	i	327	2 017	2 535
	ɑ	833	1 244	2 399
p	i	382	1 937	2 792
	ɑ	1 163	1 310	2 592
	u	262	1 179	2 501
t^h	i	378	2 033	2 683
	ɑ	803	1 302	2 057
	u	343	1 063	2 194
t	ɑ	735	1 067	1 689
	u	383	904	2 167
	i	376	2 457	2 797
k	i	338	1 936	2 355
	u	365	1 138	2 383
	ɑ	683	1 044	2 445
k^h	u	347	914	2 498
	ɑ	983	1 498	2 464
	i	381	1 956	2 282
q^h	u	370	914	2 177
	ɑ	812	1 154	2 587
q	ɑ	765	1 035	2 544
	u	373	814	2 538
	ɔ	506	1 111	2 645
$ʈ^h$	ɑ	816	1 241	2 381
ʈ	ɑ	798	1 233	2 569
	ə	423	1 218	2 824

不送气塞音后接元音 ɑ 时，p、t、k、q、ʈ 的 F1 起始值分别为 1 163 Hz、735 Hz、683 Hz、765 Hz 和 798 Hz，其中 p 的后接元音的 F1 起始值最大，为 1 163 Hz；k 的后接元音的 F1 起始值最小，为 683 Hz。F2 起始值分别为 1 310 Hz、1 067 Hz、1 044 Hz、1 035 Hz、1 233 Hz，其中 p 的后接元音的 F2 起始值最大，为 1 310 Hz；k 的后接元音的 F2 起始值最小，为 1 044 Hz。从以上分析可知，后接元音为 ɑ 时，F1、F2 起始值最大的为 p，最小的为 k。当后接元音为 i 时，p、t、k 的 F1 起始值分别为 382 Hz、376 Hz、338 Hz，其中 p 的后接元音的 F1 起始值最大，为 382 Hz；k 的后接元音的 F1 起始值最小，为 338 Hz。F2 起始值分别为 1 937 Hz、2 475 Hz、1 936 Hz，其中 t 的后接元音的 F2 起始值最大，为 2 475 Hz；k 的后接元音的 F1 起

始值最小，为 1 936 Hz。从以上分析可知，后接元音为 i 时，F1 起始值最大的为 p，最小的为 k；F2 起始值最大的为 t，最小的也是 k。当后接元音为 u 时，p、t、k、q 的 F1 起始值分别为 262 Hz、383 Hz、365 Hz、373 Hz，其中 F1 起始值最大的为 t，最小的为 p；F2 起始值分别为 1 179 Hz、904 Hz、1 138 Hz、814 Hz，其中 F2 起始值最大的为 p，最小的为 q。从以上分析可知，后接元音为 u 时，F1 起始值最大的为 t，最小的为 p；F2 起始值最大的为 p，最小的为 q。

送气塞音后接元音 ɑ 时，p^h、t^h、k^h、q^h、$ṭ^h$ 的 F1 起始值分别为 833 Hz、803 Hz、983 Hz、812 Hz、816 Hz，其中 k^h 的后接元音的 F1 起始值最大，为 983 Hz；t^h 的后接元音的 F1 起始值最小，为 803 Hz。F2 起始值分别为 1 244 Hz、1 302 Hz、1 498 Hz、1 154 Hz、1 241 Hz，其中 k^h 的后接元音的 F2 起始值最大，为 1 498 Hz；q^h 的后接元音的 F2 起始值最小，为 1 154 Hz。从以上分析可知，后接元音为 ɑ 时，F1 起始值最大的为 k^h，最小的为 t^h；F2 起始值最大的为 k^h，最小的为 q^h。当后接元音为 i 时，p^h、t^h、k^h 的 F1 起始值分别为 327 Hz、378 Hz、381 Hz，其中 k^h 的后接元音的 F1 起始值最大，为 381 Hz；p^h 的后接元音的 F1 起始值最小，为 327 Hz。F2 起始值分别为 2 017 Hz、2 033 Hz、1 956 Hz，其中 F2 起始值最大的为 t^h，为 2 033 Hz；最小的为 k^h，为 1 956 Hz。从以上分析可知，后接元音为 i 时，F1 起始值最大的为 k^h，最小的为 p^h；F2 起始值最大的为 t^h，最小的为 k^h。当后接元音为 u 时，p^h、t^h、k^h、q^h 的 F1 起始值分别为 352 Hz、343 Hz、347 Hz、370 Hz，其中 q^h 的后接元音的 F1 起始值最大，为 370 Hz；t^h 的后接元音的 F1 起始值最小，为 343 Hz。F2 起始值分别为 1 120 Hz、1 063 Hz、914 Hz、914 Hz，其中最大的为 p^h，为 1 120 Hz；最小的为 k^h、q^h，都是 914 Hz。从以上分析可知，后接元音为 u 时，F1 起始值最大的为 q^h，最小的为 t^h；F2 起始值最大的为 p^h，最小的为 k^h、q^h。

从数据来看，塞音对后接元音的舌位具有一定的影响。其中，不送气塞音后接低元音时，F1、F2 起始值最大的为 p，最小的为 k。后接高元音时，F1 起始值最大的为 p、t，最小的为 k；F2 起始值最大的为 t、p，最小的为 k、q。后接前元音时，F1 起始值最大的为 p，最小的为 k；F2 起始值最大的为 t，最小的也是 k。后接后元音时，F1 起始值最大的为 t，最小的为 p；F2 起始值最大的为 p，最小的为 q。送气塞音后接低元音时，F1 起始值最大的为 k^h，最小的为 t^h；F2 起始值最大的为 k^h，最小的为 q^h。后接高元音时，F1 起始值最大的为 k^h、q^h，最小的为 p^h、t^h；F2 起始值最大的为 t^h、p^h，最小的为 k^h、q^h。后接前元音时，F1 起始值最大的为 k^h，最小的为 p^h；F2 起始值最大的为 t^h，最小的为 k^h。后接后元音时，F1 起始值最大的为 q^h，最小的为 t^h；F2 起始值最大的为 p^h，最小的为 k^h、q^h。辅音发音时，不同的发音部位对后接元音共振峰有一定的影响，Sarah N. Dart 在研究英语和法语发音时发现，舌尖舌叶——齿龈音的第一共振峰起始值要高于舌尖舌叶——齿音，究其原因，他认为可能是由齿音发音时咽腔开口较大或上腭闭塞较高引起的。① 满语塞音发音时舌尖音与舌面相比，舌尖音的阻碍部位为舌尖与齿龈，而舌面音的阻碍部位为舌面与齿龈，可能会对后接元音的舌位造成一些影响；同时，上腭和咽腔的开口度对后接元音的舌位情况有着一定的影响，在数据和语图上、后接元音共振峰的起始值上有着不同的表现。满语的具体语境中，不送气塞音 p、k、t 对后接元音的舌位影响较大，送气塞音 k^h、t^h、q^h 对后接元音的舌位影响较大，其中 k 系塞音 k、k^h 与 t 系塞音 t、t^h 对后接元音舌位影响较大。

---

① DART S N. Articulatory and acoustic properties of apical and laminal articulationgs[A]. UCLA Working Papers in Phonetics, 1991(79).

第三节　塞擦音的声学特征

满语有 4 个塞擦音,其中送气的有 2 个:ʈʂʰ、ʧʰ,不送气的有 2 个:ʈʂ、ʧ。本节以满语语音库语料为研究对象,运用 Praat 语音实验软件提取时长、后接元音共振峰等声学参数,对塞擦音的语图特点、声学特征进行实验和分析。

一、语图表现

(一)送气塞擦音

送气清塞擦音在语图上主要表现为空白段、冲直条和较长的乱纹。较长的乱纹表示较长的送气特征。2 个送气塞擦音 ʈʂʰ、ʧʰ 的实验及语图如下。

1. [ʈʂʰ]

辅音 ʈʂʰ 为舌尖后清塞擦音,在满语中分布较为广泛,可以在词首、词中和词尾等位置的音节中出现,也可以作为节尾辅音。例如 ɑʈʂʰʃme(驮)、ʈʂʰɔqʰɔ(鸡)、vɤʈʂʰkʰɤ(神)等。发音时,舌尖与软腭形成阻塞,肺部压力加大形成持阻,除阻时气流从舌尖与软腭处冲出,除阻时送气。如图 4-3-1 所示先有空白段,后为表示爆破的冲直条,但冲直条不是很明显,值得注意的是,在冲直条后有较长的乱纹,乱纹较长是因为既有擦音的因素,也有送气的因素。后接元音共振峰较为清晰,第一、第二共振峰比较分散,第三、第四共振峰较为靠近。

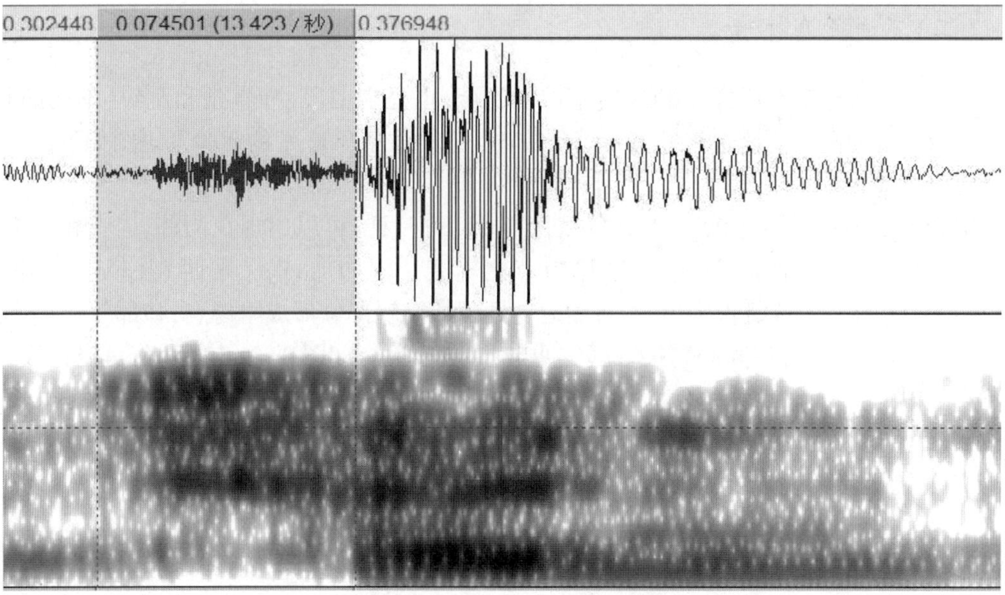

图 4-3-1　kəʈʂʰən(霜)的语图

2. [ʧ^h]

辅音 ʧ^h 为舌面清塞擦音，与 ʈʂ^h 一样分布广泛，可以出现在词首、词中和词尾等位置音节中，也可以作为节尾辅音。例如 ʧ^{h}iʧ^{h}k^{h}ɤ（雀）、q^{h}ɔʧ^{h}e（井）、muʧ^{h}in（锅）等。发音时，舌面与上腭形成阻塞，肺部压力增大形成持阻，除阻时气流从舌面与上腭的阻碍处冲出，除阻时送气。图 4-3-2 上也是先有一个空白段，后有不明显的冲直条，冲直条后为较长的乱纹。后接元音共振峰模糊不清，两两交叉在一起。

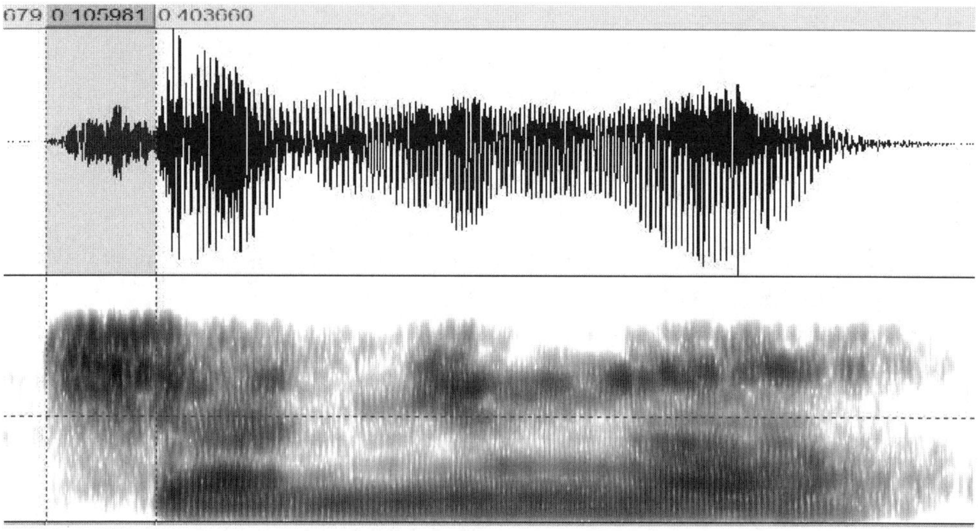

图 4-3-2　ʧ^{h}əniŋŋe（前天）的语图

（二）不送气塞擦音

不送气清塞擦音在语图上和送气塞擦音类似，也是空白段、冲直条和乱纹，不同的是，不送气塞擦音的乱纹要比送气塞擦音短。2 个不送气塞擦音 ʈʂ、ʧ 的实验及语图如下。

1. [ʈʂ]

辅音 ʈʂ 为舌尖后清塞擦音，与送气塞擦音 ʧ^h、ʈʂ^h 一样，可以出现在词首、词中和词尾等音节中，可以作为节首辅音，也可以作为节尾辅音。例如 ʈʂaq^{h}ɑ（东西）、ʈʂuɣu（故事）、vaʈʂʁɑ（完了）等。发音时舌尖抬起，舌尖后与硬腭的接触部位形成阻碍点，肺部气流加大持阻，除阻时气流从舌尖后和硬腭接触部位冲出，形成摩擦。如图 4-3-3 所示先有空白段，后有不明显的冲直条，说明气流较大导致图像模糊且冲直条不明显；冲直条后有不是很长的乱纹，表示有摩擦但不送气。后接元音共振峰中，第一、第二共振峰较为清晰，第三、第四共振峰交织在一起，不易分辨。

2. [ʧ]

辅音 ʧ 为舌面清塞擦音，与 ʈʂ、ʧ^h、ʈʂ^h 一样都可以出现在词首、词中和词尾等音节中，可以作为节首辅音，也可以作为节尾辅音。例如 ʧime（来）、panʧ ʁɑ（生了）、tiʧ kɤ（劈柴）等。发音时，舌面与硬腭形成阻碍点，除阻时气流从舌面与硬腭间冲出，形成摩擦。如图 4-3-4 所示先有空白段，后有不清晰的冲直条，冲直条后有不长的乱纹，气流冲出时有摩擦但不送气。后接元音的共振峰交织在一起,不易分辨。

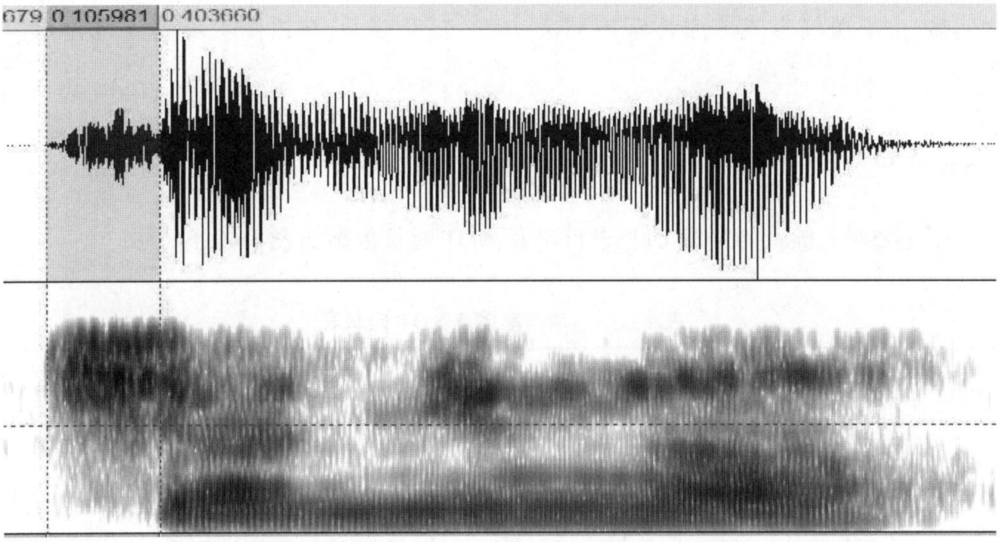

图 4-3-3　ʈʂaqha(东西)的语图

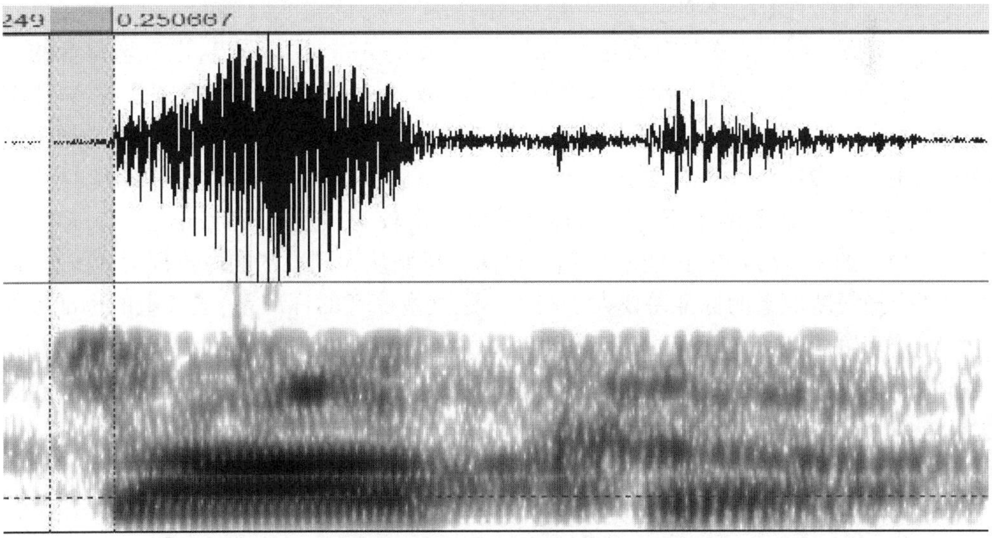

图 4-3-4　ʧarma(蝈蝈)的语图

通过语图我们可以看到,送气清塞擦音在语图上主要表现为空白段、冲直条和较长的乱纹,表示具有较长的送气特征;不送气清塞擦音在语图上和送气塞擦音类似,也是空白段、冲直条和乱纹,不同的是,不送气塞擦音的乱纹要比送气塞擦音短。语图显示,不送气塞擦音的冲直条不是很明显,而送气塞擦音的冲直条相对明显,但看起来也较为模糊,不够清晰。冉启斌在测量普通话舌尖后塞擦音时发现,塞擦音一般都有冲直条,尤以 zh、j 等最为明显,但送气塞擦音 c 的冲直条常常不清楚,与擦音噪声的缓慢出现相似。① 语图显示,冲直条是否清晰可见与发音位置和是否送气有着一定的关系,2 个送气的塞擦音的冲直条较为明显,由于送气音气流摩擦程度要大一些,能量较大,在语图上冲直条也显得更为清晰。

二、VOT 时长

这里主要对塞擦音的 VOT 时长进行研究,VOT 时长数据如表 4-3-1 所示。

表 4-3-1 满语塞擦音 VOT 时长表

塞擦音	最小值 /ms	最大值 /ms	平均值 /ms	标准差 /ms	偏度	峰度	变异系数	样本数 /个
ʈʂ	19	67	37	12	0.695	-0.177	0.33	23
ʧ	22	81	41	15	1.325	2.016	0.37	17
$ʧ^h$	73	176	107	29	1.082	0.757	0.272	17
$ʈʂ^h$	69	179	112	27	0.464	0.09	0.244	27

满语的塞擦音可分为送气和不送气两大类,从表 4-3-1 可以看出,送气塞擦音的 VOT 时长平均值,都在 100 ms 以上,不送气塞擦音都在 45 ms 以下。在 4 个塞擦音中,VOT 时长平均值最大的是 $ʈʂ^h$,为 112 ms,最小的是 ʈʂ,为 37 ms,送气塞擦音时长较长,由于送气的音素存在,故送气塞擦音在时长上要远长于不送气塞擦音。表 4-3-1 的数据显示,两个送气塞擦音时长较为接近,而两个不送气塞擦音的时长也较为接近。从标准差来看,最大的是 $ʧ^h$,为 29,最小的是 ʈʂ,为 12,说明 ʈʂ 的精度最高。按照从大到小的顺序排列为 $ʧ^h$> $ʈʂ^h$> ʧ > ʈʂ,可知两个送气塞擦音的标准差要大于两个不送气塞擦音的标准差,送气组的标准差要大一些,不送气组的标准差较小,说明其精度更高一些。

当前,学界尚未开始满语塞擦音的声学研究,但汉语普通话及其他民族语言的相关研究成果较多,冉启斌对汉语普通话塞擦音时长进行了研究,测量的值为:$tɕ^h$ = 152 ms,$ʈʂ^h$ = 123 ms,tɕ = 79,ʈʂ = 49。② 李芳对齐士钤、张家騄、冯隆、冉启斌等人的研究进行了整理和分析,认为这些研究者的结果较为一致,都是舌尖后不送气音 ʈʂ 音长最短,送气音中也是 $ʈʂ^h$ 音长最短,对于这种现象的原因,她提出可能与发音部位有一定关系,发音部位靠前的时长短,发音部位靠后的时长长。③ 满语的 4 个塞擦音中,我们可以看出,不送气塞擦音中音长最短的是 ʈʂ,送气塞擦音中,音长最短的是 $ʈʂ^h$,无论是送气还是不送气,都是 ʈʂ 系辅音($ʈʂ^h$、ʈʂ)的音长是最短的。究其原因,我们认为,满语和汉语虽不属于同一个语系,但塞擦音 $ʈʂ^h$、ʈʂ 与汉语普通话的 ch、zh 声学性质却是相近的,在汉藏语系或阿尔泰语系中,$ʈʂ^h$、ʈʂ 的时长较短可能具有一定的普遍性,另外,满语在发音时,由于发音部位或塞擦音和元音组合成音

① 冉启斌. 从音长论普通话舌尖后塞擦音声母的性质[J]. 汉语学报,2007(3):70.

② 冉启斌. 从音长论普通话舌尖后塞擦音声母的性质[J]. 汉语学报,2007(3):70.

③ 李芳. 日照方言辅音实验语音学研究[D]. 上海:上海大学,2015:54-55.

节时,在元辅音配合下,气流爆发后摩擦程度不同,阻碍点比 tɕ 系辅音(tɕʰ、tɕ)松开得更快一些,所以时长也就更短一些,在声学表现上呈现向塞音靠近的趋势。

三、后接元音共振峰

满语塞擦音后接元音共振峰的起始值的平均值见表 4-3-2 所示。

表 4-3-2　后接元音共振峰的起始值的平均值表　单位：Hz

塞擦音	后接元音	F1 起始值	F2 起始值	F3 起始值
tʂʰ	ɑ	768	1 246	2 522
	u	337	1 153	2 656
	ʅ	444	1 416	2 451
tʂ	ɑ	768	1 274	2 715
	u	372	1 138	2 445
ʧʰ	ɑ	952	1 206	2 497
	i	393	1 836	2 339
ʧ	i	376	1 942	2 435
	ɑ	932	1 237	1 603

由表 4-3-2 可以看出,塞擦音后接元音为 ɑ 时,tʂʰ、ʧʰ、tʂ、ʧ 的 F1 起始值分别为 768 Hz、952 Hz、768 Hz、932 Hz,其中 ʧʰ 的后接元音的 F1 起始值最大,为 952 Hz;tʂʰ 和 tʂ 的后接元音的 F1 起始值最小,为 768 Hz。F2 起始值分别为 1 246 Hz、1 206 Hz、1 274 Hz、1 237 Hz,其中 tʂ 的后接元音的 F2 起始值最大,为 1 274 Hz;ʧʰ 的后接元音的 F2 起始值最小,为 1 206 Hz。从以上分析可知,后接元音为 ɑ 时,F1 起始值最大的为 ʧʰ,最小的为 tʂʰ 和 tʂ;F2 起始值最大的为 tʂ,最小的为 ʧʰ。后接元音为 u 时,tʂʰ、tʂ 的 F1 起始值分别为 337 Hz、372 Hz,tʂ 的后接元音的 F1 起始值最大,tʂʰ 的后接元音的 F1 起始值最小。F2 起始值分别为 1153 Hz、1 138 Hz,tʂʰ 的后接元音的 F2 起始值最大;tʂ 的后接元音的 F2 起始值最小。后接元音为 i(ʅ)时,tʂʰ、ʧʰ、ʧ 的 F1 起始值分别为 444 Hz、393 Hz、376 Hz,其中 tʂʰ 的后接元音的 F1 起始值最大;ʧ 后接元音的 F1 起始值最小。F2 起始值分别为 1 416 Hz、1 836 Hz、1 942 Hz,其中 ʧ 的后接元音的 F2 起始值最大;tʂʰ 的后接元音的 F2 起始值最小。

由数据可知,不送气塞擦音 tʂ、ʧ 后接低元音 ɑ 时,F1 起始值在 376~932 Hz 之间,差值为 556 Hz;F2 起始值在 1 274~1 292 Hz 之间,差值为 18 Hz。后接高元音 i、u 时,F1 起始值在 372~376 Hz 之间,差值为 4 Hz;F2 起始值在 1 138~1 942 Hz 之间,差值为 556 Hz。F1 起始值在后接低元音时要大于后接高元音时,F2 起始值在后接低元音时要低于后接高元音时。送气塞擦音 tʂʰ、ʧʰ 后接低元音 ɑ 时,F1 起始值在 376~952 Hz 之间,差值为 576 Hz;F2 起始值在 1 206~1 246 Hz 之间,差值为 40 Hz。后接高元音 i、u 时,F1 起始值在 337~444 Hz 之间,差值为 107 Hz;F2 起始值在 1 153~1 836 Hz 之间,差值为 683 Hz。F1 起始值在后接低元音时要大于后接高元音时,F2 起始值在后接低元音时要低于后接高元音时。关于塞擦音送气与否、发音时的摩擦程度以及上腭开口情况是否对后接元音共振峰起始值具有影响,通过实验我们发现,三家子满语塞擦音送气与否和摩擦程度确实对后接元音的起始值有一定的影响,在4个塞擦音中,ʈʂ系辅音($ʈʂ^h$、ʈʂ)的F1起始值在后接低元音时小于ʧ系辅音(ʧ、$ʧ^h$),而F2起始值大于ʧ系辅音。

综上,对于满语的塞音和塞擦音,我们按照是否送气分为两组,从语图上看,送气塞擦音和不送气塞擦音的语图比较类似,都是先有空白段,后接冲直条和乱纹,由于送气塞擦音在除阻阶段在摩擦的同时伴随送气现象,因此语图上乱纹要比不送气的长。从时长数值来看,两个送气塞擦音的时长都在100 ms以上,分别为107 ms和112 ms,而两个不送气清塞擦音的时长则要短了许多,仅为40 ms左右,分别为37 ms和41 ms,表明送气塞擦音发音时既有摩擦也有送气,而不送气塞擦音仅有摩擦没有送气。后接元音共振峰起始值方面,塞擦音的送气与否、摩擦程度以及上腭开口度都有影响,4个塞擦音中,ʈʂ系辅音($ʈʂ^h$、ʈʂ)的F1的起始值在后接低元音时小于ʧ系辅音(ʧ、$ʧ^h$),而F2起始值大于ʧ系辅音。

第四节 擦音的声学特征

一、语图表现

擦音发音时阻碍处接近封闭且留有缝隙,使得气流从缝隙中流出时摩擦成音。与塞音不同,擦音可以持续一段时间。满语有14个擦音,其中送气音7个:f、s、ʂ、ʃ、x、χ、ɕ,不送气音7个:v、z、ʐ、ɣ、ʁ、β、ɸ。实验情况如下:

(一)送气擦音

孔江平在《实验语音学基础教程》中提出,“擦音在语图上主要体现为乱纹。从频谱的角度看,乱纹的声学性质是噪音声源。从噪声的能量看,不同擦音能量的分布不同。可以根据乱纹频率下限、中心频率和强频带来判断擦音的发音部位和性质”[①]。在语图上,可以看到擦音的一段长度较长的不规则的乱纹。满语有7个送气擦音,分别为:f、s、ʂ、ʃ、x、χ、ɕ。实验情况如下:

1. [f]

辅音f为唇齿清擦音,在第一音节中较为常见,重音在第一音节时有送气,不在第一音节时没有送气现象,例如fɑtɤ(荷包)、fɤnskhɤ(盆子)、fɔ(簸箕)等。发音时,上齿向下与下唇接触形成阻碍,除阻时,肺部气流由咽腔冲入唇齿缝隙,经摩擦而出后形成擦音,同时声带不振动,有送气伴随,除阻之后有气流流出,为送气音。从语图(图4-4-1)中可以看出,其表现为杂乱的条纹,说明能量比较分散,覆盖范围较广,在整个频率范围内都有分布,摩擦发音时通过的气流较多,语图模糊不清晰。

---

① 孔江平.实验语音学基础教程[M].北京:北京大学出版社,2015:106-107.

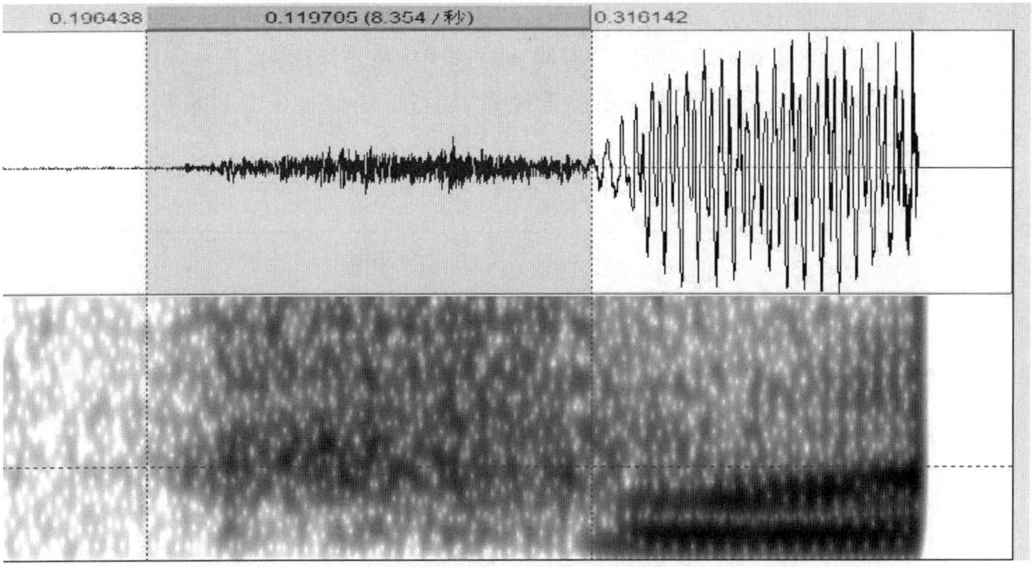

图 4-4-1　fə(窗户)的语图

2. [s]

辅音 s 为舌尖前清擦音。可以出现在词首、词中和词尾位置,可以位于节首,也可以作为节尾辅音。例如 sɑ(好)、sɑxsɑχɑ(喜鹊)、sɑme(知道)等。发音时,舌尖微向上抬起抵住下齿,舌面上升靠近上齿形成阻碍,软腭与声道后壁相接触,随着肺部压力增大,口腔内压力变大,除阻时在阻碍部形成狭缝,气流从狭缝处摩擦冲出,形成摩擦音,同时有送气伴随,发音时送气但声带不振动。从语图(图 4-4-2)上看,为一条较宽的纵向乱纹,说明是噪声声源。从乱纹的频率下限、中心频率来看,在高频处有较强的能量分布,强频区在高频区域。乌拉熙春指出,s 的送气程度在擦音中是最强的,不仅可以出现在词首的重读音节,在其他位置的重读情况下也有很明显的送气特征,在非第一音节的弱化音节和结尾辅音时不送气。① 从语图可以看出,由于 s 在 sələ 中位于第一音节,同时也是重音所在的音节,因此表现出很强的送气特征。

3. [ʂ]

辅音ʂ 为舌尖后清擦音,可以在词首、词中和词尾位置出现,可以作为节首辅音,也可以作为节尾辅音,例如ʂɑx ʂɑχɑ(腮)、ʂulɣu(梨)、ʂʅʐpɑ(马蜂)等。发音时,舌尖上抬靠近上齿,舌面下凹,舌后部靠近软腭,肺部气流从舌尖后和上齿间摩擦冲出,有送气伴随,发音时声带不振动。从语图(图 4-4-3)上看,是一条纵向的杂乱条纹,说明是一个擦音,能量主要分布在中高频区域,能量较强,但送气特征不太明显。

4. [ʃ]

辅音 ʃ 为舌面清擦音,可以出现在词首、词中和词尾位置,也可以作为前置辅音或节后辅音与元音构成音节。例如 ʃɑlʁɑ(旱了)、ʃɔlɔ(空闲)、ʃɔqhu(簪子)、lɛʃkhime(甩)等。发音时,舌面上抬靠近硬腭形成阻碍,持阻阶段阻碍不全闭合,气流在肺部压力下由舌面和硬

① 爱新觉罗・乌拉熙春. 满洲语语音研究[M]. 京都:玄文社,1992:45.

腭组成的缝隙流出,摩擦形成擦音,为送气音,声带不振动。由于擦音通过阻碍时没有完全封闭,因此气流要比塞音弱一些,所以没有明显的送气特征。从语图(图 4-4-4)上看,为纵向乱纹,说明发音部位只有阻碍,但通路没有闭合,能量主要分布在中上区域,能量较强,中心频率比较高。

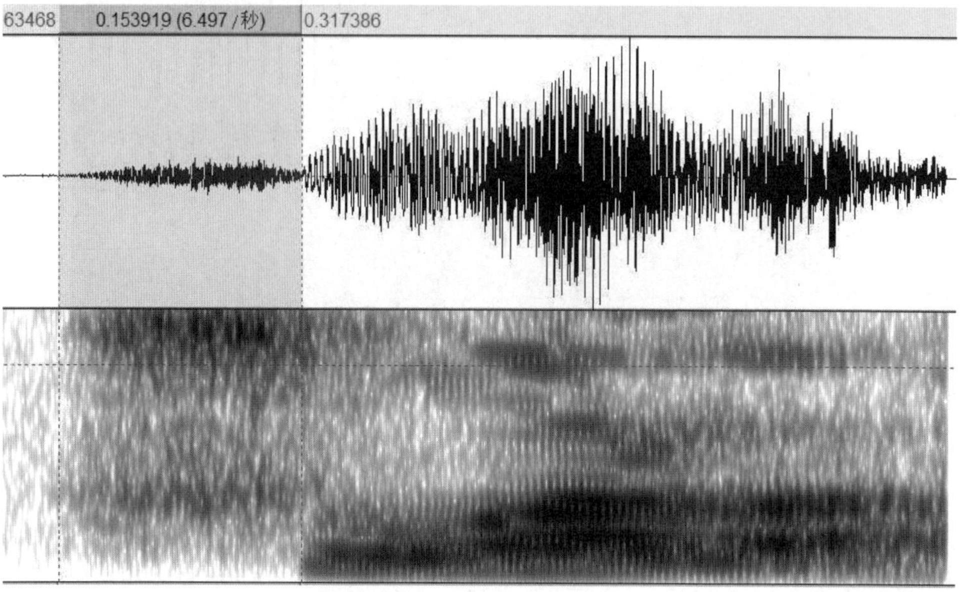

图 4-4-2 sələ(铁)的语图

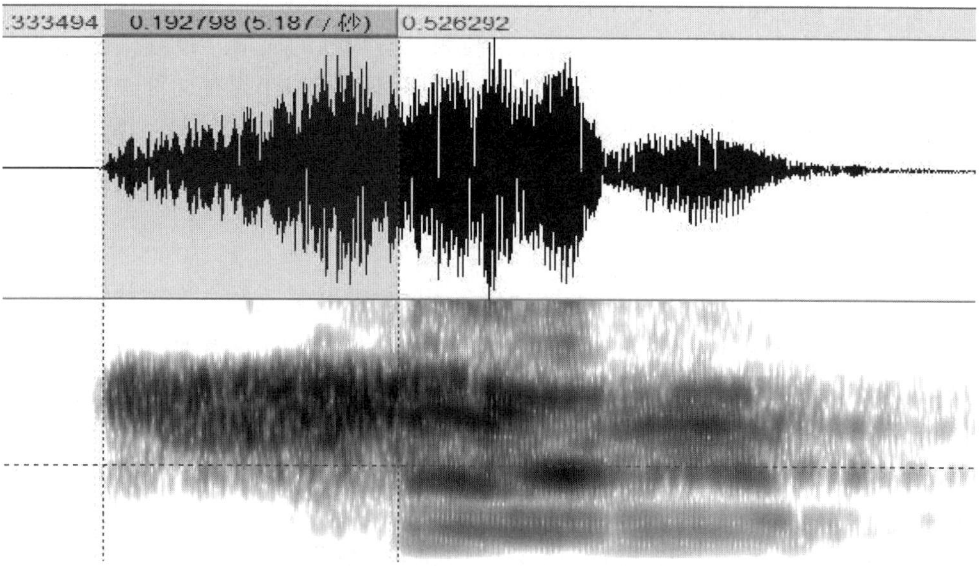

图 4-4-3 ʂun(太阳)的语图

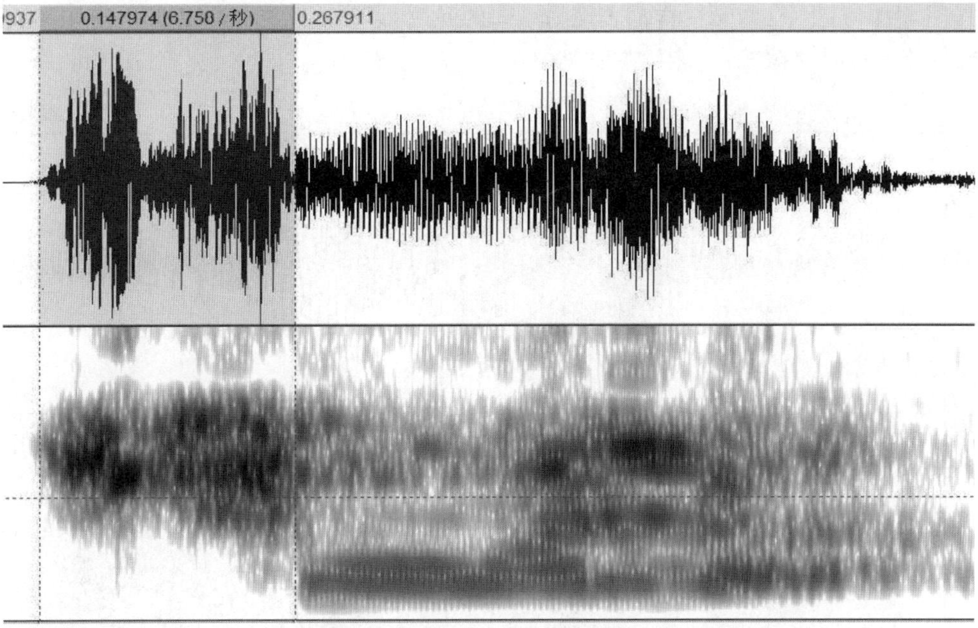

图 4-4-4 ʃɔlɔ(空闲)的语图

5. [x]

辅音 x 为舌面后清擦音，可以出现在词首、词中和词尾位置，可以作为前置辅音与元音一起构成音节，也可以作为节尾辅音，例如 xɤmɤ(小姨)、xɤɣɤ(女人)、xuʐume(包)、suxtun(气)等。发音时，舌面抬高靠近硬腭形成阻碍，口腔随肺部压力而增大，气流从舌面后与硬腭形成的阻碍点流出，摩擦形成擦音，具有轻微的送气，声带不振动。擦音 x 在语图(图 4-4-5)上表现为纵向的乱纹，说明发音部位只有阻碍，但通路没有闭合，与气流与发音部位摩擦发音。从语图上看，能量主要集中在低频区域。乌拉熙春认为，擦音 x 送气最不明显，由于气流通过发音部位后在口腔中经过的时间比其他擦音要长，因此到达口腔外以后，气流的冲击力大为减弱，在听觉上比其他擦音要轻。① 本次实验中，x 的时长平均值为 131 ms，在擦音中是比较小的，说明送气的强弱与时长关系不是很大。鲍怀翘、林茂灿在其主编的《实验语音学概要(增订版)》一书中对辅音的送气问题进行了研究，认为根据气流长短而得出不送气的气流弱而短，送气的气流强而长，即气流的长短决定送气的明显与否，因为无实验所以没有科学根据。② 实质上，气流的摩擦形成了送气，送气与否和送气强弱与气流的长短无关，应与气流的摩擦有关，可根据发音部位是否有摩擦判断是否送气，由摩擦的大小判断送气的强弱。

6. [χ]

辅音 χ 为小舌清擦音，可以在词首、词中或词尾与元音 ɑ 或 ɔ 构成音节，例如 χɔlɔ(谎言)、χulɑn(烟筒)、χulɑme(喊，叫)等。发音时，小舌抬高靠近硬腭形成阻碍，在肺部的作用下口腔气流压力变大，从小舌与硬腭的缝隙中摩擦流出，具有轻微的送气，声带不振动。在

① 爱新觉罗·乌拉熙春. 满洲语语音研究[M]. 京都：玄文社，1992：44-56.

② 鲍怀翘，林茂灿. 实验语音学概要(增订版)[M]. 北京：北京大学出版社，2014：146.

语图(图 4-4-6)上,χ 与 x 一样都表现为纵向的乱纹,说明小舌与硬腭之间只有阻碍,没有闭合,气流流过时摩擦发音,能量主要集中在中高频区域。

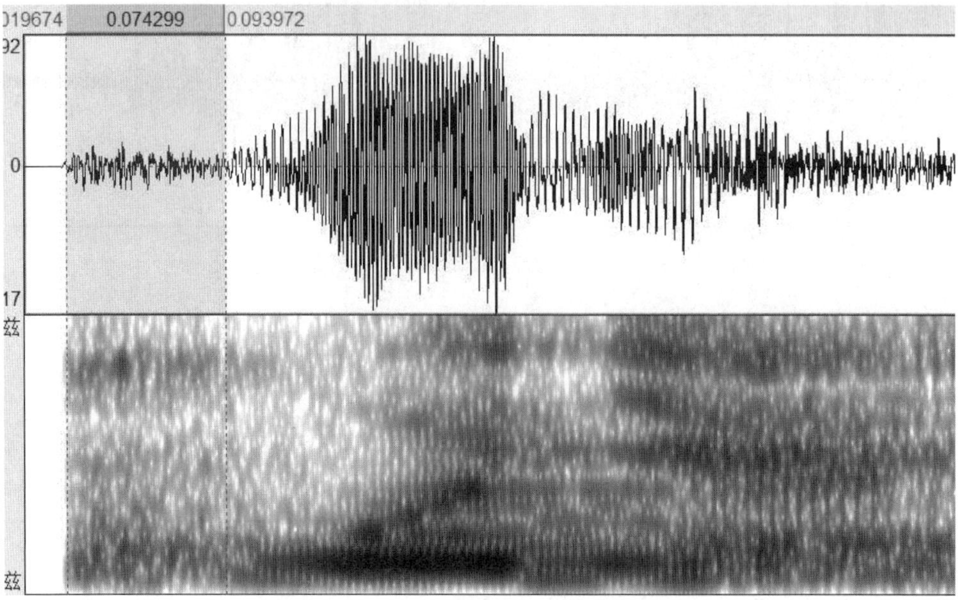

图 4-4-5　xʊniə(羊)的语图

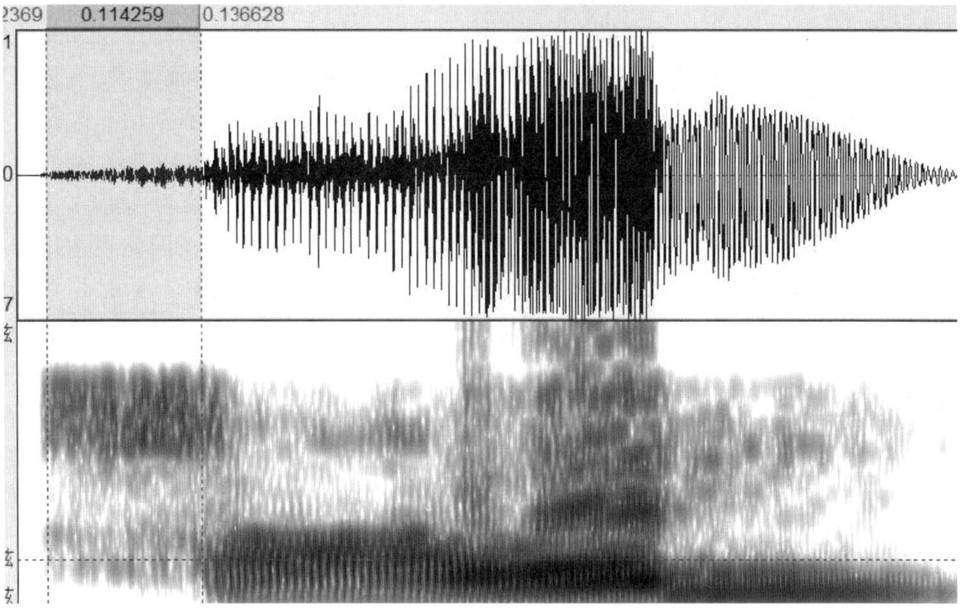

图 4-4-6　χɑvən(官员)的语图

7. [ç]

辅音 ç 为舌面中清擦音,可以在词首、词中或词尾作为前置辅音,与前元音一起构成音节,例如 vinʧʰçə(尾巴)、çitɑ(帘子)、çiʃkəlme(燎)等。发音时,舌面上抬靠近硬腭形成阻碍,在肺部的作用下口腔气流压力变大,气流从舌面与硬腭的缝隙中摩擦流出,同时伴随送气现象,发音时声带不振动。在语图(图 4-4-7)上,ç 表现的也是纵向的乱纹,说明舌面与硬腭间存在没有闭合的阻碍,气流流过时摩擦发音,能量较为分散,高频区能量较大些。

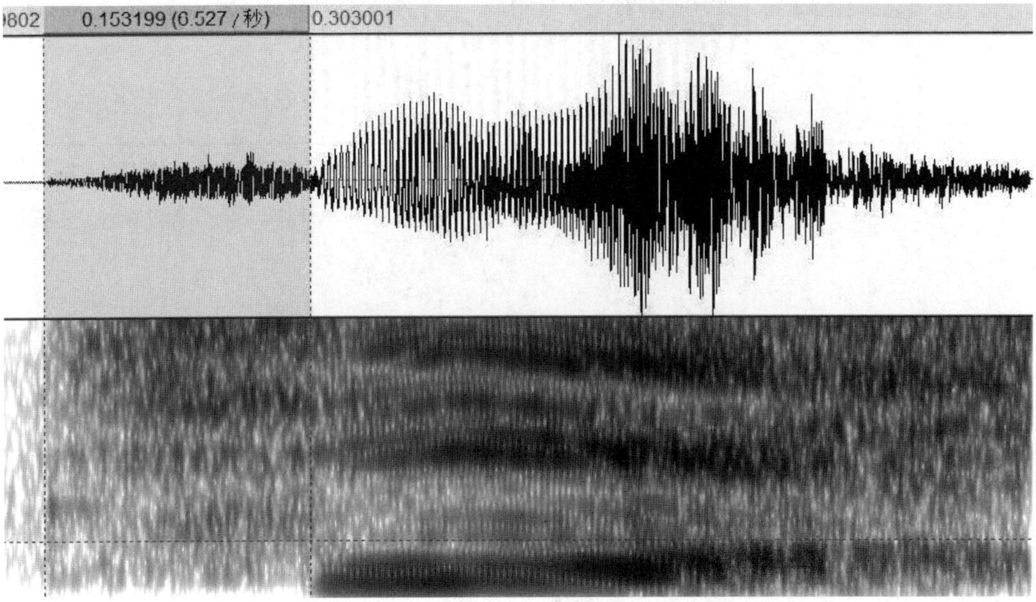

图 4-4-7　çi(你)的语图

(二)不送气擦音

不送气擦音的语图也是摩擦乱纹,由于没有送气,所以无送气乱纹。满语有 7 个不送气擦音,分别为:v、z、ʐ、ɣ、ʁ、β、ɸ。

1. [v]

辅音 v 为唇齿浊擦音,在词首、词中或词尾的音节中都有分布,可以作前置辅音与元音一起构成音节,也可以作为节尾辅音构成音节,位于词首位置的第一音节时,具有不是很强的摩擦特点,例如 vaʐme(下来)、velɤme(工作)、qavtame(射)等。发音时,上唇和下齿形成阻碍点,气流从齿和唇之间的缝隙流出,气流带动声带振动,摩擦产生浊擦音。从语图(图 4-4-8)低频区域看,有一较深的黑色横杠,即浊音杠,是浊音的声学表现;浊音杠的上方有不清晰的条纹,为擦音乱纹,说明齿和唇间存在没有闭合的阻碍,摩擦发音,但能量不是很大,可见 v 是一个浊擦音。

2. [z]

辅音 z 为舌尖前浊擦音,在满语词汇中只出现在词中和词尾位置,作为前置辅音与元音组成音节,很少出现在词首位置,例如 kuzu(槽)、ʃiza(围裙)、ɔzə(网)等。发音时,舌尖上抬与上腭形成阻碍点,气流从舌尖前和上腭间的缝隙流出,气流带动声带振动,摩擦形成浊擦音。从语图(图 4-4-9)看,低频区也有浊音杠,但颜色不是很深,说明摩擦不强;浊音杠的上方也有较浅的乱纹,说明齿和唇间存在没有闭合的阻碍,摩擦发音,但能量较弱。

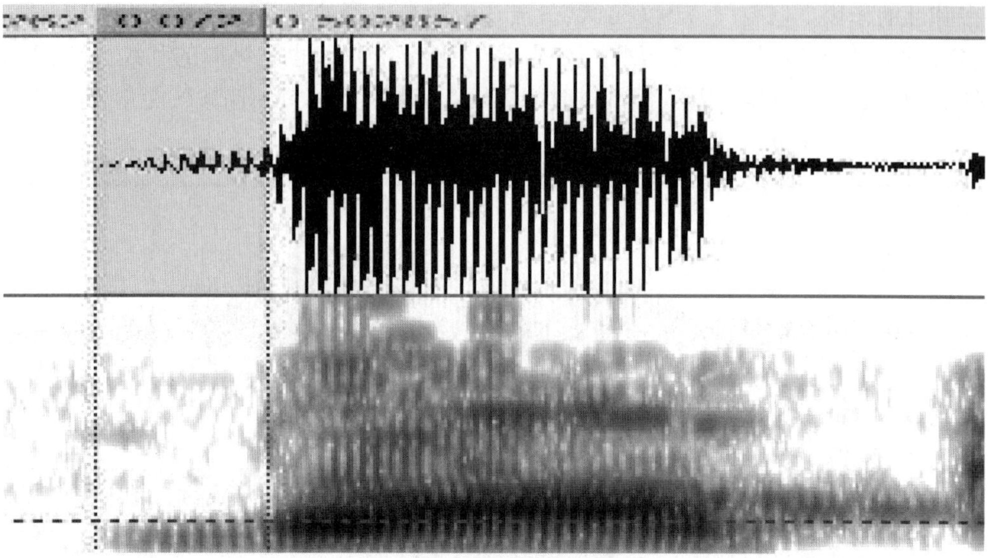

图 4-4-8 vaqa(不是)的语图

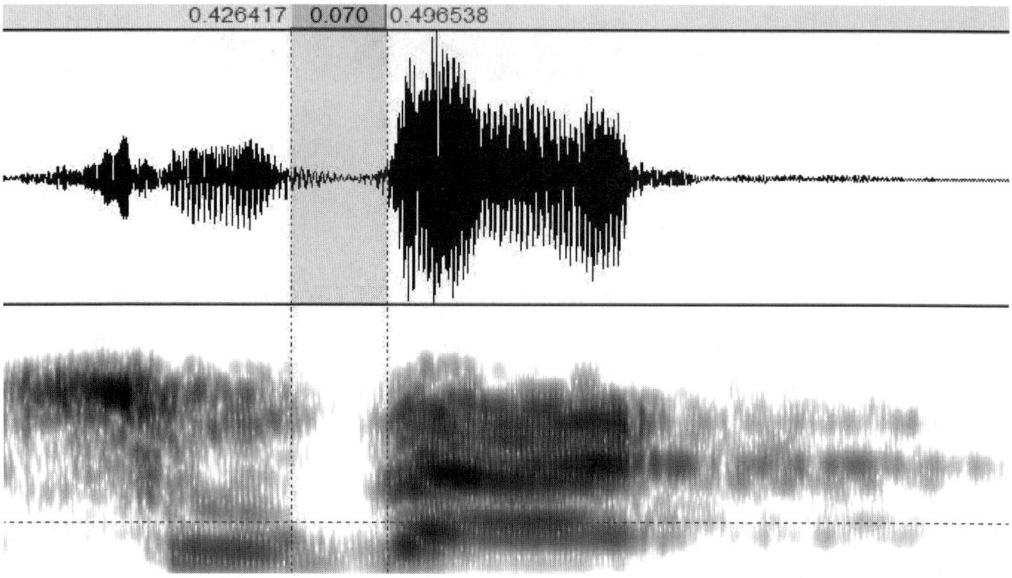

图 4-4-9 sʅzɛ(五十)的语图

3. [ʐ]

辅音 ʐ 为舌尖后浊擦音,在满语借词中可以出现在词首、词中或词尾位置;在其他词汇中不能出现在词首位置,仅可作为前置辅音与元音构成音节或节尾辅音,例如 paʐʅn(狂妄)、iʐa(落叶松)、mɤnɤʐɣɤ(麻木了)等。发音时,舌尖抵住下齿,舌面靠近上齿,气流由舌面与齿龈缝隙摩擦流出,推动声带振动。从语图(图 4-4-10)上看,低频区有浊音杠,浊音杠上面位置是一段不长的乱纹,为舌尖与齿龈接触时的表现,说明 ʐ 是一个浊擦音,能量分布不集中,较为分散,后接元音的共振峰不是很明显。

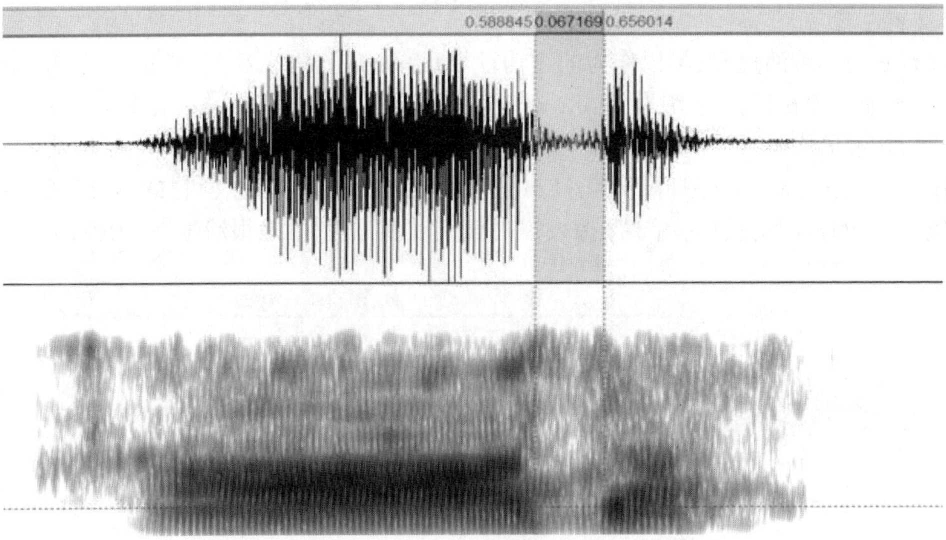

图 4-4-10　ɑʐʌ(嫂子)的语图

4. [ɣ]

辅音 ɣ 为舌面后浊擦音,在满语中与 ʐ 一样不能出现在词首位置,仅可作为前置辅音与元音构成音节或节尾辅音,仅出现在非第一音节的节首及节尾位置,例如 miɣɤ(蛇)、nuɣo(狼)、ʂlɣo(犁)等。发音时,舌面后部抬起,与软腭形成狭缝,气流从舌面后部与软腭的狭缝中流出,气流带动声带振动,摩擦形成浊擦音。在语图(图 4-4-11)的低频区有浊音杠,是浊音的表现;浊音杠上面是一段较短的乱纹,为舌面与软腭接触时的表现;有类似元音的共振峰模式,为气流推动声带振动的声学特征,说明 ɣ 为浊擦音。

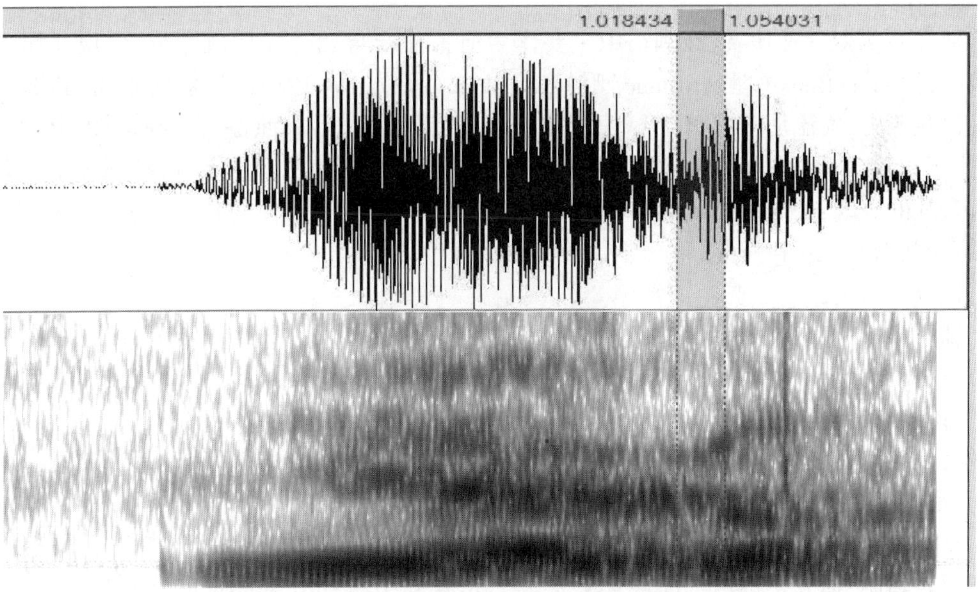

图 4-4-11　niɛɣə(鸭子)的语图

5. [ʁ]

辅音 ʁ 为小舌浊擦音,可以作为前置辅音与元音 ɑ 或 ɔ 构成音节,主要出现在词中和词尾音节,不能出现在词首音节,例如 ilʀ ɑ(花)、nimaʁɑ(虫子)、umuʁan(蛋)等。发音时,小舌与软腭接触形成阻碍,肺部用力加大声道压力,气流从小舌与软腭的缝隙摩擦流出,带动声带振动形成浊擦音。语图(图 4-4-12)上主要表现为浊音杠乱纹和共振峰模式,能量较为分散,覆盖的范围也较广,由于摩擦发声时气流较多,语图不是很清晰,较为模糊。

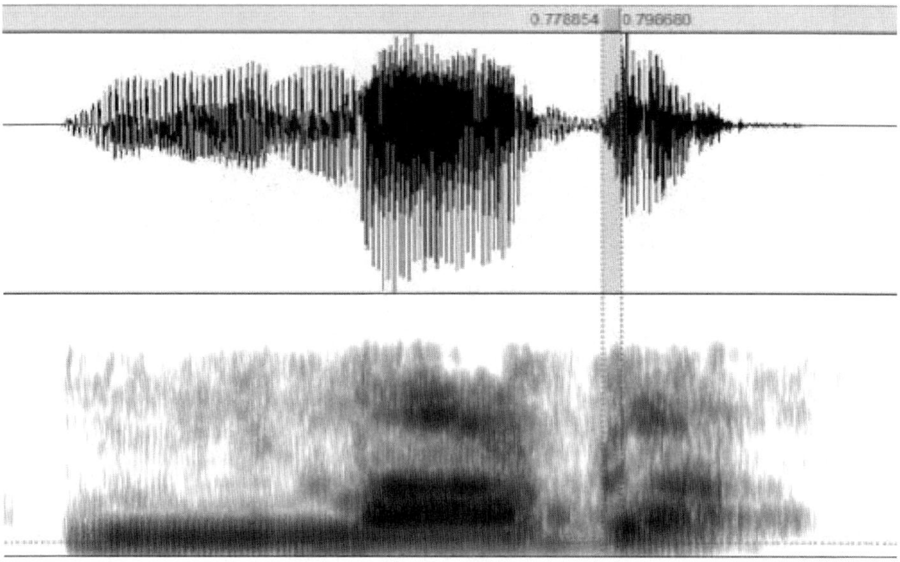

图 4-4-12 nimaʁɑ(鱼)的语图

6. [β]

辅音 β 为双唇浊擦音,在满语中主要作为前置辅音与元音 u 构成音节,出现在词中的音节中,例如 umβume(埋)、uβume(喂)、iʐɑβume(积攒)等。发音时,双唇紧闭,肺部用力加大口腔压力,气流从双唇缝隙摩擦流出,带动声带振动,形成浊擦音。在语图(图 4-4-13)上可以看出低频处的浊音横杠,但能量较弱,说明为浊音;浊音杠上方,特别是中高频区域有杂乱的条纹,是气流经过双唇摩擦的表现,可知 β 为浊擦音。后接元音的共振峰中,第一、第二共振峰交织在一起,第三、第四共振峰则较为分散。

7. [ɸ]

辅音 ɸ 为双唇清擦音,与 β 一样主要作为前置辅音与元音 u 构成音节,出现在词中的音节里,例如 sɔɸuʁɔ(看见了)、aɸuʁɑ(交了)等。发音时,双唇紧闭,肺部用力加大口腔压力,气流从双唇缝隙摩擦流出,没有送气伴随,发音时声带不振动。语图(图 4-4-14)上在低频处没有浊音杠,但有纵向的乱纹,说明双唇间存在没有闭合的阻碍,气流通过时摩擦发音,为清擦音。从语图上看能量不集中且较为分散。

从语图来看,7 个送气清擦音 f、s、ʂ、ʃ、x、χ、ɕ 的时长较长,分布范围较宽而且都是乱纹,语图比较清晰;而 6 个不送气浊擦音 v、z、ʐ、ɣ、ʁ、β 和不送气清擦音 ɸ 时长不是很长,分布范围不大,也是表现为乱纹,语图不够清晰。从发音的生理层面来看,发送气音时,送气的平稳时段较长,频率变化不大,语图表现较为清晰;而不送气音由于没有伴随送气现象或送气极小，时长较短，气流局促，语图较为模糊。Strevens 在语音实验中发现，擦音语图的确定性是由口腔内部受阻的大小以及形状决定的，口腔前半部分的发音参与度越大，语图就越确定。[①] 由擦音的语图可知，发音时主要依赖小舌、双唇的，口腔参与度不是很高，小舌清擦音 χ、小舌浊擦音 ʁ、双唇浊擦音 β、双唇清擦音 ɸ 的语图较为模糊；发音时主要由唇和齿作用的，口腔的阻碍不大，唇齿浊擦音 v 的语图要比小舌和双唇擦音相对清晰一些；而主要由舌尖、舌面以及口腔参与发音的 s、ʂ、ʃ、x、ç、z、ʐ、ɣ 的语图较为清晰可辨。

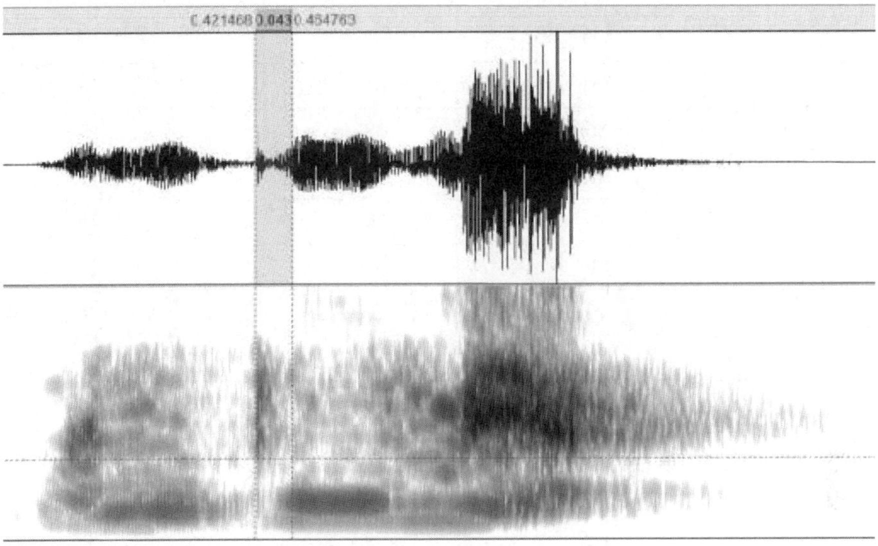

图 4-4-13　uβume（喂）的语图

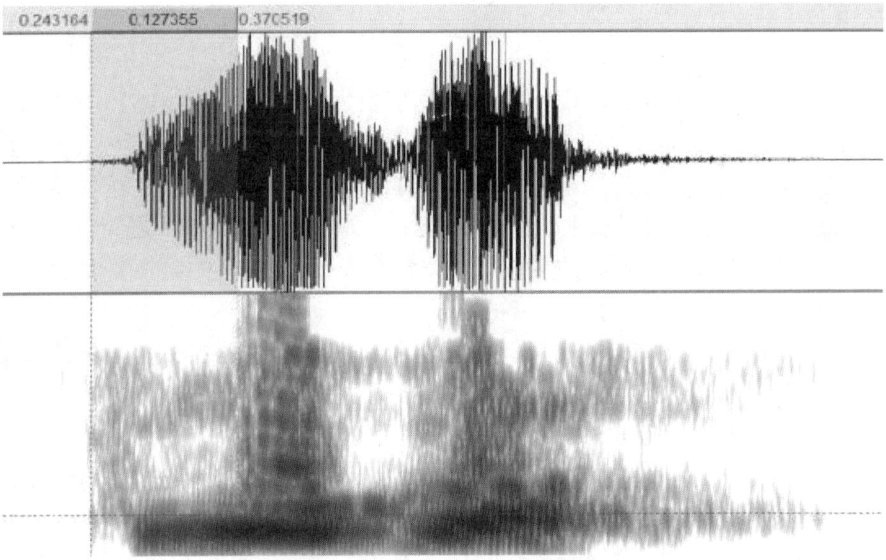

图 4-4-14　aɸuʁa（交了）的语图

① STEVENS K N. Evidence for the role of acoustic boundaries in the perception of speech sounds[M]//FROMKIN V A. Phonetic linguistics: Essays in honor of Peter Ladefoged. Orlando: Academic Press, 1985: 243-255.

二、时长

这里我们主要对擦音的时长进行实验研究，相关的实验数据如表 4-4-1 所示。

表 4-4-1　满语擦音时长表

擦音	平均值/ms	标准差/ms	样本数/个
f	137	46	27
s	151	61	38
v	86	38	27
x	131	52	12
z	76	19	16
ɕ	136	33	13
ɣ	77	20	26
ʁ	84	9	18
ʂ	157	38	49
ʃ	149	31	4
ʐ	62	8	16
χ	125	29	38
ɸ	68	17	34
β	22	5	21

由表 4-4-1 可知，在 14 个擦音中，时长平均值由大到小排列为ʂ>s>ʃ>f>ɕ>x>χ>v>ʁ>ɣ>z>ɸ>ʐ>β，音长最长的是 ʂ，为 157 ms；最短的是 β，为 22 ms。这些擦音中，ʂ、s、ʃ、f、ɕ、x、χ 等 7 个擦音的时长平均值超过 100 ms，分布在 120～160 ms 之间，都是送气清擦音；而 v、ʁ、ɣ、z、ɸ、ʐ、β 等 7 个擦音的时长平均值小于 90 ms，分布在 20～90 ms 之间，除 ɸ 为不送气清擦音外，其余的 6 个都是不送气的浊擦音。体现在音长上，送气的时长要大于不送气的时长，除 ɸ 外，清擦音的时长要大于浊擦音的时长。

如表 4-4 所示，由标准差来看，14 个擦音中，标准差由大到小排列为 s>x>f>ʂ>v>ɕ>ʃ>χ>ɣ>z>ɸ>ʁ>ʐ>β，标准差最大的是 s，为 61 ms，最小的是 β，为 5 ms。这些擦音中，标准差大于 30 ms 的有 7 个，分别为 s、x、f、ʂ、v、ɕ、ʃ，标准差小于 30 ms 的也有 7 个，分别为 χ、ɣ、z、ɸ、ʁ、ʐ、β。由此可以看出，在擦音中，标准差大于 30 ms 的，除 v 为不送气浊擦音外，其他 6 个都是送气清擦音；而标准差小于 30 ms 的，除 χ 为送气清擦音外，其他 6 个都是不送气浊擦音。综上，从标准差来看，送气清擦音的标准差较大，精确度略低一些，而不送气浊擦音的标准差较小，从数据来看精确度更高，更为精确。

李芳将齐士钤、张家騄等人关于擦音时长的研究总结为，擦音时长最长的集中在ʂ、s、ɕ

这几个辅音上，而舌根音 x 都是最短的。[①] 满语擦音中时长最长的集中在ʂ、s、ʃ 这三个辅音上，发音时，这些音的摩擦基本集中在舌尖、舌面与齿龈上，由于舌尖、舌面与齿龈接触较为紧密，缝隙较小，气流流出时阻碍较大，导致时间较长，因此具有较长的音长。时长最短的ɸ、ʐ、β 三个音，发音时双唇、舌尖与齿龈接触不如舌尖、舌面与齿龈结合紧密，缝隙较大，发音时气流流出较快，所用时间较短，因此音长也较短，表现出了与汉语普通话或其他语言既有联系又有区别的特点。

另外，擦音后接不同元音时，可能会对擦音的时长产生一定的影响，为了考察后接元音对擦音的影响，我们提取了擦音后接不同元音的时长，如表 4-4-2 所示。

表 4-4-2　擦音后接元音时长平均值表　　单位：ms

擦音	ɑ	i	u	ə	平均值
f	132	126	165	121	136
s	131		162	178	157
v	77	67	88	93	81
x	155		109	122	129
z	85	78	71		78
ç		135			135
ɣ			76		76
ʁ	82			87	85
ʂ	153	131	137	141	141
ʃ	156	148		125	143
ʐ	63	61	68	77	67
χ	136		123		129
ɸ			158		
β			117		

由表 4-4-2 可知，擦音后接元音 ɑ 时，时长按照从大到小排列为 ʃ>x>ʂ>χ>f>s>z>ʁ>v>ʐ，其中时长最长的是 ʃ，为 156 ms，最短的是 ʐ，为 63 ms。擦音后接元音 i 时，时长按照从大到小排列为 ʃ>ç>ʂ>f>z>v>ʐ，其中时长最长的是 ʃ，为 148 ms，最短的是 ʐ，为 61 ms。擦音后接元音 u 时，时长按照从大到小排列为 f>s>ɸ>ʂ>χ>β>x>v>ɣ>z>ʐ，其中时长最长的是 f，为 165 ms，最短的是 ʐ，为 68 ms。擦音后接元音 ə 时，时长按照从大到小排列为 s>ʂ>ʃ>x>f>v>ʁ>ʐ，其中时长最长的是 s，为 178 ms，最短的是 ʐ，为 77 ms，可见后接元音中时长最长的分别为 ʃ、f、s，最短的都是 ʐ。

从后接元音的高低来看，后接元音为高元音 i、u 时，时长最长的分别为 f 和ʂ；后接低元音 ɑ 时，时长最长的是 ʃ，最短的是 ʐ；后接中元音 ə 时，时长最长的为 s，最短的为 ʐ。后接元音为高、低元音及中元音时，时长最长的为 f、ʂ、ʃ、s，最短的都是 ʐ，由此可见擦音的后接

① 李芳. 日照方言辅音实验语音学研究[D]. 上海：上海大学，2015：65.

元音对擦音的音质影响不大。

我们对满语的 14 个擦音时长进行测量,并对影响时长的原因进行了探讨,满语送气擦音的时长要大于不送气擦音,其中送气擦音发音时缝隙较小,摩擦较大,时长较长;不送气擦音发音时缝隙稍大,摩擦较轻,时长较短;而擦音的后接元音对擦音音质影响不大。

三、后接元音共振峰

实验测得的擦音后接元音共振峰起始值的平均值如表 4-4-3 所示。

表 4-4-3　擦音后接元音共振峰起始值表　　单位：Hz

擦音	后接元音	F1 起始值	F2 起始值	F3 起始值
f	ɑ	987	1 459	2 623
	u	362	1 146	2 939
s	ɑ	1 016	1 335	2 802
	u	352	1 276	2 575
ʂ	ɑ	943	1 287	2 830
	u	318	1 091	2 717
	ʅ	454	1 768	2 334
v	u	405	823	2 875
	ɑ	684	1 115	2 434
	i	375	2 080	2 518
x	ɑ	1 039	1 299	2 466
ç	i	295	1 826	2 844
χ	ɑ	921	1 210	1 700
	u	384	1 110	2 540
z	ɿ	465	1 537	2 614
	u	368	1 230	2 508
ʐ	u	388	1 168	2 517
	ʅ	394	1 428	2 017
	ɑ	868	1 279	2 691
ɣ	u	321	1 028	2 230
ʁ	ɑ	706	1 163	1 558
ʃ	ɿ	465	1 315	2 465
	ɑ	1 061	1 429	2 546
ɸ	u	381	1 162	2 482
β	u	366	1 161	2 738

由表 4-4-3 可知，不送气擦音后接元音 ɑ 时，v、ʐ、ʁ 的 F1 起始值分别为 684 Hz、868 Hz、706 Hz，ʐ 的 F1 最大，为 868 Hz，v 的 F1 最小，为 684 Hz；F2 起始值分别为 1 115 Hz、1 279 Hz、1 163 Hz，差别不是很大。可知不送气擦音后接元音 ɑ 时，F1、F2 起始值最大的为 ʐ，最小的为 v。后接元音 i(ʅ、ɿ)时，v、z、ʐ 的 F1 起始值分别为 375 Hz、465 Hz、394 Hz，F2 起始值分别为 2 080 Hz、1 537 Hz、1 428 Hz，F1 起始值最大的为 z，最小的为 v；F2 起始值最大的为 v，最小的为 ʐ。后接元音 u 时，v、z、ʐ、ɣ、β、ɸ 的 F1 起始值分别为 405 Hz、368 Hz、388 Hz、321 Hz、366 Hz、381 Hz，其中 F1 起始值最大的是 v，最小的是 ɣ。F2 起始值分别为 823 Hz、1 232 Hz、1 168 Hz、1 028 Hz、1 161 Hz、1 162 Hz，其中 F2 起始值最大的为 z，最小的为 v。

送气擦音后接元音 ɑ 时，f、s、ʂ、ʃ、x、χ 的 F1 起始值分别为 987 Hz、1 016 Hz、943 Hz、1 061 Hz、1 039 Hz、921 Hz，其中 F1 起始值最大的为 x，最小的为 χ；F2 起始值分别为 1 549 Hz、1 335 Hz、1 287 Hz、1 429 Hz、1 299 Hz、1 210 Hz，其中 F2 起始值最大的为 f，最小的为 χ。后接元音 i (ʅ、ɿ)时，ʂ、ʃ、ɕ 的 F1 起始值分别为 454 Hz、465 Hz、295 Hz，其中 F1 起始值最大的为 ʃ，最小的为 ɕ；F2 起始值分别为 1 768 Hz、1 315 Hz、1 326 Hz，其中 F2 起始值最大的为 ʂ，最小的为 ʃ。后接元音 u 时，f、s、ʂ、χ 的 F1 起始值分别为 362 Hz、352 Hz、318 Hz、384 Hz，其中 F1 起始值最大的为 χ，最小的为ʂ；F2 起始值分别为 1 146 Hz、1 276 Hz、1 091 Hz、1 110 Hz，其中 F2 起始值最大的为 s，最小的为 ʂ。可知，擦音后接低元音 ɑ 时，F1 起始值按照从大到小排列为 ʃ>x>s>f>ʂ>χ>ʐ>ʁ>v，范围为 684～1 061 Hz；F2 起始值按照从大到小排列为 f>ʃ>s>x>ʂ>ʐ>χ>ʁ>v，范围为 1 115～1 459 Hz。后接高元音 u 时，F1 起始值按照从大到小排列为 v>ʐ>χ>ɸ>z>β>f>s>ɣ>ʂ，范围为 318～405 Hz；F2 起始值按照从大到小排列为 s>z>ʐ>ɸ>β>f>χ>ʂ>ɣ>v，范围为 823～1 276 Hz。后接高元音 i (ʅ、ɿ)时，F1 起始值按照从大到小排列为 ʂ>z>ʃ>ʐ>v>ɕ，范围为 295～465 Hz；F2 起始值按照从大到小排列为 ʂ>v>ɕ>z>ʐ>ʃ，范围为 1 315z～1 768 Hz。数据显示，后接低元音时，F1、F2 起始值最大的为舌面送气清擦音 ʃ 和舌面后送气清擦音 x，最小的为小舌不送气擦音 ʁ 和唇齿不送气擦音 v；后接高元音时，F1、F2 起始值最大的为舌尖前送气清擦音 s 和舌尖后送气清擦音ʂ，最小的为舌面中送气清擦音 ɕ 和舌面后不送气浊擦音 ɣ。

综上，满语擦音后接低元音时，舌面送气擦音的 F1、F2 起始值最大，小舌和唇齿不送气擦音的 F1、F2 起始值最小；后接高元音时，舌尖送气清擦音的 F1、F2 起始值最大，最小的为舌面擦音。究其原因，由于影响 F1、F2 起始值的因素既有舌位，也有舌尖舌面以及小舌与上腭、唇齿、咽腔等发音器官之间形成的开合度和闭塞度。根据满语擦音后接元音 F1、F2 起始值的表现，我们推测，满语擦音后接低元音时，舌面送气擦音由于舌面上抬靠近硬腭，气流流出摩擦成音，伴随送气能量较大，对后接元音的共振峰值影响较大，因此舌面送气擦音的 F1、F2 起始值较大；小舌和唇齿不送气音发音时由小舌与软腭、唇齿之间形成阻碍，摩擦较小，没有送气现象，因此能量较小，导致 F1、F2 的起始值也较小。后接高元音时，由于舌尖送气擦音的舌尖抵住牙齿，舌面与齿形成阻碍，气流摩擦流出，伴随送气，具有较大的能量，因而后接元音的 F1、F2 起始值也较大；而舌面擦音发音时舌面与上腭形成阻碍，气流摩擦较小，因此后接元音的 F1、F2 起始值也较小。综述，满语擦音后接元音的 F1、F2 起始值情况，不仅与后接元音的舌位高低有关，而且与擦音的发音方式、发音部位、送气与否相关，其中后接元音舌位及送气等因素影响较大。

四、谱重心

实验测得的擦音谱重心平均值如表 4-4-4 所示。

表 4-4-4 擦音谱重心平均值表

擦音	平均值 /Hz	标准差 /Hz	偏度系数	峰度系数	变异系数	样本数 /个
f	2 503	1 058.09	1.405	6.192	0.423	27
s	2 968	1 352.738	0.679	1.074	0.456	38
v	379	308.092	3.49	13.453	0.812	27
x	1 518	741.34	-0.008	-1.448	0.488	12
z	516	487.396	2.465	7.083	0.945	16
ɕ	2 871	1 819.784	-0.057	-0.649	0.634	13
ɤ	734	553.698	1.259	0.543	0.755	26
ʁ	917	561.06	0.704	-0.954	0.612	18
ʂ	2 930	653.59	2.493	13.413	0.223	49
ʃ	2 729	230.352	1.839	3.444	0.084	4
ʐ	328	101.152	0.926	0.25	0.308	16
χ	1 572	794.525	0.302	-1.188	0.505	38
β	1 851	463	1.353	2.452	0.25	8
ɸ	876	346	0.446		0.395	5

由表 4-4-4 可知,从谱重心平均值来看,满语的 14 个擦音谱重心的平均值从大到小排列为 s>ʂ>ɕ>ʃ>f>β>χ>x>ʁ>ɸ>ɣ>z>v>ʐ,其中谱重心平均值最大的是 s,为 2 698 Hz,最小的是 ʐ,为 328 Hz,分布范围为 328~2 698 Hz,谱重心之间的差值较大。其中 s、ʂ、ɕ、ʃ、f、β、χ、x 等 8 个擦音的谱重心平均值大于 1 500 Hz,8 个擦音中,除了双唇不送气音 β 外,另外 7 个擦音都是送气擦音。

从谱重心的标准差来看,14 个擦音谱重心的标准差从大到小排列为 ɕ>s>f>χ>x>ʂ>ʁ>ɣ>z>β>ɸ>v>ʃ>ʐ,标准差最大的是 ɕ,为 1 819.784 Hz,最小的是 ʐ,为 101.152 Hz,分布范围为 101.152~1 819.784 Hz,标准差之间的差值也是比较大的。其中 ɕ、s、f、χ、x、ʂ、ʁ、ɣ 等 8 个擦音的标准差大于 500 Hz,除了 ʁ、ɣ 为不送气音外,其他的都是送气擦音。此外,满语的 7 个送气擦音中,ʃ 的标准差较小,仅为 230.352 Hz。由于标准差与离散度之间是对应关系,标准差能够反映一个数据集的离散程度,因此满语擦音中,ʐ 的标准差最小,离散度也是最小的,而 ɕ 的标准差最大,离散度也是最大的。

从谱重心的偏度系数来看,14 个擦音谱重心的偏度系数从大到小排列为 v>ʂ>z>ʃ>f>

β>ɣ>ʐ>ʁ>s>ɸ>χ>x>ç,其中偏度系数最大的是 v,为 3.49,最小的是 ç,为-0.057,范围在-0.057~3.49 之间。偏度系数数值中,v、ʂ、z、ʃ、f、β、ɣ、ʐ、ʁ、s、ɸ、χ 的值都是正数,而 x 和 ç 的值为负数,偏度系数为正值说明擦音的能量多集中在低频区,从数据来看,v、ʂ、z、ʃ、f、β、ɣ、ʐ、ʁ、s、ɸ、χ 的能量大部分集中在低频区,而 x 和 ç 的能量集中在中高频区。从偏度系数的数值来看,v、ʂ、z、ʃ、f、β、ɣ 的数值较大,都大于 1,说明能量分布不够均匀;ʐ、ʁ、s、ɸ、χ 的数值在 0~1 之间,说明能量分布相对均匀。

从谱重心的峰度系数来看,13 个擦音谱重心的峰度系数从大到小排列为 v、ʂ、z、f、ʃ、β、s、ɣ、ʐ、ç、ʁ、χ、x,其中最大的是 v,为 13.453,最小的是 x,为-1.448,分布范围为-1.448~13.453。峰度系数数值中,v、ʂ、z、f、ʃ、β、s、ɣ、ʐ 的数值为正值,ç、ʁ、χ、x 的数值为负值。峰度系数可以反映出辅音频谱图中分布曲线顶端的陡峭或扁平程度,在满语的 14 个擦音中,v、ʂ、z、f、ʃ、β、s、ɣ、ʐ 等 9 个擦音的峰度系数值都是正值,说明频谱图中都有尖峰分布,其中 v、ʂ、z 的峰度系数大,说明这 3 个擦音的频谱图中尖峰的分布最为广泛;而 ç、ʁ、χ、x 等 4 个擦音的数值为负值,说明频谱图表现较为平缓,没有明显的尖峰分布。

谱重心决定着辅音的频谱特征,能量一般较强,并且受发音部位影响较大。由谱重心的数据可知,满语擦音中,能量最大的是 s,最小的是 ʐ,除不送气音 β 外,送气音 s、ʂ、ç、ʃ、f、χ、x 的谱重心要大于不送气音 ʁ、ɸ、ɣ、z、v、ʐ,因此能量也要大于不送气音,可见送气与否是影响擦音谱重心的一个重要因素。此外,从发音位置来看,舌尖、舌面音的谱重心要大于唇齿、双唇音以及小舌音,舌尖、舌面发音时舌尖、舌面接触齿龈及上腭,阻碍点较小,形成的缝隙也小,故而谱重心就越大,能量也较大;而小舌、唇齿等音发音时形成的缝隙较大,收紧点也大,因此谱重心就越小,发音的能量也小。综上,送气与否及发音方式是影响满语擦音谱重心大小的重要因素,当然影响谱重心数值的还有其他因素,在后续研究中我们将对发音部位、发音人性别等因素进行研究和探讨,以期对满语擦音声学规律进行深入了解和掌握。

第五节　鼻音、边音、颤音及半辅音的声学特征

一、语图表现

满语有鼻音 5 个,分别为 m、n、ɴ、ɲ、ŋ;边音 2 个,分别为 l、ɭ;半元音及颤音 3 个,分别为 w、j、r。相关的声学实验如下:

(一)鼻音

鼻音在语图上表现为类似元音的共振峰,但强度没有元音大。鼻音的第一和第二两个共振峰中能量强弱反差较大,其中第一共振峰的能量较大,第二共振峰的能量很弱。

1. [m]

辅音 m 为双唇鼻音,在满语中分布较为灵活,在词首、词中和词尾音节中都可以出现。例如 umu(针)、mɤlɣɤ(篦子)等。发音时,双唇闭合,口腔形成阻碍,咽腔和口腔形成共鸣腔

体，除阻时软腭下降，气流通过声带振动，由鼻腔通道流出，形成鼻音。从语图（图 4-5-1）上看，共振峰模式与元音较为相近，但没有元音共振峰强，第一共振峰较为明显，但第二共振峰模糊不清，说明第二共振峰能量明显要弱于第一共振峰。语图上有较弱的浊音横杠，低频区有大量的能量聚集。后接元音的第一、第二共振峰和第三、四共振峰分别交织在一起，不易分辨。

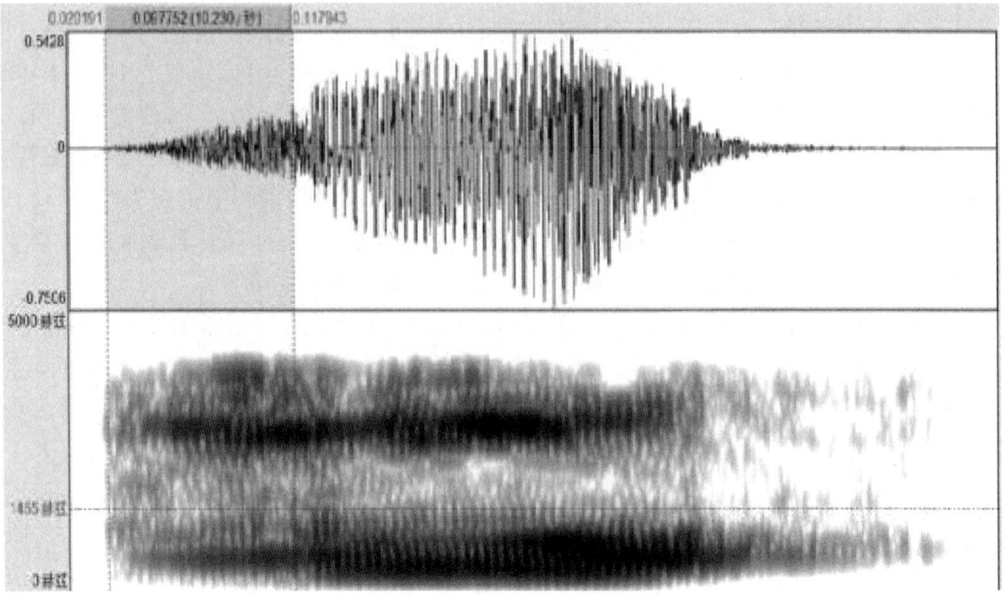

图 4-5-1 mo（树木）的语图

2. [n]

辅音 n 为舌尖中鼻音，在满语中分布较为灵活，在词首、词中和词尾音节中都可以出现，也可以作为节首和节尾辅音。例如 niman（山羊）、qɔnin（心）、χulɑn（烟筒）等。发音时，舌尖与齿龈形成阻碍，软腭下垂关闭口腔，同时使鼻腔通道打开，除阻时气流经过声带振动后，从鼻腔流出形成鼻音。从语图（图 4-5-2）上看，可以明显地看到第一共振峰，但第二共振峰较为模糊，并和第一共振峰交织在一起，可知第一共振峰能量明显大于第二共振峰。语图上也有一些微弱的浊音横杠，低频区有能量聚集。且可以看出，n 的共振峰与后接元音共振峰之间有断层，这是软腭突然打开时的表现。后接元音的前两个共振峰交织在一起，后两个共振峰交织在一起，不易清晰分辨。

3. [ɴ]

辅音 ɴ 为小舌鼻音，在满语词汇中出现得不多，主要出现在含有 ɑ、ɔ 的音节中，在词首位置出现得不多，多出现在词中和词尾位置。发音时，舌尖靠近齿龈，软腭下垂与小舌配合形成阻碍，除阻时鼻腔通道打开，气流经过声带和小舌，从鼻腔流出形成鼻音。从语图（图 4-5-3）上看，它的共振峰结构和元音类似，特点也是第一共振峰清晰而第二共振峰模糊，第一共振峰能量大于第二共振峰，共振峰与后接元音共振峰之间有不太明显的断层，后接元音的前两个共振峰较为清晰，而后两个共振峰交织在一起不易分辨。

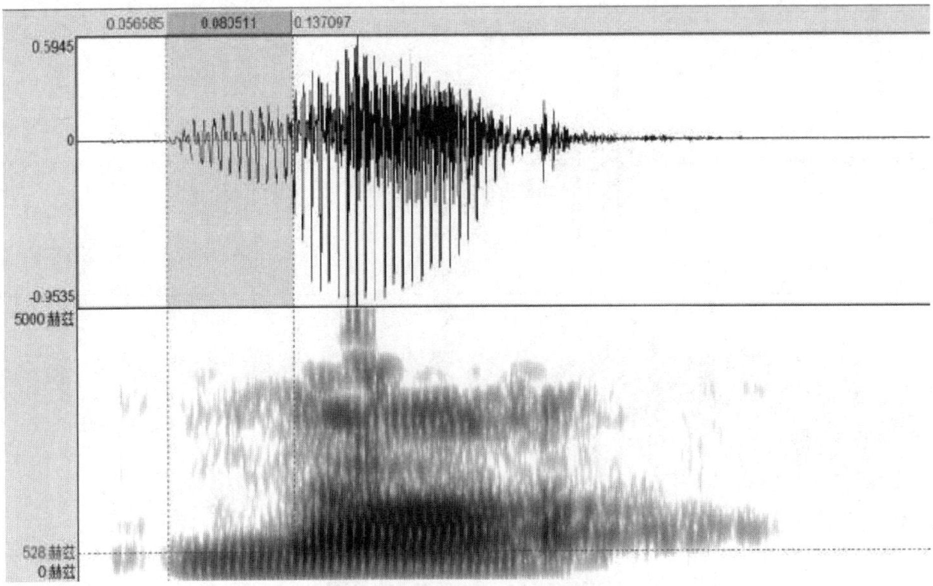

图 4-5-2 nɑ(地)的语图

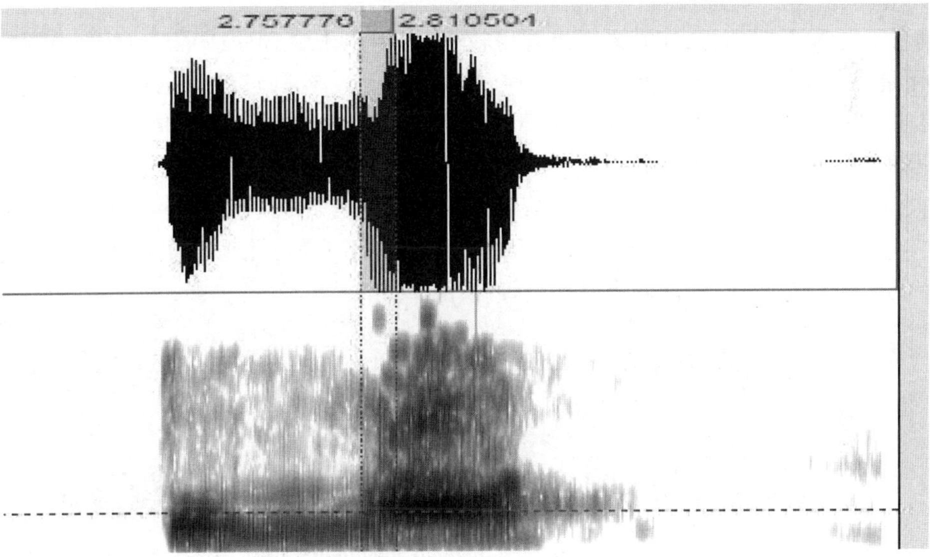

图 4-5-3 tuŋɴɑ(西瓜)的语图

4. [ɲ]

辅音 ɲ 为舌面中鼻音,在满语中不常见到,主要出现在词中或词尾的音节中,且多出现在前元音前面。例如 eniŋɲe(今天)、nuŋɲyme(增添)、ʃiŋɲime(冒烟)等。发音时,舌面上升靠近上腭,软腭下垂形成阻碍,除阻时鼻腔通道打开,气流推动声带振动由舌面进入鼻腔,而后从鼻腔流出形成舌面中鼻音。从语图(图 4-5-4)上看,它有着较为清晰的第一共振峰和稍微模糊的第二共振峰,说明第一共振峰能量要比第二共振峰大。共振峰与后接元音共振峰之间断层不明显,几乎靠在一起,说明软腭打开时间稍长一些。后接元音的共振峰同样也比较模糊,分辨不清。

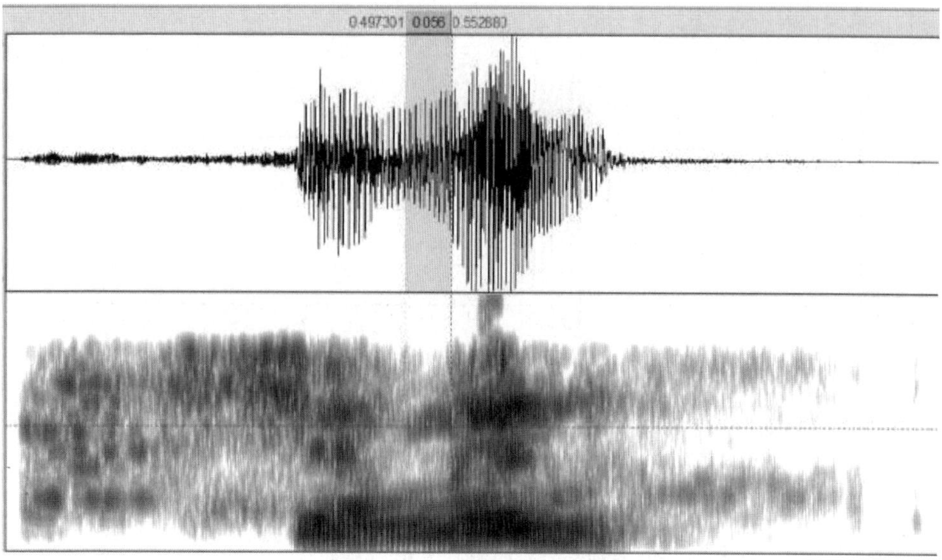

图 4-5-4　ʃəɲə(白)的语图

5.[ŋ]

辅音 ŋ 为舌面后鼻音,在满语中出现得较多,主要出现在词中或词尾,不能出现在词首位置,不能在词首的第一音节做前置辅音。例如 ʃiŋŋɤri(老鼠)、ɤltɤŋŋɤ(亮)等。发音时,舌面靠近软腭,共同形成阻碍,软腭下垂将声道组成咽腔和鼻腔两个腔体;除阻时气流带动声带振动,由舌面后经咽腔到鼻腔流出形成鼻音。从语图(图 4-5-5)上看,浊音横杠不是很明显,第一共振峰和第二共振峰较为清晰,第一共振峰线条比第二共振峰要粗,说明能量比第二共振峰大。共振峰与后接元音共振峰之间断层不明显,几乎靠在一起。后接元音的前两个共振峰较为清晰,但后两个共振峰模糊不清。

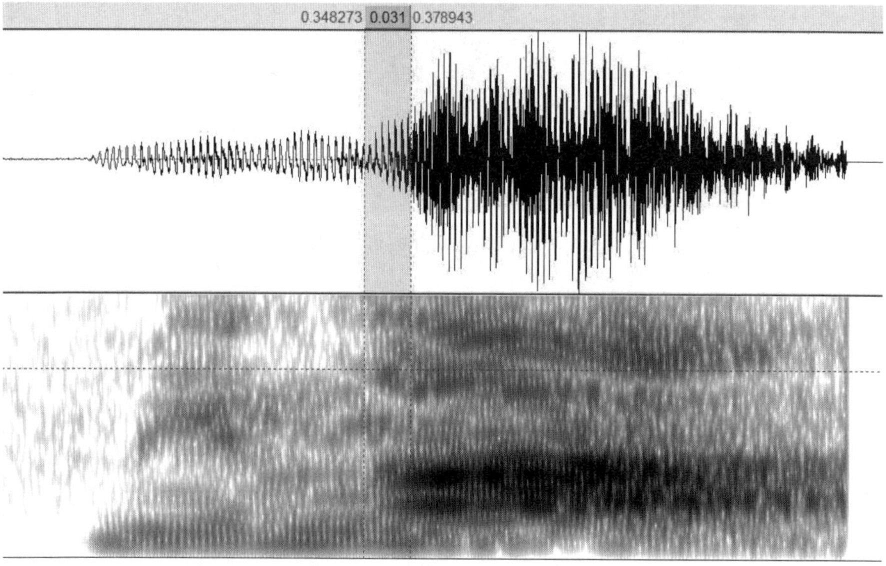

图 4-5-5　miŋɑ(千)的语图

(二)边音

边音与鼻音在语图上有相似的地方,都有类似元音的共振峰,能量主要在低频区,但边音的声学特征与后接元音的不同,因而表现各异,当除阻时气流较强时在语图上也可以看到模糊不清的冲直条。

1. [l]

辅音 l 为舌尖中边音,分布较为灵活,在词首、词中和词尾均可以出现,并且可以作为节首和节尾辅音。例如ʂɔlɔ(空闲)、pilʁɑ(嗓子)、juluŋ(垄沟)等。发音时,舌尖靠近齿龈形成阻碍,肺部压力增大推动气流形成持阻,除阻时气流从舌尖中及两边流出,推动声带振动摩擦形成边音。从语图(图 4-5-6)上看,l 表现为与元音共振峰较为类似,有不太清晰的浊音横杠,说明能量比元音弱。从共振峰来看,第一共振峰非常明显,线条粗黑,但第二共振峰比较模糊,基本和第一共振峰交织在一起,说明能量远小于第一共振峰,与后接元音共振峰没有明显的断层。后接元音的前两个共振峰交织在一起,后两个共振峰虽不够清晰但尚可辨识,说明能量较弱。

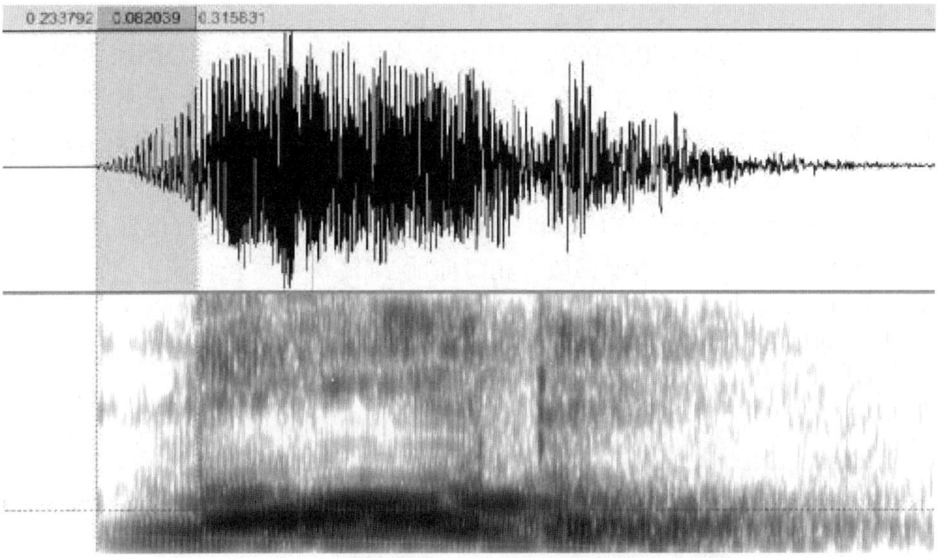

图 4-5-6 lɔdo(多)的语图

2. [ɭ]

辅音 ɭ 是一个儿化的舌尖后边音,在满语中词汇不多,主要出现在词中和词尾音节中,作为央元音的前置辅音构成音节。例如 emiɭə(雌)、ɛʈəɭəme(帮助)等。发音时,舌尖抬起,舌尖与舌叶、软腭共同形成阻碍,除阻时气流从舌尖后以及两边流出,振动声带形成边音。语图(图 4-5-7)上表现为浊音共振峰,浊音横杠不太清晰,第一共振峰比较明显,第二共振峰模糊,能量要远大于第二共振峰,与后接元音 ə 之间的界限模糊,共振峰没有明显的断层。后接元音的第三共振峰出现轻微的降低弯头,说明发音时舌尖翘起附带儿化特征。

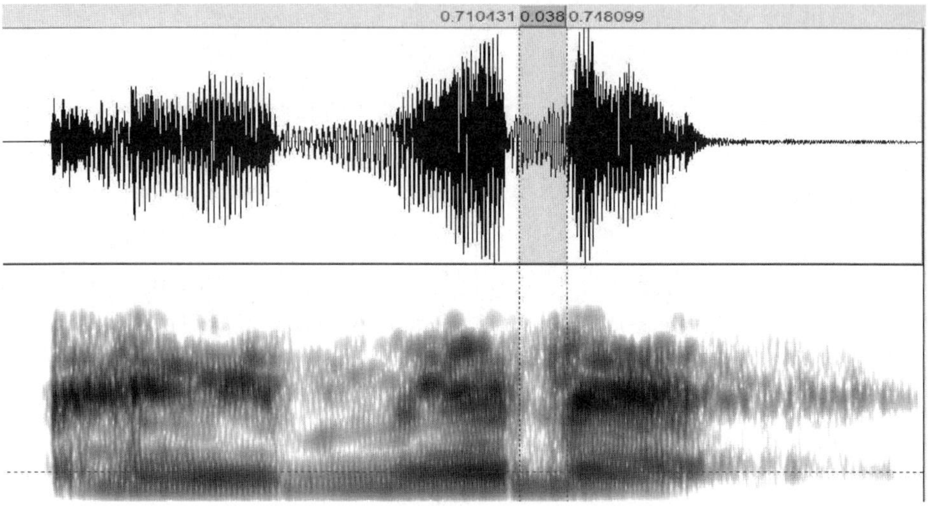

图 4-5-7 emiḷə(母、雌)的语图

(三)半辅音及颤音

半辅音是舌面、双唇以及硬腭基于成阻动作形成的辅音,有些类似元音,语图上有能量较弱的共振峰,也有浊音横杠。颤音在语图上往往表现为多个冲直条,一般来说颤动几次就有几个冲直条,但冲直条有时靠得很近不易分辨,同时在低频区还可以发现有浊音杠。

1. [w]

w 为双唇半辅音,主要分布在词中和词尾音节中,不能出现在词首位置,例如 sɔwo(鞋子)、sowu(师傅)等。发音时,双唇回收并稍微向前,气流从双唇轻轻流出,带动声带振动,发音过程中不摩擦,发音器官比元音紧张,但低于其他辅音。从语图(图 4-5-8)上看,有与元音对应的共振峰,此外还有乱纹和浊音横杠,共振峰体现的是声带振动的特征,乱纹是双唇接触时的表现。

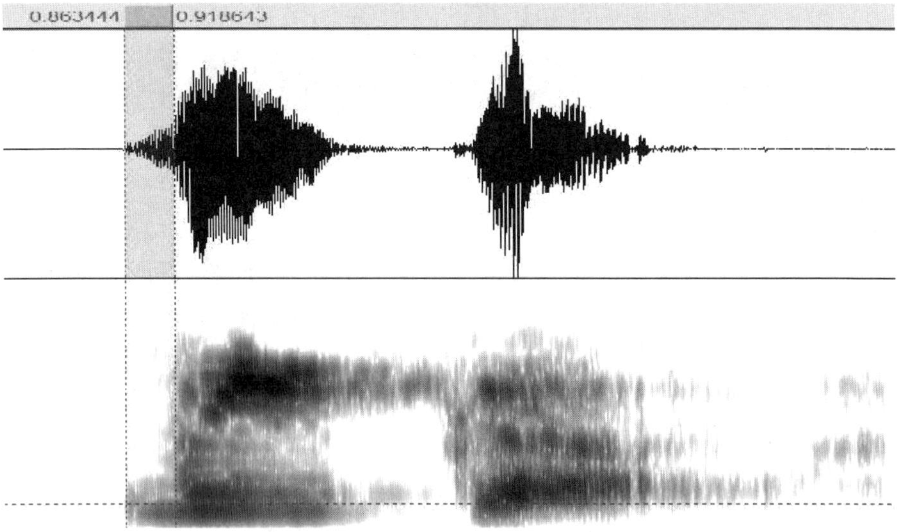

图 4-5-8 wəiɣə(牙)的语图

2. [j]

j 为舌面中半辅音,可以出现在词首、词中和词尾的音节中,例如 jəle(肉)、k^huje(刀)、χɔjime(卷)等。发音时,舌面中部抬起抵达硬腭,舌尖与下齿相抵成阻,除阻时气流由舌面和硬腭摩擦流出,带动声带振动。从语图(图 4-5-9)上看,有一个不长的乱纹,还有与元音相对应的共振峰和浊音横杠,乱纹表明发音时舌面与硬腭接触,共振峰体现了声带振动摩擦的特征。第一共振峰不是很清晰,与元音相比能量较弱,后接元音的前两个共振峰和后两个共振峰分别交织在一起,不易分辨。

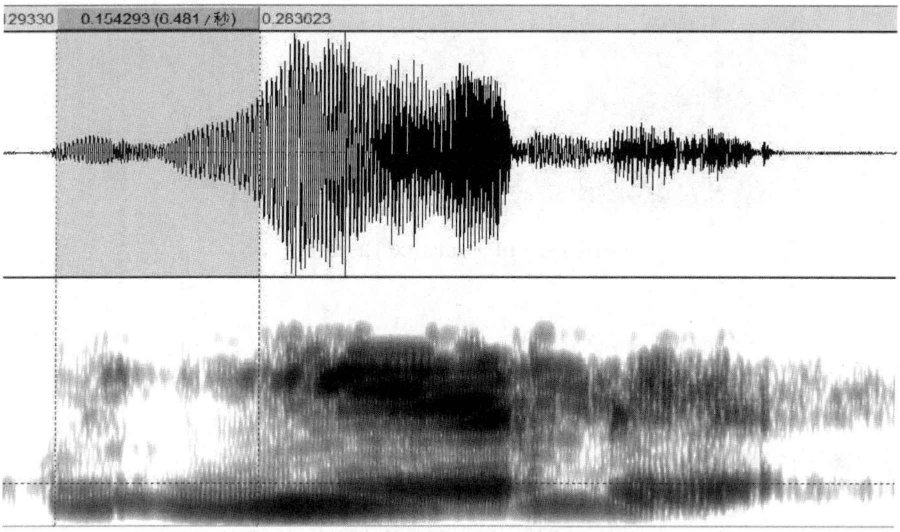

图 4-5-9　jəle(肉)的语图

3. [r]

辅音 r 为舌尖中颤音,可以分布在词中和词尾位置的音节中,但不能出现在词首位置,位于节首位置的 r 颤动不是很明显,但节尾位置的 r 具有明显的颤动,是一个典型的舌尖颤音,例如 ɔrʁɔ(草)、t^hurʁɑ(廋)、fɔrqɔŋ(季节)等。发音时,舌尖向上靠近上齿形成阻碍,肺部压力加大形成持阻,除阻时气流从舌尖冲出,短时间内舌尖多次颤动,声带振动形成颤音。语图(图 4-5-10)上有一束不太清晰的冲直条,低频区还有浊音杠,表明舌尖与上齿的摩擦;还有与元音类似的共振峰,体现了声带振动的特征。

综上可知,鼻音、边音和半辅音在语图上既有相同点,也有不同的地方。相同点在于都有类似元音的共振峰,但强度没有元音大,不同点是鼻音的第一和第二两个共振峰中能量强弱反差较大,其中第一共振峰的能量较大,第二共振峰能量很弱;边音的声学特征与后接元音的不同而表现各异,当除阻时气流较强时在图上也可以看到模糊不清的冲直条;半辅音是舌面、双唇以及硬腭配成成阻形成的辅音,语图上既有能量较弱的共振峰,也有浊音横杠。而颤音则不同,颤音在语图上表现为多个冲直条,有几次颤动就有几个冲直条,在低频区还可以发现有浊音杠。体现在能量分布上,鼻音的能量主要集中低频区,而边音的能量分布较为均匀。

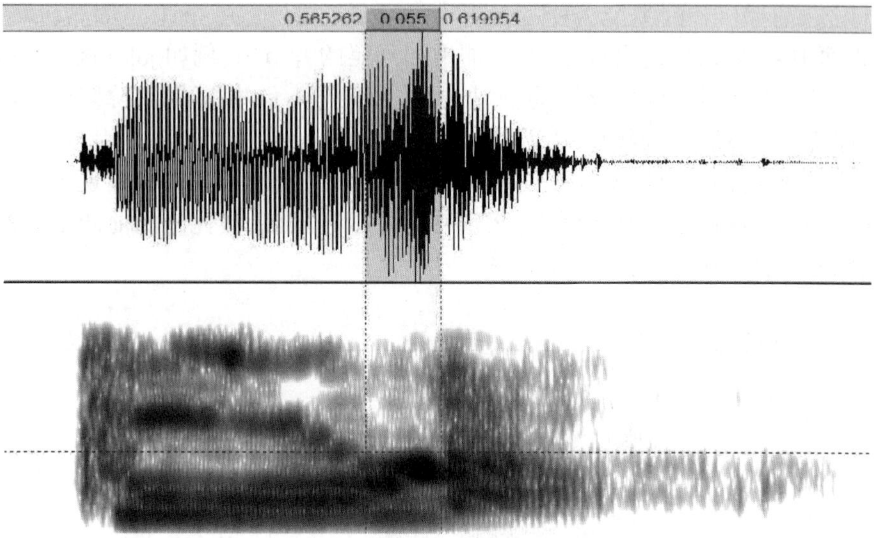

图 4-5-10 tʂuru(双)的语图

二、时长

实验测得满语鼻音、边音、颤音及半辅音时长平均值如表 4-5-1 所示。

表 4-5-1 满语鼻音、边音、颤音及半辅音时长平均值表

辅音(半辅音)	平均值/ms	标准差/ms	变异系数	样本数/个
l	79	16	0.204	21
ɭ	70	6	0.08	4
r	62	12	0.194	15
m	90	21	0.234	20
n	84	14	0.162	29
ŋ	87	21	0.052	19
ɴ	82	24	0.291	7
ɲ	91	21	0.189	19
w	67	9	0.128	18
j	80	24	0.299	12

由表 4-5-1 可以看出,在鼻音、边音、颤音和半辅音之间,时长平均值从大到小排列为 ɲ>m>ŋ>n>ɴ>j>l>ɭ>w>r,时长最长的为鼻音 ɲ,平均值为 91 ms,最短的为颤音 r,平均值为 62 ms,范围为 62~91 ms,时长相差不是很大。其中 ɲ、m、ŋ、n、ɴ、j 等 6 个音的时长大于 80 ms,而 l、ɭ、w、r 等 4 个音的时长在 62~79 ms 之间,可见边音和颤音的发音时长要短于鼻音。

从标准差来看,10个音的标准差从大到小排列为ɴ>j>ɲ>m>ŋ>l>n>r>w>ɭ,标准差最大的是ɴ,为24 ms,最小的是ɭ,为6 ms,分布范围为5~24 ms,标准差数值总体不大,差值也不是很大。10个辅音中,ɴ、j、ɲ、m、ŋ的标准差值大于20 ms,离散度相对较大,而另外5个辅音l、n、r、w、ɭ的标准差值在6~16 ms之间,差值较小,离散度也较小。

从变异系数来看,10个辅音的变异系数从大到小排列为j>ɴ>m>l>r>ɲ>n>w>ɭ>ŋ,其中变异系数最大的是半辅音j,是0.299,最小的是鼻音ŋ,为0.052,范围在0.052~0.299之间。10个辅音中,j、ɴ、m、l等4个辅音的变异系数大于0.2,另外6个辅音r、ɲ、n、w、ɭ、ŋ的变异系数小于0.2,在0.052~0.2之间。由于变异系数主要是衡量数据变异程度的统计量,变异系数小说明数据较为精确。由10个辅音的变异系数可以看出,辅音r、ɲ、n、w、ɭ、ŋ的数值是较为精确的。

由鼻音、边音、颤音和半辅音的时长我们可以看出,ɲ、m、ŋ、n、ɴ 5个鼻音的时长较长,要长于边音的时长,时长最短的是颤音,半辅音的时长位于鼻音和颤音之间,由实验语图以及数据可以看出,影响时长的主要因素为发音部位和发音方式,此外还有其他的一些因素,后续还需要进行精确的语音实验,深入研究和探讨。

三、共振峰平均值

实验测得满语鼻音、边音、颤音及半辅音浊音共振峰平均值如表4-5-2所示。

表4-5-2 满语鼻音、边音、颤音及半辅音浊音共振峰平均值表 单位:Hz

辅音(半辅音)	共振峰平均值		
	VF1	VF2	VF3
m	267	930	2 516
n	278	1 406	2 517
ŋ	345	1 009	2 650
ɴ	341	1 512	2 323
ɲ	424	1 517	2 256
l	397	1 137	2 112
ɭ	331	1 346	2 612
r	501	1 325	1 996
j	259	1 967	3 003
w	391	671	2 411

由表4-5-2可知,在鼻音、边音、颤音、半辅音的第一共振峰平均值(VF1)从大到小排列为r>ɲ>l>w>ŋ>ɴ>ɭ>n>m>j,其中最大的是颤音r的VF1,为501 Hz,最小的是半辅音j的VF1,为259 Hz,第一共振峰的范围在259~501 Hz之间。由数值来看,这10个辅音的VF1都不是很大,仅有r的VF1超过了500 Hz,但也是略微大于500 Hz,大部分分布在300~400 Hz之间,说明分布较为均匀,发音部位普遍较高,最高的为颤音r,为舌尖颤音,最低的为半辅

音 j，为舌面中半辅音。

从第二共振峰平均值（VF2）来看，从大到小排列为 j>ɲ>ɴ>n>ɭ>r>l>ŋ>m>w，其中最大的是半辅音 j 的 VF2，为 1 967 Hz，最小的是半辅音 w 的 VF2，为 671 Hz，第二共振峰的范围在 671～1 967 Hz 之间。由平均值来看，10 个辅音的 VF2 除 m、w 外，都在 1 000～2 000 Hz 之间，分布较为均匀，发音部位普遍靠前，最前的为半辅音 j，接近元音 i 的位置，最为靠后的为半辅音 w，接近元音 u 的位置。

从第三共振峰平均值（VF3）来看，从大到小排列为 j>ŋ>ɭ>n>m>w>ɴ>ɲ>l>r，其中最大的是半辅音 j 的 VF3，为 3 003 Hz，最小的是颤音 r 的 VF3，为 1 996 Hz，第三共振峰的范围在 1 996～3 003 Hz 之间。由第三共振峰的平均值来看，除了最大值 j 和最小值 r 之外，平均值都在 2 000～3 000 Hz 之间，分布也是比较均匀的。

由语图和数据可知，鼻音 ɲ、m、ŋ、n、ɴ 在语图上表现为浊音横杠，能量比元音弱，尤其高频区能量较弱，与之相结合的元音在语图上有较为明显的界限，说明发音时口腔关闭，鼻腔打开，导致共鸣腔突然发生改变，以至在语图上出现能量断层的现象。从表 4-5-2 可以看出，5 个鼻音的 VF1 和 VF3 基本相同，差别不是很大，说明发音时受到语境的影响较小。5 个鼻音的主要区别体现在 VF2 上，由于 m 为双唇鼻音，n 为舌尖中鼻音，ɴ 为小舌鼻音，ɲ 为舌面中鼻音，ŋ 为舌面后鼻音，虽然最后气流都是由鼻腔流出，但发音气流的起点和动程不尽一致，在声学上体现为 VF2 差别较大，导致出现了不同的音质。此外，2 个边音 l 和 ɭ，1 个颤音 r 和 2 个半辅音 j、w，由于这几个辅音都是浊辅音，其中边音 l 和 ɭ、颤音 r 略带有儿化特征，在 VF3 上表现出了一定的差别。2 个半辅音 j 和 w 的音质更接近元音，由 VF1 和 VF2 可以看出，j（VF1＝259 Hz，VF2＝1 967 Hz）的音质与元音 i（F1＝312 Hz，F2＝2 056 Hz）相似，在高低上比元音 i 还要高些；w（VF1＝391 Hz，VF2＝671 Hz）的音质与元音 u（F1＝317 Hz，F2＝1 006 Hz）相似，甚至要比 u 还靠后些。时长表现上，ɲ、m、ŋ、n、ɴ 5 个鼻音的时长大于边音的时长，时长最短的是颤音，半辅音位于鼻音和颤音之间，这样的时长分布情况可能是由于发音部位和发音方式的不同而造成的，其他方面的原因，还需要进一步研究和探索。

第五章　音位与音系

音位是音素的归纳概括，音系是语音的整体性反映，体现了语音结构的系统性特点。本章运用数理统计和归纳整理的方法归纳整理音位，对变体的语音环境进行描写。同时还结合区别特征理论，运用 11 对区别特征对满语音系进行描写，从整体上对音位和音系进行考察把握。

第一节　音位概述

音位是语言中能够区别词义的最小单位，是对语音的分析和归纳，在语言的研究中有着重要的意义。叶蜚声、徐通锵认为，音位是具体语言中有区别词的语音形式作用的最小语音单位。[①] 音位学形成后，学者们研究语音从生理功能的研究转向社会功能的研究，开辟了语音研究的新局面。

音位的概念最初于 19 世纪 60 年代形成和发展，语言学家博杜恩·德·库尔特内、斯威特、谢尔巴、丹尼尔·琼斯、布龙菲尔德等提出和发展了音位学理论，推进了语音学研究的深入开展。20 世纪 20 年代以后，中国的赵元任、李方桂、王力、罗常培等语言学家们结合西方语言学理论，在中国音韵传统研究基础上，建立了符合中国语言实际的音位归纳和描写的方法，使得中国的语言学研究迈上了新的台阶。新中国成立后，音位理论得到了进一步的发展，游汝杰等人对汉语普通话音位进行了深入的研究，随着计算机技术和人工智能的发展，音位理论广泛应用于语音合成、语音识别等方面，取得了丰硕的学术成果。

与音位这个概念密切相关的是音素，但两者有着不同的含义，音素是语音中客观存在的，是语音区分的最小单位，而音位不是客观实在的实体，只是对音素的概括和分类。实际研究中，为了便于研究而将音位分为音位和音位变体，音位变体就是在一定语音环境中的实际发音，音位是对音位变体的抽象和概括，对于同类音位变体的概括形成音位。吴明提出："音位和音位变体的关系是类别和成员的关系，音位存在于音位变体之中，代表所属的音位变体共同具有的在某种语言环境中区别词义的功能，同时它也概括了各个变体共有的物理特征。"[②]

音位的归纳与划分是语音学研究的一个重要内容，很多学者提出了不同的划分原则，但运用最为广泛的还是对立原则、互补原则和相似原则，用其进行分析和归纳。实际生活

---

① 叶蜚声，徐通锵. 语言学纲要［M］. 北京：北京大学出版社，1997.

② 吴明. 论索绪尔对现代音位学的贡献［J］. 扬州师院学报（社会科学版），1990（1）：86.

中，虽然每个人的发音不完全相同，但音位没有改变，并不影响人们把它理解为同一个音，[①]也可以将其归为同一个音位。传统的语音研究中，人们对于音位的归纳和划分主要借助音感，依靠个人听觉进行归纳，没有一定的归纳标准，也没有量化的数据进行支撑。因而一种语言中，对音位的归纳主要靠主观判断，得出的元音、辅音以及音位变体的数量可能都是不相同的。对此，罗常培、王均提出，归纳音位主要是从语音的对立和互补中分辨这个语言中的音位，有对立的音位必为不同的音位，互补的两个音可以归纳成一个音位，也可以不是一个音位，要看当地人的语感和语言的语音结构系统，因此音位的归纳具有多种可能性。[②] 同时，随着科技的发展和语音研究手段的进步，人们通过实验仪器发现："元音音素的发音不是一个音点，而是由许多音点组成的一块音域，只要不越出该音位所辖的音区，就不会造成语义上的对立，因此在同一音位的音区里用哪个音代表音位都算可以。"[③]

虽然人们为了方便研究，提出了划分音位的原则，但具体语言是生动多样的，具体研究中，有的音可以归入不同的音位，并不是绝对的，不必过于追求音位的模式整齐、经济简约，只要兼顾音位归纳的三原则、所归纳的音位与语言实际相符合、音位和音位变体数量均衡协调即可。

第二节　元音音位

一、元音音位研究概况

满语的元音音素众多，研究复杂，20 世纪以来，众多的学者对满语元音进行了深入的研究，由于研究者个人听感和对音位分合见解不同，所归纳的元音音位数量不一，有的将音位变体作为独立的音位，有的却将独立的音位作为变体现象，很难一概而论，主要有以下成果：

六音位系统。季永海等人认为，三家子满语口语的元音比较复杂，但可以归纳为 6 个音位，分别是：ɑ、ə、i、o、u、y。[④]

七音位系统。李兵认为，同大五家子满语相比，三家子满语元音系统的发展更进一步，y 已经发展成为独立的音位，ə 在三家子满语里已经成为高、后元音 ɨ，在舌位高低维向上同 a 对立，在唇状维向上同 u 对立。他将三家子满语的元音音位归纳为 7 个，分别为：i、y、ɨ、u、ɛ、a、ɔ。[⑤]

八音位系统。主要以赵阿平和乌拉熙春为代表，其中赵阿平将三家子满语元音的音位归纳为 8 个，分别为：a、ə、i、ɔ、o、ʊ、u、y。这些元音在三家子满语中的使用率均相当高，并且

① 程南昌，杨柳．"音位"理论教学之我见[J]．百色学院学报，2010，23(4)：23.
② 罗常培，王均．普通语音学纲要[M]．修订本．北京：商务印书馆，2002：218.
③ 赵杰．同区音与变体音：从汉、满元音分布所想到的[J]．满语研究，1986(1)：22.
④ 季永海，赵志忠，白立元．现代满语八百句[M]．北京：中央民族学院出版社，1989：5.
⑤ 李兵．满语元音系统的演变与原始阿尔泰语元音系统的重新构拟[J]．民族语文，1999(3)：18.

绝大多数都可以在词的任何部位出现。只有 y 在词首和词中出现,词尾一般不使用。① 乌拉熙春认为,满语黑龙江方言和嫩江方言的元辅音系统基本一致(黑龙江方言主要是指大五家子一带的满语方言,嫩江方言主要指三家子一带的方言),主要差异表现在音位系统内部的音位变体、音位配置关系、重音位置等方面,将这两个地区满语的 15 个音素归纳为 8 个音位,分别为:ɑ、ɤ、i、ɔ、u、e、ɘ、y。②

十音位系统。恩和巴图在所著的《满语口语研究》一书的词汇编撰中,将三家子满语元音整理为 10 个,分别为:ɑ、æ、ɯ、e、i、ɔ、o、ʊ、u、y。③

十一音位系统。戴光宇认为,三家子满语元音音位的条件变体多数来自弱化音节,也有一些是由重读音节的强化产生的,将三家子满语元音音位归纳为 11 个,分别是:a、ə、i、ɛ、e、o、ɔ、u、y、ɿ、ʅ。④

除了三家子满语元音外,学者们对满语的其他方言的元音也进行了研究,例如赵杰对泰来依布气满语进行了研究和描写,将依布气满语的十九个元音音素归纳成 8 个音位,分别为:i、y、e、ɛ、ɑ、ɤ、o、u。⑤ 王庆丰在《满语研究》一书中,对爱辉大五家子满语元音属性及音值进行了讨论,将满语元音系统归纳为 8 个,分别为:a、ə、i、o、u、e、ɛ、y。⑥

这些研究具有重要的学术价值,推动了满语研究的深入开展。但我们也可以看出,由于不同的研究者研究角度、方法等不同,所划分的元音音位也不尽相同,大家依据音位归纳和划分的原则,兼顾经济、平衡和当地人听感对满语口语元音系统进行了深入的研究,归纳和划分出音位,基本以 8 元音系统的归纳为多,当然也有其他的划分方式,结果不尽一致,但只要能够做到该分则分、该合则合,不违背音位归纳原则,不同的音位划分都可以认为是正常的。需要指出的是,上述的音位划分主要从听音、记音入手,从发音器官的角度对元音进行归纳、描写,由于研究者个人听感和理解不同,导致对音位的归纳产生分歧,也属正常。虽然音位的划分具有多种可能性,但繁杂不一的音位划分显然不利于满语的深入研究。为此,本节拟从语音实验的角度,借助实验数据和声学图形,通过对满语元音各音位的声学空间分布进行考察,希望能够通过语音实验为音位归纳提供一种定量的方法,开拓一种研究思路。

二、元音音位及变体

关于音位与音位变体的关系,程试认为:"音位和音位变体是共性与特性,一般与特殊的关系。音位是音位变体的总的概括,是语言中区别词义的最小的语音单位,而音位变体则是一个音位在不同情况下发出的不同音素,是区别语音的最小单位。"⑦

① 赵阿平,朝克. 黑龙江现代满语研究[M]. 哈尔滨:黑龙江教育出版社,2000:204-406.
② 爱新觉罗·乌拉熙春. 满洲语语音研究[M]. 京都:玄文社,1992:23-24.
③ 恩和巴图. 满语口语研究[M]. 呼和浩特:内蒙古大学出版社,1995.
④ 戴光宇. 三家子满语语音研究[M]. 北京:北京大学出版社,2012:46.
⑤ 赵杰. 现代满语研究[M]. 北京:民族出版社,1989:7.
⑥ 王庆丰. 满语研究[M]. 北京:民族出版社,2005:4.
⑦ 程试. 音位理论与维吾尔语音位系统研究[J]. 新疆大学学报(哲学社会科学版),1983(1):101.

深化满语研究，不但要逐个描写其全部音位，还要对这些音位变体进行描写。划分音位时，霍克特则提出："一是语音的对立和互补关系；二是语音的相似性；三是语音模式整齐规则；四是一个音系的音位，总数要少而经济。"①我们根据对立、互补、近似原则和第三章元音实验研究的情况，把满语的元音划分为 8 个音位（不含复合元音），分别为：ɑ、ɔ、ə、u、i、ɛ、e、y。

（一）/ɑ/有[ɑ]、[ʌ]、[ɐ]、[a]四个变体

[ɑ]，央（稍后）、低元音。可以在小舌辅音后面，也可以出现在词首、词中或词尾音节。声学数据显示，[ɑ]是一个舌位较为靠后的元音，在词首和小舌辅音后更为靠后些。例如：qɑlmɑ（蚊子）、nuqɑ（刺儿）、ɑʁɑ（雨）、pirɑ（河）等。

[ʌ]，后、低元音。声学数据显示，[ʌ]要稍高于[ɑ]，第一音节中较少出现，主要出现在非第一音节的 m、n 等节尾辅音前面。例如：fɑlʌn（场院）、sɑqʌ（好看）、mitʂʌn（枪）、ɑmʌ（父亲）、tʌtsʅme（收拾、整理）等。

[ɐ]，央、次低元音。一般出现在非词首音节的 ʈ、ʈ'、ʐ 等辅音之后。例如：qɑtɐme（射箭）、lɑtɐ（鹞鹰）、sɯntɐ（五）、fɑtɐn（奴才）等。

[a]，央前、低元音。常出现在 p、f、m、n、j、ʧ、ʧ'等发音部位靠前的腭化辅音之后，可以出现在词首、词中或词尾位置。实验表明，ɑ 和 a 为/ɑ/的条件变体，在词首和小舌辅音后位置比较靠后，音值为[ɑ]；在 p、f、m、n、j、ʧ、ʧ'等腭化辅音之后位置比较靠前，音值为[a]。例如：fan（容貌）、nimaʁɑ（虫子）、namɤ（人）、javan（园子）。

（二）/ɔ/有[ɔ]、[o]两个变体

[ɔ]，中低、后元音。一般出现在辅音 ʁ、tʂ'、l、m、t、t'、q 之后，可以在词首、词中和词尾等位置。实验显示，当[ɔ]位于词中和小舌辅音后时，F2 = 1 070.5，比[ɑ]（F2 = 1 244.5）的位置还要靠后，可见[ɔ]在音节位置以及小舌辅音等因素的影响下，位置发生了变化，呈现出了游移性，表现出了不同的音色。例如：ɔrʁɔ（草）、ɔɤrɔ（鼻子）、tɔpsu（盐）等。

[o]，后、中高元音。一般位于 $tʂ^h$、t、t^h、m、q 等辅音之后，可以在词首、词中和词尾音节出现。实验表明，o、ɔ、u 在小舌辅音或词末非重读的音节中，音色基本相同，听感一致，有时可以自由变读。例如：moro（碗）、mo（后）、$ʧ^h$ɔqo（不乐意）、$tʂ^h$olɔ（胡子）等。

（三）/ə/有[ə]、[ɤ]、[ɯ]三个变体

[ə]，后、中高元音。可以出现在词首、词中和词尾音节，也可以自成音节或出现在舌尖、舌根辅音的音节中。[ə]是一个中元音，具有明显的游移性。在一些弱化的音节中音值不够清晰，有时可以和 ɯ 变读，有的语境中也可以读为 ɤ 或 e。例如：pərʁɑ（柳条）、təvə（那里、那边）、ərtəm（本领）、tʂʐən（边）等。

[ɤ]，后、中高元音。常与 k、ɣ、n、t、k^h 等辅音结合，也可与 q、ʁ 等辅音结合。实验发

① 林焘，王理嘉. 语音学教程[M]. 2 版. 北京：北京大学出版社，2013.

现,[ɤ]也具有中元音的性质,具有一定的游移性,词中音节无 ɑ 或 ɔ 时,[ɤ]的位置不是很靠后,当主要音节为 ɑ 或 ɔ 时,与小舌辅音结合的[ɤ]较为靠后,与 ɑ 或 ɔ 相当。例如:tɑntɤm(打)、ɛzʅlɤm(帮助)、ɑnɤm(推)等。

[ɯ],后、次高元音。一般出现在 m、p、v、s、l 等第一音节的辅音后面,在这些辅音的作用下,ɤ 的舌位升高至 ɯ,是 ə 的一个条件变体。例如:mɯlɤ(荞麦)、pɯtkv(脚),vɯkɤ(石头)等。

(四)/u/后、高元音,没有变体

主要出现在半元音 w 和舌根辅音之后,词首、词中和词尾都可以出现。例如:urun(媳妇)、ujyn(九)、$tʂ^h$ruk^{h}u(枕头)、uksun(家族)等。

(五)/i/有[i]、[ʅ]、[ʅ]三个变体

[i],前、高元音。自成音节或位于 f、k^h、t^h、l 等辅音后面,在词首音节时一般带有摩擦,弱化音节中发音偏央。例如:ʃiŋŋɤri(老鼠)、qɔlmin(长)、inɤŋ(天)、日子、iʧi(新)等。

[ʅ],舌尖前、高元音。一般只出现在 z、s 及 ts、ts^h 等舌尖前辅音后,较多用于汉语借词的场合。例如:sʅwəi(刺猬)、sʅzɛ(五十)、utʂʅ(种子)、ɑʂuʐʅ(苞米)等。

[ʅ],舌尖后、次高元音。主要出现在 tʂ、$tʂ^h$、ʂ、ʐ 等舌尖后辅音之后。例如:vutʂʅk^hə(祖宗)、əməʂʅ(很、太)、əuʂʅme(洗澡)、tʂʅme(吃)等。

(六)/ɛ/前、中低元音,没有变体

可以出现在词首以及除 ʧ、$ʧ^h$、ʃ、j 外的辅音之后,位于第一音节时有时表现出与 ai 相似的音质特征。例如:χɛʐə(茄子)、ʃʅzɛ(五十)、lɛrkin(繁杂)、bɛtɑ(事情)等。

(七)/e/前、中高元音,没有变体

自成音节或出现在词首以及 ʧ、$ʧ^h$、ʃ、j 等辅音后面,在一些语境下发音与复合元音 əi 接近。例如:jeje(姐)、niŋner(春)、eviɣə(饱)等。

(八)/y/前、高元音,没有变体

一般出现在 ç、t、j、k^h、t^h、ʃ 等辅音之后,书面满语中没有 y 这个元音,三家子满语元音的 y 一般认为是书面满语的 i 受到相邻辅音影响而形成的。例如:jyʐo(垄沟)、tyri(摇车)、ʃyqɑlɤme(顶角)等。

8 个元音的声学位置如图 5-2-1 所示。

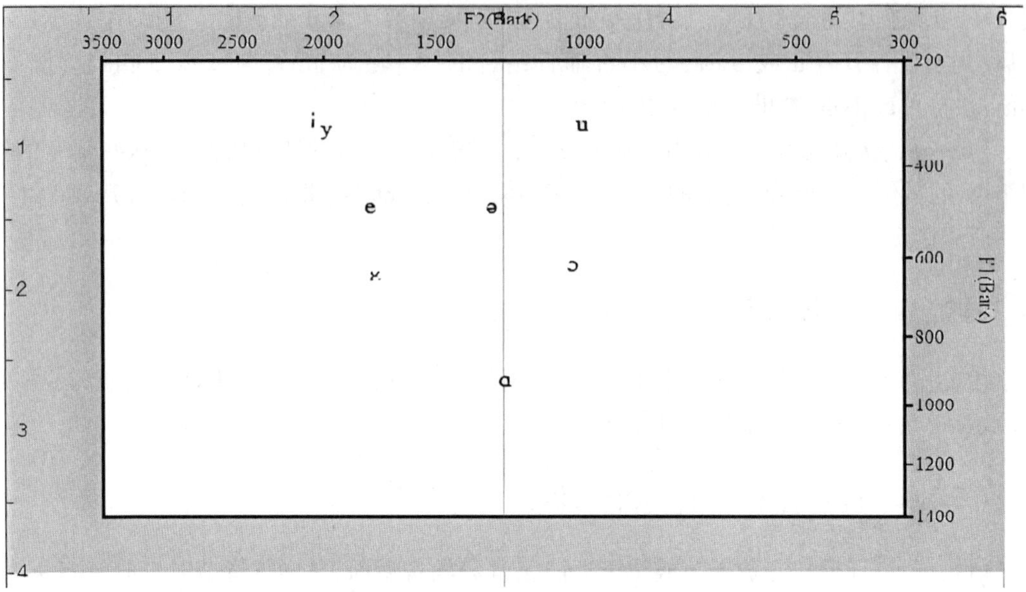

图 5-2-1 三家子满语元音声学元音图

三、关于元音的讨论

满语书面语有 ɑ、ə、i、ɔ、u、ʊ 等 6 个音位。① 口语方面，我们根据实验将满语元音归纳为 8 个音位：ɑ、ɔ、ə、u、i、ε、e、y，比书面语多出了 2 个音位。其中相同的有 5 个，分别为：ɑ、ə、i、ɔ、u；不同的有 3 个，分别为：ʊ、ε、y。口语比书面语多出了两个前元音 ε、y，少了后次高元音 ʊ。相关音位的归纳和讨论如下。

（一）关于 i、ɿ、ʅ

三个元音音素 i、ɿ、ʅ 都是前、高元音，i 是舌面元音，ɿ 和 ʅ 是舌尖元音，不过听感上的区分不是十分明显，出现的语音环境上相近，分布上呈现互补的特征。学者们关于 i 的看法也基本相同，都是将音素 i、ɿ、ʅ 归纳为一个音位。赵杰对依布气满语元音 i、ɿ、ʅ 进行了描写，并对音位合并问题做了说明和分析。② 满语元音 i、ɿ、ʅ 的情况与此较为类似，因此，为了减少音位的数量，使得音位的总数和分布比较平衡我们也将 i、ɿ、ʅ 归纳为一个音位 i。

（二）关于/e/音位

清代满语只有[ə]（清代满语字母 e 的音值为[ə]）而没有[e]，赵杰认为，现代满语中的[e]是清代满语[ə]音位升高而产生的，他将依布气满语[e]设立为独立的音位。③ 上述成果中，乌拉熙春（1992）、恩和巴图（1995）、戴光宇（2012）等人都把 e 设立为独立音位。实

① 刘景宪，赵阿平，赵金纯. 满语研究通论[M]. 哈尔滨：黑龙江朝鲜民族出版社，1997：3.

② 赵杰. 现代满语研究[M]. 北京：民族出版社，1989：9.

③ 赵杰. 现代满语研究[M]. 北京：民族出版社，1989：10.

际调查中我们发现，虽然含有 e 的词汇不是很多，但 e 可以区别于别的音位，具有了区别意义，也担负了一定的造词功能，可以作为音位对待。因此，我们与乌拉熙春等学者的意见一致，将 e 设立为独立音位。

（三）关于/ə/音位符号的选用

设立 ə 音位时，我们从 ə、ɤ、ɯ 三个因素中选择了 ə 作为音位符号，从分布情况和出现环境来看，ɤ 的分布可能更具有代表性，赵杰在研究依布气满语时选择了 ɤ 作为音位代表符号，并做出了详细的解释，非常具有参考意义。① 但也有很多学者，例如季永海（1989）、赵阿平（2001）、戴光宇（2012）等人用 ə 进行标音，李兵（1999）认为 ə 升高为 ɨ，设立了 ɨ 音位，恩和巴图（1995）没有设立 ə 音位，乌拉熙春（1992）和赵杰（1989）相同，都是采用 ɤ 作为音位的代表。考虑到记音和后续章节实验的方便性，我们这里选择 ə 作为音位代表符号进行记录和描写。

（四）关于/o/和/ɔ/音位

上述成果中，赵阿平（2001）、恩和巴图（1995）、戴光宇（2012）都设立了 o 和 ɔ 音位。季永海（1989）设立了 o 音位，李兵（1999）和乌拉熙春（1992）都设立了 ɔ 音位。清代满语有 o［o］和 ū［ɔ］或［ʊ］音位，具有对立意义，但在满语中有 ɔ、o、ø、ɞ 四个元音音素，更多的还是互补的作用，如果将 o 和 ɔ 都设为音位，则音位总数将会增加，且不利于音位结构的平衡，本着经济平衡的原则，我们在归纳中仅设立一个音位，选择 ɔ 作为音位符号。

（五）关于/ɛ/音位

清代满语中并没有 ɛ 音位，现代满语的 ɛ 是清代满语阳性元音 ɑ 音位逐渐升高而由量变到质变的结果，在现代满语中，e 和 ɛ 不但能够独立区别意义，而且类推和吸引其他音位向它们靠拢。② 满语元音 ɑ 前化并升高后达到 ɛ 的音区，成为新的元音 ɛ，可以将其作为独立的音位。现有的成果中，李兵（1999）、戴光宇（2012）将 ɛ 作为独立音位。乌拉熙春（1992）也将其设立为独立音位，不过在 ɛ、ɘ 两个因素中，选择了 ɘ 作为音位代表。我们根据实际调查和 ɛ 的分布环境，倾向于将 ɛ 设为独立音位，为了便于记录和描写，选择 ɛ 作为音位符号。

（六）关于/y/音位

李兵将大五家子和三家子满语元音进行比较后认为："三家子满语元音系统比大五家子的发展更进一步，y 在三家子满语中出现频率较高且表现稳定，可以视为独立的音位。"③ 在三家子满语中，y 担负着一定的构词和区别语义的功能，y 的来源可以从 u 或 i 中找到。i 和 y 在声学元音图上非常靠近，F1 和 F2 也比较接近，所不同的是 i 是展唇元音，y 是圆唇元

① 赵杰. 现代满语研究［M］. 北京：民族出版社，1989：10.

② 赵杰. 现代满语研究［M］. 北京：民族出版社，1989：10.

③ 李兵. 满语元音系统的演变与原始阿尔泰语元音系统的重新构拟［J］. 民族语文，1999(3)：18.

音,y 可以看作 i 圆唇化所产生的。另外,后高圆唇元音 u 前化后到达 y 的音区,可以作为 y 的一个重要来源,这里我们也将 y 作为一个音位处理。

第三节 辅音音位

当前,满语辅音的研究与元音相比不够理想,成果不多,一方面与满语辅音的复杂性有关,另一方面也受限于满语已濒危,语料不易获得。本节我们根据辅音实验的情况,在实验基础上对辅音音位进行归纳和整理,期望能够深入认识满语语音规律,推动相关研究深入开展。

一、辅音音位研究概况

当前,学界关于三家子满语辅音音位的整理和归纳,主要有以下几种观点。

季永海等认为有 28 个辅音音位:p、pʻ、m、f、v、t、tʻ、s、ts、n、l、r、ʨ、ʈʂ、ʨʻ、ʈʂʻ、ɕ、ʂ、ʐ、j、k、kʻ、q、qʻ、χ、x、ŋ、tsʻ。其在书中列出了例词,并对出现环境进行了描写。①

赵阿平等认为有 25 个辅音音位:b、p、m、f、v、d、t、w、l、r、s、g、k、h、ŋ、j、ʥ、ʈʂ、ʂ、ʐ、ɖʐ、ʨ、ɕ、ʣ、ts,列出了辅音的例词,对辅音在词中的位置等关系进行了简要分析。② 李兵也将其总结归纳为 25 个音位:p、b、t、d、ʨ、ɖʐ、ʈʂ、k、g、q、ɢ、f、v、s、ɕ、ʂ、x、χ、m、n、ŋ、l、r、j、ʥ,对出现位置、变体情况、对立关系等进行了简要说明。③

乌拉熙春认为有 27 个辅音音位:pʰ、p、tʰ、t、k、kʰ、ʔ、ʈʂʰ、ʈʂ、ʧ、ʧʰ、m、n、ŋ、l、r、f、v、s、z、ʂ、ʐ、ʃ、x、ɣ、w、j,对这些辅音的变体情况、语音环境等进行了详细的描写,书中还将现代满语辅音与书面语辅音进行了比较,总结了相关规律和特点。④

恩和巴图归纳为 27 个辅音音位:b、d、ɖʐ、ʥ、f、ɢ、g、j、k、l、m、n、ɳ、p、q、s、ʂ、ɕ、t、ts、ʈʂ、ʨ、v、x、χ、z、ʐ,总结归纳了三家子满语词汇,每个辅音音位都有详细的例词。⑤

戴光宇按照发音部位和听感归纳为 32 个辅音音位:pʰ、p、ts、tsʰ、ʨ、ʨʰ、ɕ、q、qʰ、χ、ʁ、ɴ、tʰ、t、k、kʰ、ʈʂʰ、ʈʂ、m、n、ŋ、l、r、f、v、s、z、ʂ、ʐ、x、ɣ、j,并给出了这些辅音的自由变体,用四个双向音位聚合进行了讨论。⑥

二、辅音音位及变体

满语辅音更为复杂,有 pʰ、tʰ、ʈʰ、kʰ、qʰ、f、s、ʂ、ʃ、x、χ、ɕ、ʈʂʰ、ʧʰ、p、t、ʈ、k、q、β、ɸ、v、z、ʐ、ɣ、ʁ、ʈʂ、ʧ、m、n、ŋ、ɴ、ɲ、l、ɭ、r、w、j 等 38 个辅音音素,本节我们综合前人研究成果和本书的实

① 季永海,赵志忠,白立元. 现代满语八百句[M]. 北京:中央民族学院出版社,1989:5.

② 赵阿平,郭孟秀,何学娟. 濒危语言:满语、赫哲语共时研究[M]. 北京:社会科学文献出版社,2013:164.

③ 李兵. 阿尔泰语言元音和谐研究[M]. 北京:商务印书馆,2013:265.

④ 爱新觉罗·乌拉熙春. 满洲语语音研究[M]. 京都:玄文社,1992:23-24.

⑤ 恩和巴图. 满语口语研究[M]. 呼和浩特:内蒙古大学出版社,1995.

⑥ 戴光宇. 三家子满语语音研究[M]. 北京:北京大学出版社,2012:46.

验情况,将 38 个辅音音素归纳为 p、p^h、t、t^h、k、k^h、f、v、s、z、ʂ、ʐ、ʃ、x、ɣ、tʂ^h、tʂ、ʧ^h、ʧ、m、n、ŋ、l、r、w、j 等 26 个辅音音位。从分布情况来看,除 ŋ、r、ɣ、ʐ、z、w 外,其他的都可以出现在词首和音节开头位置;从送气与否来看,送气音有 p^h、t^h、k^h、tʂ^h、ʧ^h、f、s、ʂ、ʃ、x,其中 p^h、t^h、k^h、tʂ^h、ʧ^h、f、s 具有较强的送气特点。音位归纳如下:

(一)/p^h/

双唇清塞音,没有变体。主要用于借词拼读,大部分来自汉语借词,例如:p^{h}otʂan(鞭炮)、p^{h}uzulo(铺子)、p^{h}ən(篷子)等。

(二)/t^h/

有[ʈ^h]一个变体。

[t^h]舌尖中清塞音。例如:fut^{h}ɑ(绳子)、pɤt^{h}ɤ(蚯蚓)、pɤt^{h}k^{h}ɤ(脚)等。

[ʈ^h]舌尖后清塞音,多出现在和谐音节是央元音的词前面。例如:χɑʈ^{h}ɒ(醧)、lɑʈ^{h}ɒ(鹞鹰)、ɑm ʈ^{h}ɐlme(尝味)等。

(三)/k^h/

有[q^h]一个变体。

[k^h]舌面后清塞音。例如:ʃisk^{h}ɤ(昨天)、lɤ k^{h}ɤ(磨刀石)、k^{h}uʐu(刀子)等。

[q^h]小舌清塞音,常在和谐音节为 ɑ、ɔ 的词中。例如:uq^{h}ɑme(逃跑)、fɑq^{h}ure(裤子)、tuq^{h}ɑ(大门)等。

(四)/tʂ^h/

舌尖后清塞擦音,多在舌尖元音 ʅ 和中、后元音前。例如:tʂ^{h}ɔqɔ(鸡)、fɛtʂ^{h}ɑʁɑ(胡乱)、χɔtʂ^{h}k^{h}ɘ(女婿)等。

(五)/ʧ^h/

舌叶清塞擦音。例如:uʧ^{h}ɑme(脱)、muʧ^{h}in(锅)、viʧk^{h}in(尾巴)等。

(六)/f/

唇齿清擦音。例如:fɔtɔʁɔ(树)、fiʂk^{h}ɤ(黄米)、fɑt^{h}ən(眉毛)等。

(七)/s/

舌尖前清擦音。例如:sɑ(车辕),sɑ(好)、ɑsχɑ(翅膀)等。

(八)/ʂ/

舌尖后清擦音,送气不明显。例如:ʂɔzurme(退缩)、ʂuvɑn(大象),tʂuʂk^{h}ime(酸)等。

(九)/ʃ/

舌叶清擦音,送气不明显。例如:ʃyskʰu(褥子)、uxʃin(甲胄),ʃiŋŋɤri(老鼠)等。

(十)/x/

有[χ][ç]两个变体。

[x]舌面后清擦音,送气最不明显。例如:xuʂkʰu(烙铁)、ɔxtʰɔ(药)、jaxʂʅme(锁)等。

[χ]小舌清擦音,多在以 ɑ、ɔ 为音节中心的词中。例如:χulan(烟筒)、χuɑlə(黑鱼)、χɑlɑ(姓)等。

[ç]舌面中清擦音,多与前元音结合。例如:vinʧçə(尾巴)、çitɑ(帘子)、çi(你)等。

(十一)/p/

有[β][ɸ]两个变体。

[p]双唇清塞音。例如:pi(我)、pɤʂnɑme(吵闹)、umpume(埋)等。

[β]双唇浊擦音。例如:umβume(埋)、izɑβume(攒)、uβume(喂)等。

[ɸ]双唇清擦音。例如:sɔɸuʁɔ(看见了)、viʂɸume(弄湿)、ɑɸume(活动)等。

(十二)/t/

有[ʈ]一个变体。

[t]舌尖中清塞音。例如:ɔtɔ(结实)、putɑ(饭)、ɑtɑme(相信)等。

[ʈ] 舌尖后清塞音,主要在央元音前面出现。例如:sɤnʈɑ(五)、naʈɐ(七)、ɛʈələme(帮助)等。

(十三)/k/

有[q]一个变体。

[k]舌面后清塞音。例如:nuŋkime(吞咽)、xərkən(字)、kəvə(名字)等。

[q]小舌清塞音,主要在中心音节为 ɑ、ɔ 的词中。例如:qɑʁɑ(乌鸦)、qɑsχɑ(鸟)、qɑlɑ(手)等。

(十四)/tʂ/

舌尖后清塞擦音。主要在 ʅ 和中、后元音前。例如:χɔtʂɔʁɔ(棍子)、pɤtʂɤn(谜语)、tʂɔlɔʁɔ(梁)等。

(十五)/ʧ/

舌叶清塞擦音。例如:ʧivəli(两个)、ujɣnʧe(九十)、ʧɑɤmɑ(蝈蝈)等。

(十六)/v/

唇齿浊擦音,词首的 v 除了和 u 结合外,摩擦不是很强。例如:vaq(非)、vəme(化)、evime(饱)等。

(十七)/z/

舌尖浊擦音,主要出现在非词首音节开头位置。例如:fuɿr(脆)、uzame(伤心)、suzɿ(高粱)等。

(十八)/ʐ/

舌尖后浊擦音,除借词外只在非词首音节的开头或节尾位置。例如:tɔʐume(进)、ɔʐume(含)、χɛʐə(茄子)等。

(十九)/ɣ/

有[ʁ]一个变体。

[ɣ]舌面后浊擦音,出现在非词首音节的开头或节尾位置。例如:turɣo(苍蝇)、miɣɤ(蛇)、nuɣo(狼)等。

[ʁ]小舌浊擦音,主要在 ɑ、ɔ 的词中。例如:tʂuʁɑ(兵)、nimɑʁɑ(虫子)、muʁɑn(蛋)等。

(二十)/m/

双唇鼻音,例如:moro(碗)、mo(树木)、ʂumɣun(指头)等。

(二十一)/n/

舌尖中鼻音,没有变体。例如:nɑ(地)、eiŋne(今天)、nimɑn(山羊)等。

(二十二)/ŋ/

有[ɴ][ɲ]两个变体。

[ŋ]舌面后鼻音,主要出现在词中或词尾位置。例如:ɑŋɴɑ(嘴)、ɔŋɴur(鲫鱼)、kəŋŋin(明)等。

[ɴ]小舌鼻音,主要出现在含有 ɑ、ɔ 的词中。例如:tɔŋɴɔ(百)、mɑŋɴɑ(难)、ɔŋɴɔʁɒ(忘了)等。

[ɲ]舌面中鼻音,在前元音的音节前面。例如:tʂuŋɲɛme(借)、fəŋɲe(烟)、ʃiŋɲe(额头)等。

(二十三)/l/

有[ɭ]一个变体。

[l]舌尖中边音。例如:qɔlɔ(河床)、sɔlɔ(胡须)、nitʃəlme(蹭)等。

[ɭ]舌尖后边音,在非第一音节的央元音前面。例如:jeɭɐ(三)、emiɭə(母、雌)、ɛʈəɭəme(帮助)等。

(二十四)/r/

舌尖中颤音,不能出现在词首。例如:mɔwɔrə(帽子)、ʈʂʰɔri(后天)、tyri(摇车)、pɛrkime(收)等。

(二十五)/w/

双唇半辅音,不能在词首。例如:kʰowulə(肚子)、sɔwu(先生)、ʈʂwɔʁɔ(累了)、fɑwru(窗台)等。

(二十六)/j/

舌面半辅音。例如:jəle(肉)、jəmtʃe(晚上)、jɑpɑ(哪里)等。

三、关于辅音的讨论

(一)关于/pʰ/音位

/pʰ/是借词音位,是满语从蒙古族等周边民族特别是汉族语言词汇中借用词的拼读产生的。书面语中含有/pʰ/音位的词汇极少,但汉语或其他民族语言的借词大量进入满语后,/pʰ/承担了大量的拼读功能。乌拉熙春通过对两江(黑龙江和嫩江)满语进行研究,提出 pʰ 的例词很少,绝大部分来源于汉语借词,而满语固有的 pʰ,往往与 p 为两读词。① 赵杰通过对依布气满语进行研究发现,出现 pʰ 音位的词在现代满语中除 pʰutciɛn(一种柜子)等极少数词外,都是汉语的借词。② 我们在田野调查中发现,含有 pʰ 的词汇较多,与人们的日常生活息息相关,例如:pʰɑntsɿ(盘子)、pʰiŋkuo(苹果)等,使用频率很高,因此我们将 pʰ 列为辅音音位。

(二)关于/ts/和/ʈʂ/音位

田野考察和记音时,我们采用了 ʈʂ 和 ʈʂʰ、s 和 ʂ 进行记音,没有运用 ts、tsʰ 记音。翻阅前人的研究成果,赵杰在依布气满语的研究中认为,现代满语里出现 ts、tsʰ 音的词已经不仅限于借词,而是大面积地输入现代满语的固有音节里,使得 s、ts、tsʰ 三者的语音负担终于达到了基本平衡,并将 ts、tsʰ 提升为音位。③ 王庆丰在描写大五家子满语辅音时,将 ts 列为音位,为舌尖送气清塞擦音,还给出了一个汉语借词音的例子:tsidian(词典),但没有将 tsʰ 列

① 爱新觉罗·乌拉熙春.满洲语语音研究[M].京都:玄文社,1992:43.

② 赵杰.现代满语研究[M].北京:民族出版社,1989:20.

③ 赵杰.现代满语研究[M].北京:民族出版社,1989:20.

为单独的音位。[①] 关于满语中是否列出 ts、ts^h 音位，乌拉熙春认为，现代满语中没有发展出 ts^h 音位来，所以才有用 s^h 来取代汉语的 ts^h 现象出现。把满语的 s^h 都描写成 ts^h 的结果是，把原本属于 s 音位的许多词都归并到借词中才出现的 ts^h 中去，然后又为了追求音位系统的平衡，把满语中 s 的浊音 z 描写成与 ts^h 配对的 ts，整个搅乱了满语的辅音系统。[②] s 是舌尖前送气清擦音，从 s 的语图（图 4-4-2）来看，图上为一条较宽的纵向乱纹，说明是噪声声源。根据乱纹的频率下限、中心频率来看，在高频处有较强的能量分布，强频区在高频区域。擦音 s 的时长为 151 ms，时长在送气擦音中是比较长的，具有一定的送气特点。我们根据田野调查听感和语音实验情况，认为乌拉熙春的意见更符合语言实际，这里我们采用 ʦ、$ʦ^h$ 的符号系统，并将 s 和 ʦ 列为辅音音位。

（三）关于/ɣ/音位

ɣ 为舌面后浊擦音，可以作为节首或节尾辅音出现在词中或词尾位置。关于 ɣ 的来源，赵杰认为，现代满语中[q、k]和[χ、x]在各自的音节里由于受前后元音的影响而浊化出[ʁ、ɣ]，这两个浊擦音来源不同，但各自和其塞音组、擦音组呈整齐互补分布，归纳音位时，赵杰认为[ʁ、ɣ]是[q、k]和[χ、x]的条件变体，将其分别列入 x 和 k 的变体中去。[③] 王庆丰也认为 ɣ 是 x 的变体，在元音或带音辅音间组成的浊擦音为[ɣ]，没有将 ɣ 列为单独音位。[④] 对于 ɣ 音位的设立问题，乌拉熙春则将 ɣ 列为独立的音位，并给出了分布条件，ɣ 为舌面后浊擦音，只出现在非第一音节的节首及节尾位置。[⑤] 综合前人们的研究情况，我们在书中将 ɣ 列为独立音位，我们认为，ɣ 虽然来源于 x 或 χ 的浊化，但在三家子满语中，ɣ 已经担负着重要的构词功能，特别是在音节尾部分词汇较多，虽然将 ɣ 列为音位后整个辅音音位达到了 26 个，与乌拉熙春和王庆丰所列音位数量一致，比赵杰的 24 个音位多了 2 个，但根据 ɣ 的实际语音表现，这次归纳音位时，我们认为将 ɣ 列为独立音位是符合实际的。

（四）关于/ŋ/音位

满语/ŋ/有[ɴ]、[ɲ]两个变体，根据分布条件构成条件变体，其中[ŋ]是舌面后鼻音，主要出现在词中或词尾位置；[ɴ]是小舌鼻音，主要出现在含有 ɑ 和 ɔ 的词中；[ɲ]是舌面中鼻音，主要出现在前元音的音节前。[ŋ]、[ɴ]、[ɲ]三个辅音中，[ɴ]、[ɲ]出现得较少，而且有一定的限定条件，[ŋ]除词首位置外，在词中和词尾出现得较多，音节中既可以出现在音节首位置，也可以出现在音节尾，分布较为灵活，我们根据这三个辅音的分布特点和人们的使用情况，选择/ŋ/为音位符号，[ɴ]、[ɲ]作为/ŋ/的两个条件变体。

（五）关于半辅音

满语中有[j]、[w]两个半辅音，其中，[j]为舌面中半辅音，[w]为双唇半辅音，不能在

---

① 王庆丰. 满语研究[M]. 北京：民族出版社，2005：11.
② 爱新觉罗・乌拉熙春. 满洲语语音研究[M]. 京都：玄文社，1992：47.
③ 赵杰. 现代满语研究[M]. 北京：民族出版社，1989：27-28.
④ 王庆丰. 满语研究[M]. 北京：民族出版社，2005：13.
⑤ 爱新觉罗・乌拉熙春. 满洲语语音研究[M]. 京都：玄文社，1992：51.

词首。这两个音发音部位不同,分布条件也不相同,构成音位对立。前人的相关研究中,一般将其设为两个不同的音位。从[j]、[w]的语图中可以看出,都有与元音对应的共振峰,还有乱纹和浊音横杠,共振峰体现了声带振动摩擦的特征。乱纹和浊音横杠是辅音的特征,而与元音对应的共振峰体现元音的特征,两个音都具有部分元音的特征,也具有部分辅音的特征,这里我们根据当地发音实际,并遵循前人研究的成果,将[j]、[w]分别设立为两个半辅音(半元音)音位。

第四节 满语的音系

一、区别特征理论

音位的区别性特征是指在相同的条件下,一种语言的语音中最小单位间的区别,音位对立是由少数的若干特征决定的,这是音系学研究的术语,相关理论是在20世纪40年代由西方学者最先提出来的。区别特征理论的发展主要经历了三个阶段:一是概念的提出。20世纪30年代,布拉格学派的特鲁别茨柯依提出,任何音都包含许多声学音响特征,且一部分特征区别于其他的音。音位为某一语音实体中所有在音位学上重要的特征的总和。[①] 特鲁别茨柯依指出了区别特征原理和方法,形成了区别特征的概念。二是理论的形成。1938年,雅可布逊提出了音位的二元对立问题,并于1951年在论文《语音分析初探》中提出了对分法理论以及区别特征学说,把一切语音的区别归纳为12对的对立面,形成了区别特征理论。[②]三是发展与应用。20世纪以来,西方著名语言学家乔姆斯基、哈勒等人先后对区别特征的一些项目进行修改和完善,对项目数量进行了删减压缩,推动了区别特征理论的新发展。由于区别特征是二元对立的特征,与计算机科学技术的二进制具有一定的相似之处,为计算机辨认识读提供了条件,随着计算机技术的发展,区别特征理论在语言学、计算机科学、语音识别等领域得到了广泛的应用。

以雅可布逊区别特征系统为例,区别特征的内容主要由基本声源特征、次要辅音声源特征和共振声源特征3个部分组成。区别特征项目的有无用"+""-"号表示,其中"+"表示具有前一项特征,"-"表示具有后一项特征。

基本声源特征(2对),由元音性/非元音性、辅音性/非辅音性2对区别特征组成,主要运用"是否有共振峰结构、强频区、阻碍"等内容区分元音性和辅音性特征,解决边音、颤音、闪音、半元音、喉擦音等音的归属问题。

次要的辅音声源特征(4对),由突发性/延续性、急煞性/非急煞性、粗糙性/柔润性、浊音性/清音性4对区别特征组成,主要运用"音的起步、声源的关闭方式、发音糙柔、发音清浊"等内容区分辅音声源。

共振声源特征(6对),由集聚性/分散性、沉钝性/尖锐性、降音性/平音性、升音性/平音

---

① 冯志伟.现代语言学流派[M].西安:陕西人民出版社,1987.

② JAKOBSON R,M FANT C G,HALLE M.语音分析初探(上):区别性特征及其相互关系[J].王力,译.国外语言学.1981(3):1-11.

性、紧张性/松弛性、鼻音性/口音性 6 对区别特征组成,用共振峰等元音声学的特征对音位特征进行深层次的分类。

区别特征是音系学层面的特征,不是解决个别语音的细节问题,而是着眼于解决音位对立的问题,将数量繁多的语音学特征归并为少数的音系学特征,起到了化繁为简的作用。区别特征表现为二项对立的形式,构成了一个二元的系统,每项特征用正和负值表示,正号表示具有前一项特征,负号表示具有后一项特征。运用区别特征确定音位时,就是一次次地对音位的特征进行提问,用正号或负号进行回答,得到的全部结果的汇总就是该音位的音值。区别特征可以用区别特征矩阵表示,就是在平面坐标系中,用横坐标表示音位,纵坐标表示区别特征,经过对音位进行区别特征分析,形成区别特征矩阵表。区别特征理论为音位分析提供了新的分析方法,在这个框架下,每个音位都有自己的区别特征,能够清晰明了反映出每个音位间的对立关系,通过其可了解语言的音位系统和特点。

二、满语的区别特征

从现有研究成果来看,运用区别特征理论对满语音位进行分析和研究的成果不多见,仅有赵杰一人,他运用"有阻/无阻、鼻音/口音、唇音/舌音"等 9 对区别特征,对依布气满语音位进行了描写,并以《现代满语音位区别特征表》这一形式体现出来。在 9 对区别特征中,8 个元音音位都是使用一项区别特征即可体现,而 24 个辅音音位中,有 12 个辅音音位用一项区别特征体现,其他的 12 个辅音音位则每对区别特征中的两项内容都兼而有之。赵杰的研究为满语元音、辅音音位的深入研究提供了新的研究视角,推动了满语语音研究的新的发展。①

由于区别特征可以更好地对元音和辅音进行描写,刻画其特点,本节我们从区别特征入手,建立满语元音和辅音区别特征矩阵,为满语的语音工程应用提供基础。

首先对音位的区别特征特点进行描绘,在此基础上对元音或辅音各音位的区别特征进行描写,并以矩阵表的形式来体现。

(一)元音的区别特征

满语元音的共振峰(F1、F2)数据如表 5-4-1 所示。

表 5-4-1 满语元音的共振峰(F1、F2)数据 单位:Hz

满语元音		共振峰(F1、F2)
		平均值
e	F1	483
	F2	1 774
i	F1	312
	F2	2 056

① 赵杰. 现代满语研究[M]. 北京:民族出版社,1989:31.

表 5-4-1(续)

满语元音		共振峰(F1、F2)
		平均值
u	F1	317
	F2	1 006
y	F1	324
	F2	1 987
ɑ	F1	922
	F2	1 250
ɔ	F1	615
	F2	1 038
ə	F1	484
	F2	1 294
ɛ	F1	638
	F2	1 755

根据元音的声学性质,我们采用“元音性/非元音性、有阻/无阻、舌尖/舌面、高/低、前/后、圆/展”等 6 对区别特征对满语元音音位进行描写。

第一对区别特征“元音性/非元音性”,是对满语元音特性与辅音特性进行二元区分,把满语音位分为元音音位和非元音音位两大类,这对区别特征的特点是元音性具有明显的共振峰,辅音性不具有明显的共振峰;同时运用“元音性/非元音性”特征,区分边音、颤音、闪音、半辅音等音位,解决它们的类属问题。

第二对区别特征“有阻/无阻”,是根据元音发音时推动声带振动,呼出的气流通过空腔时是否受阻来划分的,有阻指发音时声带振动或不振动,气流在声道里受到阻碍;无阻是指发音时声带振动,气流在声道中无阻碍。通过这对区别特征,在“元音性/非元音性”二元区分基础上,运用发音是否有阻碍的特点进行进一步区分,从非元音音位中分出了辅音、半辅音等音位。

第三至第六对区别特征根据元音特点,分别运用舌尖舌面、舌位高低、舌位前后以及唇形圆展等四个方面,对元音音位的对立关系进行区分。其中,第三对区别特征是“舌尖/舌面”,是根据舌尖和舌面元音的特征进行区分的;第四对区别特征是“高/低”,是根据舌位的高低特征进行区分的,在语音实验中,第一共振峰小于 500 Hz 的为高元音(包括中高和次高),大于 550 Hz 的为低元音(包括中低和次低),可根据表 5-4-1 所示数据对元音舌位高低情况进行区分;第五对区别特征是“前/后”,第二共振峰大于 1 600 Hz 的为前元音,小于 1 200 Hz 的为后元音;第六对区别特征为唇形的圆展,用圆唇元音和展唇元音进行区分,至此完成了元音音位的区分。满语元音音位区别特征矩阵如表 5-4-2 所示。

表 5-4-2　满语元音音位区别特征表

区别特征	元音音位							
内容	ɑ	ɔ	ə	u	i	ɛ	e	y
元音性/非元音性	+	+	+	+	+	+	+	+
有阻/无阻	−	−	−	−	−	−	−	−
舌尖/舌面	−	−	−	−	−	−	−	−
高/低	−	−	+	+	+	−	+	+
前/后	−	−	−	−	+	+	+	+
圆/展	−	+	−	+	−	−	−	+

注："+"表示斜线前的特征，"−"表示斜线后的特征。

(二)辅音的区别特征

满语辅音后接元音 ɑ 的共振峰(F1、F2)数据如表 5-4-3 所示。

表 5-4-3　满语辅音后接元音 ɑ 的共振峰(F1、F2)数据　单位：Hz

满语辅音		共振峰(F1、F2)
		平均值
pʰ	F1	833
	F2	1 244
tʰ	F1	803
	F2	1 302
kʰ	F1	983
	F2	1 498
ʈʂʰ	F1	768
	F2	1 246
ʧʰ	F1	952
	F2	1 206
s	F1	1 016
	F2	1 335
ʂ	F1	943
	F2	1 287
ʃ	F1	987
	F2	1 459
x	F1	1 039
	F2	1 299

表 5-4-3(续)

满语辅音		共振峰(F1、F2)
		平均值
p	F1	1 163
	F2	1 310
t	F1	735
	F2	1 067
k	F1	683
	F2	1 044
ʈʂ	F1	768
	F2	1 274
ʧ	F1	932
	F2	1 237
v	F1	684
	F2	1 115

根据辅音的声学性质,我们采用"元音性/非元音性、有阻/无阻、鼻音/口音、唇音/舌音、舌尖/舌面、塞/擦、清音性/浊音性、送气/不送气、前/后"等 9 对区别特征对满语辅音音位进行描写。

第一对区别特征是"元音性/非元音性",根据满语元音、辅音特性进行二元区分,区分为元音音位和非元音音位两大类,元音性具有明显的共振峰,辅音性不具有明显的共振峰。

第二对区别特征是"有阻/无阻",根据辅音的发音方法加以分类和描述,有阻是指发音时声带振动或不振动,气流在声道里受到阻碍;无阻是指发音时声带振动,气流在声道中无阻碍。根据发音是否有阻碍,对元音和辅音进行进一步区分。

第三对区别特征"鼻音/口音",鼻音性是指有能量较低的低频共振峰,口音性则指有能量较强的共振峰,这样根据能量以及发音部位,将辅音分为口音 p、p^h、t、t^h、k、k^h、f、v、s、z、ʂ、ʐ、ʃ、x、ɣ、$ʈʂ^h$、ʈʂ、$ʧ^h$、ʧ、l、r、w、j 和鼻音 m、n、ŋ,区分鼻音 m、n、ŋ 与其他辅音。

第四对区别特征"唇音/舌音",根据辅音唇音和舌音对立情况,对辅音进一步区分,将唇音 p、p^h、f、v、w、m 与其他辅音进行区分。

第五对区别特征"舌尖/舌面",根据舌的发音部位,区分舌尖音和舌面音,区分出舌尖音 t、t^h、s、z、ʂ、ʐ、$ʈʂ^h$、ʈʂ、l、r、n,将舌尖音与其他辅音进行区分。

第六对区别特征"塞/擦",运用塞音和擦音以及塞擦音的发音原理,揭示塞音和擦音的对立关系,对塞音、擦音进行区分。

第七对区别特征"清音性/浊音性",运用辅音内部的清浊对立关系,对清音和浊音进行区分。

第八对区别特征"送气/不送气",根据辅音发音时是否伴随送气情况,对辅音进行对立区分。

第九对区别特征"前/后",运用发音部位的前后对立关系,对辅音进行区分。

辅音区别特征矩阵表由纵列和横行两部分组成,通过矩阵表中每个音位下的正号和负号情况,可以看出这个音位的综合特征以及与其他音位之间的相互关系。满语辅音音位区别特征矩阵如表 5-4-4 所示。

表 5-4-4　满语辅音音位区别特征表

区别特征	辅音音位																									
内容	p	p^h	t	t^h	k	k^h	f	v	s	z	ʂ	ʐ	ʃ	x	ɣ	$tʂ^h$	tʂ	$tʃ^h$	tʃ	l	r	w	j	m	n	ŋ
元音性/非元音性	–	–	–	–	–	–	–	–	–	–	–	–	–	–	–	–	–	–	–	–	–	–	–	–	–	–
有阻/无阻	+	+	+	+	+	+	+	+	+	+	+	+	+	+	+	+	+	+	+		+					
鼻音/口音	–	–	–	–	–	–	–	–	–	–	–	–	–	–	–	–	–	–	–	–	–	–	–	+	+	+
唇音/舌音	+	+	–	–	–	–	+	+	–	–	–	–	–	–	–	–	–	–	–	–	–	+	–	+	–	–
舌尖/舌面			+	+	–	–			+	+	+	+		–	–	+	+			+	+		–		+	–
塞/擦	+	+	+	+	+	+	–	–	–	–	–	–	–	–	–	±	±	±	±							
清音性/浊音性	+	+	+	+	+	+		–	+	–	+	–	+	+	–	+	+	+	+							
送气/不送气	–	+	–	+	–	+	+		+		+		+	+		+	–	+	–							
前/后					–	–			+		–	–		–	–	–	–									–

满语的元音、辅音音系格局分别如表 5-4-5 和表 5-4-6 所示。

表 5-4-5　满语元音音系格局表

元音	阴阳	高低	前后	圆展
ə	阴	高	后	展
ɑ	阳	低	后	展
ɔ	阳	低	后	圆
ɛ	阳	低	前	展
u	中	高	后	圆
i	中	高	前	展
e	中	高	前	展
y	中	高	前	圆

注："高"包括"中高"和"次高"，"低"包括"中低"和"次低"。

表 5-4-6 满语辅音音系格局表

音系特征	辅音																								
	p^h	t^h	k^h	tʂ^h	ʧ^h	f	s	ʂ	ʃ	x	p	t	k	tʂ	ʧ	v	z	ʐ	ɣ	m	n	l	r	w	j
唇齿	唇					唇齿					双唇					唇齿				双唇				双唇	
前后		中	后	后			前	后		后			后	后				后	后		中	中	中		
清浊	清	清	清	清	清	清	清	清	清	清	清	清	清	清	清	浊	浊	浊	浊						
舌部		舌尖	舌面	舌尖	舌叶		舌尖	舌尖	舌叶	舌面		舌尖	舌面	舌尖	舌叶		舌尖	舌尖	舌面		舌尖	舌尖	舌尖		舌面
塞擦	塞	塞	塞	塞擦	塞擦	擦	擦	擦	擦		塞	塞	塞	塞擦	塞擦	擦	擦	擦	擦						
鼻音																				鼻音	鼻音				
边颤																						边音	颤音		
送气	送气	送气	送气	送气	送气	送气	送气	送气	送气	送气															
半辅音																								半辅音	半辅音

本章我们在实验和传统的研究成果基础上,对满语音系进行了归纳和探讨,结合区别特征理论,运用“元音性/非元音性、有阻/无阻、舌尖/舌面”等 6 对元音区别特征和“鼻音/口音、唇音/舌音、舌尖/舌面”等 9 对辅音区别特征对满语的音系进行了描写。元音音位 8 个:/ɑ/、/ɔ/、/ə/、/u/、/i/、/ɛ/、/e/、/y/;辅音音位 26 个:/p/、/p^h/、/t/、/t^h/、/k/、/k^h/、/f/、/v/、/s/、/z/、/ʂ/、/ʐ/、/ʃ/、/x/、/ɣ/、/tʂ^h/、/tʂ/、/ʧ^h/、/ʧ/、/m/、/n/、/ŋ/、/l/、/r/、/w/、/j/。此外,还运用表格的形式对满语元音音系和辅音音系格局进行了说明。

第六章　满语的韵律特征

韵律是自然语言重要的特征，通过停顿、强调等表达说话人的思想和情感，增强话语的节奏感，避免产生歧义，在语言交际中有着重要的作用。有的语言中，韵律还可以展现个人语音特征及情感表达，具有一定的辨义功能。[①] 在语音合成中，自然流畅的合成语音，除了合适的技术外，还要调整韵律体现语言特征。[②] 本章我们依托实验数据，对满语的音高、音强、音长、重音等韵律特征进行研究，探索满语韵律规律。

第一节　元音的音长、音强和音高

满语元音音长没有长短对立，不区别语义，这方面学界研究得不多。元音的音高、音强和音长都是满语韵律结构的重要组成部分，对于了解满语的韵律结构有着重要的意义。本节我们对元音的音长、舌位及语境等关系进行探讨，为满语的智能化研究提供韵律数据。

一、音长

(一)舌位与音长

元音舌位与音长的关系对于满语重音和元音和谐方面具有重要的作用，满语的这方面研究较少，其他民族语言方面，哈斯其木格对达斡尔语的长、短元音音长与舌位及语境情况进行了实验研究，对揭示达斡尔语语音规律及相关语音现象具有重要的学术价值，[③]该成果对满语舌位与音长关系的研究有着积极的参考意义。为了深入考察元音舌位和音长、音高、音强的关系，我们还有必要对元音所处的音节位置进行考察，这里以音节在词内的位置为标准，将词内音节分为词首、词中和词尾音节三种音节形式，其中位于词首的音节是词汇的主要音节，也是词干所在音节，对于元音和谐具有重要的作用；词中和词尾音节是非词首音节，在这些音节中，随着构词、语法等词缀的接加，可能导致一些音节进行重新组合、有的音素发生脱离等简化现象。由此可知，词首、词中和词尾等位置的音节地位是不一样的，各自承担着不同的功能。此外，同一音节中元辅音的不同位置对音质也有着一些影响，例如，

① 陶建华，赵晟，蔡莲红. 基于统计韵律模型的汉语语音合成系统的研究[J]. 中文信息学报，2002(1)：1-6.

② 邵艳秋，穗志方，韩纪庆，等. 基于依存句法分析的汉语韵律层级自动预测技术研究[J]. 中文信息学报，2008(2)：116-123.

③ 哈斯其木格. 达斡尔语音系研究[D]. 北京：中央民族大学，2016：33-39，51-53.

可以根据元音在词首音节中的位置,还可以细分为起始位置和非起始位置,词尾音节中可以分为节尾位置和非节尾位置,以此可以更加深入地对元音音长、音高和音强等韵律因素进行考察。这里我们以满语单音节、双音节和三音节词的词首音节起始位置和非起始位置元音为研究对象,考察元音舌位与音长之间的关系,探寻有关声学规律,其中词首以元音开头的音节类型为 V、VC 和 VVC 型,词首以非元音开头的音节类型为 CV、CVC 型。

1. 双音节音长

满语双音节词词首音节起始位置元音音长如表 6-1-1 所示。

表 6-1-1　满语双音节词词首音节起始位置元音音长表

音节类型	元音	平均值/ms	标准差/ms	变异系数	最小值/ms	最大值/ms
V	e	96	24	0. 254	73	127
	i	86	29	0. 34	54	127
	u	114	56	0. 492	21	236
	y					
	ɑ	221	98	0. 444	99	367
	ɔ	133	83	0. 623	60	308
	ə	113	62	0. 548	52	237
	ε	92	16	0. 174	72	109
VC	e	68	16	0. 228	53	93
	i	66	31	0. 473	33	148
	u	75	25	0. 33	46	103
	ɑ	12	92	0. 763	46	367
	ɔ	135	72	0. 534	33	225
	ə	90	36	0. 407	57	129
	y					
	ε	101	22	0. 213	81	124
V+VC	e	82	24	0. 297	53	127
	i	71	31	0. 441	33	148
	u	104	52	0. 502	21	236
	y	64	27	0. 415	17	104
	ɑ	157	97	0. 617	46	367
	ɔ	134	75	0. 562	33	308
	ə	107	55	0. 52	52	237
	ε	96	18	0. 183	72	124

由表 6-1-1 可知,在满语双音节词词首音节起始位置的元音音长,V 型音节中,音长从大到小的排列为 ɑ>ɔ>u>ə>e>ε>i,其中音长最长的是 ɑ 元音,为 221 ms,音长最短的是 i 元

音，为 86 ms，音长范围在 86～221 ms 之间。V 型音节中标准差最大的是 ɑ，数值为 99，最小的是 ε，数值为 16，说明 ɑ 的数据离散程度最大，ε 的数据离散程度最小；从变异系数来看，ɔ 的变异系数为 0.623，即 62.3%，是所有数据中最大的，而 ε 的变异系数为 0.174，即 17.4%，是数据中最小的，说明 ε 的数据离散程度最小，最为精确。数据显示，V 型音节中，从舌位前后来看，音长较长的 ɑ、ɔ、u、ə 元音都是后元音，音长较短的 e、ε、i 元音都是前元音；从舌位高低来看，音长最长的两个元音 ɑ、ɔ 为低元音，最短的元音 i 为高元音。可知在 V 型音节中，后、低元音的音长较长，而前、高元音的音长则比较短。

在 VC 型音节中，音长从大到小的排列为 ɔ>ε>ə>u>e>i>ɑ，其中音长最长的是 ɔ 元音，为 135 ms，音长最短的是 ɑ 元音，为 12 ms，音长范围在 12～135 ms 之间。VC 型音节中标准差最大的是 ɑ，数值为 92，最小的是 e，数值为 16，说明 ɑ 的数据离散程度最大，e 的数据离散程度最小；从变异系数来看，ɑ 的变异系数为 0.763，是所有数据中最大的，而 ε 的变异系数为 0.213，是数据中最小的，说明 ε 的数据离散程度最小，最为精确。数据显示，VC 型音节中，从舌位前后来看，音长较长的 ɔ 元音为后元音，音长最短的 ɑ 也为央后元音，音长与舌位前后关系不大；从舌位高低来看，音长最长的两个元音 ɔ、ε 为中低元音，最短的元音 ɑ 也为低元音，舌位的高低与音长关系不大。

在 V+VC 型音节中，音长从大到小的排列为 ɑ>ɔ>ə>u>ε>e>i>y，其中音长最长的是 ɑ 元音，为 157 ms，音长最短的是 y 元音，为 64 ms，音长范围在 64～157 ms 之间。V+VC 型音节中标准差最大的是 ɑ，数值为 97，最小的是 ε，数值为 18，说明 ɑ 的数据离散程度最大，ε 的数据离散程度最小；从变异系数来看，ɑ 的变异系数为 0.617，是所有数据中最大的，而 ε 的变异系数为 0.183，是数据中最小的，说明 ε 的数据离散程度最小。数据显示，V+VC 型音节中，从舌位前后来看，音长最长的 ɑ 为后元音，音长最短的 y 为前高元音；从舌位高低来看，ɑ 为低元音，y 为高元音，可知在 V+VC 型音节中，后、低元音的音长较长，前、高元音的音长较短。

接下来，我们对满语双音节词词首音节非起始位置元音音长进行考察，相关数据如表 6-1-2 所示。

表 6-1-2　满语双音节词词首音节非起始位置元音音长表

音节类型	元音	平均值/ms	标准差/ms	变异系数	最小值/ms	最大值/ms
CV	e	121	71	0.586	59	234
	i	50	19	0.382	33	79
	u	70	34	0.496	27	143
	y	65	19	0.288	43	86
	ɑ	157	96	0.61	73	367
	ɔ	109	36	0.334	35	161
	ə	81	28	0.351	48	129
	ε	139	53	0.38	72	201

表 6-1-2(续)

音节类型	元音	平均值/ms	标准差/ms	变异系数	最小值/ms	最大值/ms
CVC	i	63	7	0.117	52	72
	u	60	29	0.491	34	92
	ɑ	147	147	1.002	63	367
	ɔ	91	33	0.369	60	147
	ə	87	48	0.548	46	129
	ε	96	6	0.065	91	103
	e					
	y					
CV+CVC	e	121	10	0.586	59	234
	i	55	16	0.302	33	79
	u	68	33	0.484	27	143
	y	65	19	0.288	43	86
	ɑ	134	89	0.665	63	367
	ɔ	104	36	0.342	35	161
	ə	83	32	0.391	46	129
	ε	125	47	0.378	72	201

由表 6-1-2 可知,在满语双音节词词首音节非起始位置的元音音长,CV 型音节中,音长从大到小的排列为 ɑ>ε>e>ɔ>ə>u>y>i,其中音长最长的是 ɑ 元音,为 157 ms,音长最短的是 i 元音,为 50 ms,音长范围在 50~157 ms 之间。CV 型音节中标准差最大的是 ɑ,数值为 96,最小的是 i,数值为 19,说明 ɑ 的数据离散程度最大,i 的数据离散程度最小;从变异系数来看,ɑ 的变异系数为 0.61,是最大的,而 y 的变异系数为 0.288,是数据中最小的,说明 y 的数据离散程度最小。数据显示,CV 型音节中,从舌位前后来看,音长最长的 ɑ 元音是央后元音,音长最短的 i 元音为前元音,音长处于两者中间的有前元音也有后元音,没有一定的规律;从舌位高低来看,音长最长的两个元音 ɑ、ε 为低元音,最短的元音 i、y 为高元音。可知在 CV 型音节中,后、低元音的音长较长,而前、高元音的音长则较短。

在 CVC 型音节中,音长从大到小的排列为 ɑ>ε>ɔ>ə>i>u,其中音长最长的是 ɑ 元音,为 147 ms,音长最短的是 u 元音,为 60 ms,音长范围在 60~147 ms 之间。CVC 型音节中标准差最大的是 ɑ,数值为 147,最小的是 ε,数值为 6,说明 ɑ 的数据离散程度最大,ε 的数据离散程度最小;从变异系数来看,ɑ 的变异系数为 1.002,是所有数据中最大的,并且超过了 1,而 ε 的变异系数为 0.065,是数据中最小的,说明 ε 的数据离散程度最小。数据显示,CVC 型音节中,从舌位前后来看,音长最长的还是 ɑ 元音,音长最短的为 u 元音,ɑ 为后低元音,u 为后高元音,可知后、低元音的音长较长,后、高元音的音长较短。

在 CV+CVC 型音节中,音长从大到小的排列为 ɑ>ε>e>ɔ>ə>u>y,其中音长最长的是 ɑ 元音,为 134 ms,音长最短的是 i 元音,为 55 ms,音长范围在 55~134 ms 之间。CV+CVC 型音节中标准差最大的是 ɑ,数值为 89,最小的是 e,数值为 10,说明 ɑ 的数据离散程度最大,e

的数据离散程度最小；从变异系数来看，ɑ 的变异系数为 0.665，是所有数据中最大的，最小的是 y，为 0.288，离散程度最小。数据显示，CV+CVC 型音节中，从舌位前后来看，音长最长的还是 ɑ 元音，音长最短的为 y 元音，ɑ 为后低元音，y 为前高元音，中间的分布无规律可循，可知后、低元音的音长较长，前、高元音的音长较短。

2. 三音节音长

满语三音节词词首音节起始位置元音音长如表 6-1-3 所示。

表 6-1-3 满语三音节词词首音节起始位置元音音长表

音节类型	元音	平均值/ms	标准差/ms	变异系数	最小值/ms	最大值/ms
V	e	91	19	0.213	73	127
	i	89	35	0.393	53	148
	u	107	52	0.483	21	236
	y	59	21	0.353	17	104
	ɑ	194	97	0.498	90	367
	ɔ	13	80	0.613	60	308
	ə	11	55	0.501	52	237
	ɛ	93	12	0.126	72	109
VC	e	83	33	0.402	46	147
	i	71	35	0.491	33	148
	u	76	22	0.291	46	105
	y	62	16	0.261	39	83
	ɑ	105	81	0.776	46	367
	ɔ	133	63	0.476	33	225
	ə	87	30	0.346	57	129
	ɛ	12	38	0.32	81	182
V+VC	e	87	30	0.349	46	147
	i	75	34	0.457	33	148
	u	96	47	0.487	21	236
	y	63	22	0.349	17	104
	ɑ	126	84	0.662	46	367
	ɔ	133	69	0.521	33	308
	ə	101	50	0.49	52	237
	ɛ	109	34	0.31	72	182

由表 6-1-3 可知，在满语三音节词词首音节起始位置的元音音长，V 型音节中，音长从大到小的排列为 ɑ>u>ɛ>e>i>y>ɔ>ə，其中音长最长的是 ɑ 元音，为 194 ms，音长最短的是 ə 元音，为 11 ms，音长范围在 11～194 ms 之间。V 型音节中标准差最大的是 ɑ，数值为 97，最

小的是 ε，数值为 12，说明 ɑ 的数据离散程度最大，ε 的数据离散程度最小；从变异系数来看，ɔ 的变异系数为 0.613，是最大的，而 ε 的变异系数为 0.126，是数据中最小的，离散程度最小。数据显示，V 型音节中，从舌位前后来看，音长最长的 ɑ 元音是央后元音，音长最短的 ə 元音为前元音，音长处于两者中间的有前元音也有后元音，没有一定的规律；从舌位高低来看，音长最长的两个元音 ɑ、u 分布为低元音和高元音，最短的元音 ε 为中低元音，可知在 V 型音节中，元音舌位与音长没有直接的关系。

在 VC 型音节中，音长从大到小的排列为 ɔ>ɑ>ə>e>u>i>y>ε，其中音长最长的是 ɔ 元音，为 133 ms，音长最短的是 ε 元音，为 12 ms，音长范围在 12～133 ms 之间。VC 型音节中标准差最大的是 ɑ，数值为 81，最小的是 y，数值为 16，说明 ɑ 的数据离散程度最大，y 的数据离散程度最小；从变异系数来看，ɑ 的变异系数为 0.776，而 y 的变异系数为 0.261，是数据中最小的，离散程度最小。数据显示，VC 型音节中，从舌位前后来看，音长最长的是 ɔ 元音，其次为 ɑ、ə 元音，这三个元音都是后元音；音长最短的为 ε 元音，其次为 i、y，这三个元音都是前元音，可见后元音的音长较长，前元音的音长较短；从舌位高低来看，音长最长的 ɔ 为后低元音，最短的 ε 为中高元音，但处于这两个中间的元音则无一定规律可循。

在 V+VC 型音节中，音长从大到小的排列为 ɔ>ɑ>ε>ə>u>e>i>y，其中音长最长的是 ɔ 元音，为 133 ms，音长最短的是 y 元音，为 63 ms，音长范围在 63～133 ms 之间。V+VC 型音节中标准差最大的是 ɑ，数值为 84，最小的是 y，数值为 22，说明 ɑ 的数据离散程度最大，y 的数据离散程度最小；从变异系数来看，ɑ 的变异系数最大，为 0.662，而 ε 的变异系数为 0.31，是数据中最小的，离散程度最小。数据显示，V+VC 型音节中，从舌位前后来看，音长最长的是 ɔ 元音，其次为 ɑ 元音，这两个元音都是后元音；音长最短的为 y 元音，其次为 i、e，这三个元音都是前元音，可见后元音的音长较长，前元音的音长较短；从舌位高低来看，音长最长的 ɔ 为低元音，最短的 y 为高元音，但处于这两个中间的元音 ε、ə、u 呈现出无规律的特点。

接着，我们对满语三音节词词首音节非起始位置元音音长进行考察，相关数据如表 6-1-4 所示。

表 6-1-4 满语三音节词首非起始位置元音音长表

	元音	平均值/ms	标准差/ms	变异系数	最小值/ms	最大值/ms
CV	e	93	62	0.666	35	234
	i	56	22	0.387	33	93
	u	70	30	0.435	27	143
	y	63	17	0.264	39	86
	ɑ	114	103	0.9	61	367
	ɔ	101	37	0.364	35	161
	ə	85	29	0.338	46	129
	ε	99	53	0.536	27	201

表 6-1-4(续)

	元音	平均值/ms	标准差/ms	变异系数	最小值/ms	最大值/ms
CVC	e	60	22	0.375	33	91
	i	58	17	0.288	33	91
	u	94	35	0.377	34	143
	y	57	14	0.252	29	74
	ɑ	103	88	0.856	61	367
	ɔ	85	29	0.344	60	147
	ə	89	33	0.371	46	129
	ɛ	113	37	0.33	81	182
CV+CVC	e	79	51	0.646	33	234
	i	57	19	0.328	33	93
	u	79	34	0.43	27	143
	y	61	16	0.259	29	86
	ɑ	93	69	0.741	61	367
	ɔ	96	35	0.362	35	161
	ə	87	30	0.349	46	129
	ɛ	103	48	0.466	27	201

由表 6-1-4 可知，在满语三音节词词首音节非起始位置的元音音长，CV 型音节中，音长从大到小的排列为 ɑ>ɔ>ɛ>e>ə>u>y>i，其中音长最长的是 ɑ 元音，为 114 ms，音长最短的是 i 元音，为 56 ms，音长范围在 56~114 ms 之间。CV 型音节中标准差最大的是 ɑ，数值为 103，最小的是 y，数值为 17，ɑ 的数据离散程度最大，y 的数据离散程度最小；从变异系数来看，ɑ 的变异系数为 0.9，是最大的，而 y 的变异系数为 0.264，是数据中最小的，离散程度最小。数据显示，CV 型音节中，从舌位前后来看，音长最长的 ɑ 元音是央后元音，音长最短的 y 元音为前元音，音长处于两者中间的元音舌位没有规律；从舌位高低来看，音长较长的两个元音 ɑ、ɔ 为低元音，较短的两个元音 i、y 为高元音，可知在 CV 型音节中，后、低元音音长长一些，前、高元音音长要短一些。

在 CVC 型音节中，音长从大到小的排列为 ɛ>ɑ>u>ə>ɔ>e>i>y，其中音长最长的是 ɛ 元音，为 113 ms，音长最短的是 y 元音，为 57 ms，音长范围在 57~113 ms 之间。CVC 型音节中标准差最大的是 ɑ，数值为 88，最小的是 y，数值为 14，说明 ɑ 的数据离散程度最大，y 的数据离散程度最小；从变异系数来看，ɑ 的变异系数为 0.856，最小的是 y，为 0.252。数据显示，CVC 型音节中，从舌位前后来看，音长最长的为 ɛ 元音，音长最短的为 y 元音，两个元音都是前元音；从舌位高低来看，ɛ 为中低元音，y 为前高元音，可见前、低元音音长较长，前、高元音音长较短。

CV+CVC 型音节中，音长从大到小的排列为 ɛ>ɔ>ɑ>ə>e>u>y>i，其中音长最长的是 ɛ 元音，为 103 ms，音长最短的是 i 元音，为 57 ms，音长范围在 57~103 ms 之间。CV+CVC 型音节中标准差最大的是 ɑ，数值为 69，最小的是 y，数值为 16，ɑ 的数据离散程度最大，y 的数据离散程度最小;从变异系数来看,ɑ 的变异系数为 0.741,是最大的,最小的是 y,为 0.259,离散程度最小。数据显示,CV+CVC 型音节中,从舌位前后来看,音长与舌位的关系与 CVC 音节较为相似,最长的都是 ε 元音,音长最短的为 i 元音,ε 为前中低元音,i 为前高元音,中间的分布也无规律,音长与舌位高低有关,与前后关系较小。

上述数据显示,对于双音节而言,在 V、VC 和 V+ VC 三种音节结构中,双音节起始位置中元音 ɑ、ɔ 的音长较长,i、y 的音长较短。在 CV、CVC 和 CV+CVC 三种音节结构中,非起始位置的元音 ε、ɑ 音长较长,u、y、i 的音长较短。说明双音节元音音长与舌位的高低有着一定的关系,即低元音的音长较长一些,高元音的音长要短一些,但与舌位的前后关系不是很密切。对于三音节而言,在 V、VC 和 V+ VC 三种音节结构中,三音节起始位置中元音 ɔ、ɑ 的音长较长,而 ə、ε、y、i 的音长较短,呈现不规律性。在 CV、CVC 和 CV+CVC 三种音节结构中,三音节非起始位置中元音 ε、ɔ、ɑ 的音长较长,元音 i、y 的音长较短;元音 ε、ɔ、ɑ 为低元音,i、y 为高元音,可见舌位低的元音音长较长些,舌位高的元音音长稍短些,但在前后上没有体现规律性。

由此可见,满语元音音长与舌位在高低上呈现一定的规律性,舌位高的元音音长稍短,舌位低的元音音长稍长,但音长与舌位在前后上没有体现规律性,关系不是很密切。

(二)后接辅音音长

满语后接辅音时发音方法对元音音长也有着影响,本节我们提取了不同元音后接辅音时的音长,进行实验研究,相关数据如表 6-1-5 所示。

表 6-1-5 满语元音后接辅音音长表

元音	平均值/ms	最小值/ms	最大值/ms	标准差/ms	变异系数	样本数/个
e	11	9	17	15	0.23	7
u	78	27	18	38	0.487	20
y	73	66	81	8	0.103	3
ɑ	84	28	136	30	0.362	18
ɔ	105	33	308	70	0.664	22
ə	86	46	129	36	0.416	11
ε	99	81	124	15	0.147	6

由表 6-1-5 可知,不同元音后接辅音时,后接辅音对元音的音长也有影响,后接辅音时元音的音长从大到小的排列为 ɔ>ε>ə>ɑ>u>y>e,其中音长最长的是 ɔ 元音,为 105 ms,音长最短的是 e 元音,为 11 ms,音长范围在 11~105 ms 之间。从标准差数值来看,标准差最大的是 ɔ,数值为 70,最小的是 y,数值为 8,ɔ 的数据离散程度最大,y 的数据离散程度最小;从变异系数来看,ɔ 的变异系数为 0.664,是最大的,最小的是 y,为 0.103,离散程度最小。数据显示,从舌位前后来看,音长较长的元音是 ɔ、ε,分别为后中低元音和前中低元音,音长与舌位前后关联度不高;音长较短的两个元音为 y、e,分别为前高和前中高元音,舌位较高,音长较短。不同元音后接辅音时,舌位对元音的固有音长有一定的影响,具体为:舌位前后对

音长影响不大，但高低对音长有一定的影响，舌位低音长较长，舌位高音长较短。

二、音强

（一）词首音节音强

这里我们对满语词首音节元音音强进行考察，相关数据如表 6-1-6 所示。

表 6-1-6　满语词首音节元音音强表

元音	平均值/dB	最小值/dB	最大值/dB	标准差/dB	变异系数	样本数/个
e	77	72	81	3.647	0.048	5
i	77	68	84	4.638	0.06	22
u	75	59	85	6.259	0.083	29
y	77	70	84	4.733	0.061	10
ɑ	72	64	80	4.154	0.057	23
ɔ	72	53	84	9.338	0.13	30
ə	78	70	86	4.622	0.059	29
ɛ	77	70	82	4.586	0.059	9

由表 6-1-6 可知，位于词首音节时，不同元音的音强从大到小的排列为 ə>e=i=y=ɛ>u>ɑ>ɔ，其中音强最大的为 ə 元音，为 78 dB，音强最小的是 ɔ 元音，为 72 dB，音强范围在 72~78 dB 之间，其中 e、i、y、ɛ 这 4 个元音的音强相等，其他元音之间的数值差别较小，可见音强基本相等。从标准差来看，最大的是 ɔ，数值为 9.338，最小的是 e，数值为 3.647，说明 ɔ 的数据离散程度最大，e 的数据离散程度最小；从变异系数来看，ɔ 的变异系数为 0.13，是最大的，最小的是 e，为 0.048，离散程度最小。数据显示，词首音节对元音音强的影响不大，各个元音位于词首音节时，音强情况比较见图 6-1-1。

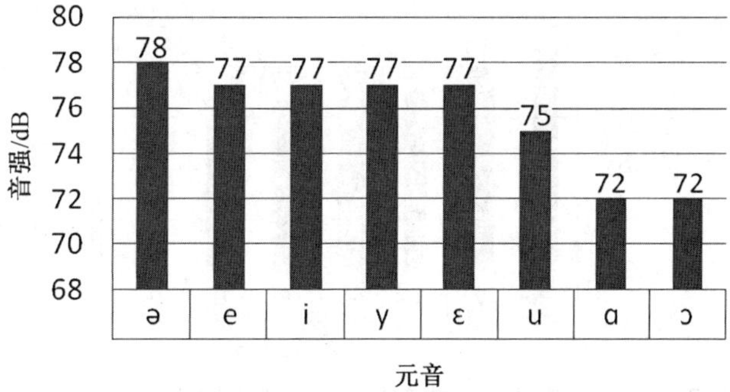

图 6-1-1　满语词首音节元音音强比较图（单位：dB）

(二)非词首音节音强

接下来我们对满语的非词首音节元音音强进行考察,相关数据如表 6-1-7 所示。

表 6-1-7 满语非词首音节元音音强表

元音	平均值/dB	最小值/dB	最大值/dB	标准差/dB	变异系数	样本数/个
i	78	68	81	4.926	0.063	6
u	75	62	88	7.685	0.102	17
y	80	77	83	4.243	0.053	2
ɑ	74	69	85	4.062	0.055	18
ɔ	69	56	79	8.837	0.129	12
ə	77	64	90	6.239	0.081	37
ε	77	72	82	7.071	0.092	2
e	82	80	84	2	0.024	3

由表 6-1-7 可知,位于非词首音节时,不同元音的音强从大到小的排列为 e>y>i>ə=ε>u>ɑ>ɔ,其中音强最大的为 e 元音,为 82 dB,音强最小的是 ɔ 元音,为 69 dB,音强范围在 69~82 dB 之间,其中 ə 与 ε 两个元音的音强相等,其他元音之间的数值差别也不是很大。从标准差来看,最大的是 ɔ,数值为 8.837,最小的是 e,数值为 2,说明 ɔ 的数据离散程度最大,e 的数据离散程度最小;从变异系数来看,ɔ 的变异系数为 0.129,是最大的,最小的是 e,为 0.024,离散程度最小。数据显示,非词首音节对元音的音强影响也不是很大,由此可知,满语元音位于词首音节和非词首音节时,音强大小的分布没有规律性,在元音音强的影响因素方面,可能存在其他的影响。各个元音位于非词首音节时,音强情况比较见图 6-1-2。

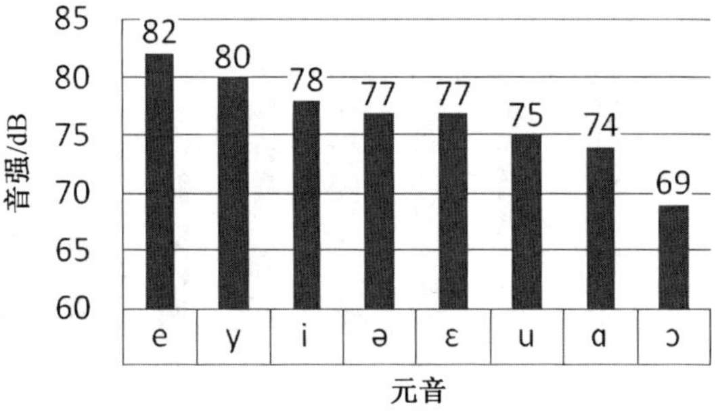

图 6-1-2 满语非词首音节元音音强比较图(单位:dB)

三、音高

(一)词首音节音高

我们接着对满语词首音节位置元音音高进行研究,相关的数据如表 6-1-8 所示。

表 6-1-8　满语词首音节位置元音音高表

元音	平均值/Hz	最小值/Hz	最大值/Hz	标准差/Hz	变异系数	样本数/个
e	264	243	295	21.248	0.081	5
i	194	140	292	42.689	0.22	22
u	188	141	268	31.846	0.169	29
y	222	182	268	33.593	0.151	10
ɑ	182	142	241	25.255	0.139	23
ɔ	215	145	295	43.065	0.201	30
ə	186	114	247	32.91	0.177	29
ɛ	246	205	288	29.204	0.119	9

由表 6-1-8 可知,位于词首音节时,不同元音的音高从大到小的排列为 e>ɛ>y>ɔ>i>u>ə>ɑ,其中音高最大的为 e 元音,为 264 Hz,音高最小的是 ɑ 元音,为 182 Hz,音高范围在 182~264 Hz 之间。从数据的标准差来看,最大的是 ɔ,数值为 43.065,最小的是 e,数值为 21.248,说明 ɔ 的数据离散程度大,e 的数据离散程度小;从变异系数来看,i 的变异系数为 0.22,是最大的,最小的是 e,为 0.081,离散程度最小。数据显示,音高最大的两个元音 e、ɛ 分别为前中高元音和前中低元音,最小的两个元音 ə、ɑ 分别为后中高和后低元音。由此可知,位于词首音节时舌位的前后对音高有影响,前元音的音高要大一些,后元音的音高要小一些,而舌位的高低对音高影响不大。满语词首音节位置元音音高比较情况如图 6-1-3 所示。

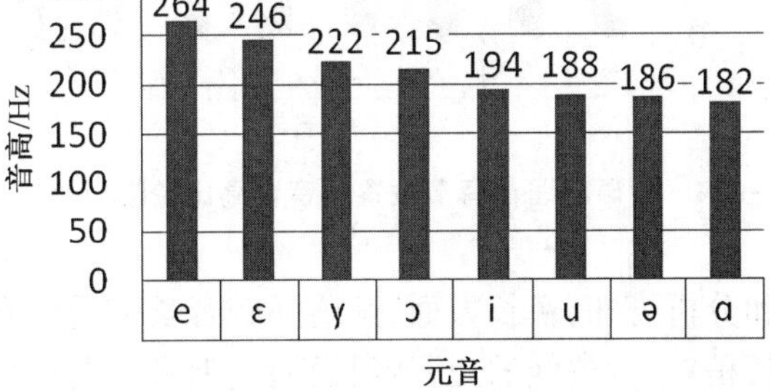

图 6-1-3　满语词首音节位置元音音高比较图(单位：Hz)

(二)非词首音节音高

我们对满语非词首音节位置元音音高进行研究,相关的数据如表 6-1-9 所示。

表 6-1-9　满语非词首音节位置元音音高表

元音	平均值/Hz	最小值/Hz	最大值/Hz	标准差/Hz	变异系数	样本数/个
i	175	144	192	17. 348	0. 099	6
u	182	120	218	30. 769	0. 169	17
y	184	179	190	7. 99	0. 043	2
ɑ	207	149	269	34. 454	0. 166	18
ɔ	212	119	346	78. 517	0. 37	12
ə	184	130	242	26. 341	0. 143	37
ε	229	196	262	47. 093	0. 206	2
e	382	359	395	19. 913	0. 052	3

由表 6-1-9 可知,位于非词首音节时,不同元音的音高从大到小的排列为 e>ε>ɔ>ɑ>y=ə>u>i,其中音高最大的为 e 元音,为 382 Hz,音高最小的是 i 元音,为 175 Hz,音高范围在 175~382 Hz 之间。从数据的标准差来看,最大的是 ɔ,数值为 78. 517,最小的是 y,数值为 7. 99,说明 ɔ 的数据离散程度最大,y 的数据离散程度最小;从变异系数来看,ɔ 的变异系数为 0. 37,是最大的,最小的是 y,为 0. 043,离散程度最小。数据显示,音高最大的两个元音 e、ε 分别为前中高元音和前中低元音,最小的两个元音 u、i 分别为后高和前高元音。由此可见,位于非词首音节时舌位的高低和前后对音高的影响存在不规律性。满语非词首音节位置元音音高比较情况如图 6-1-4 所示。

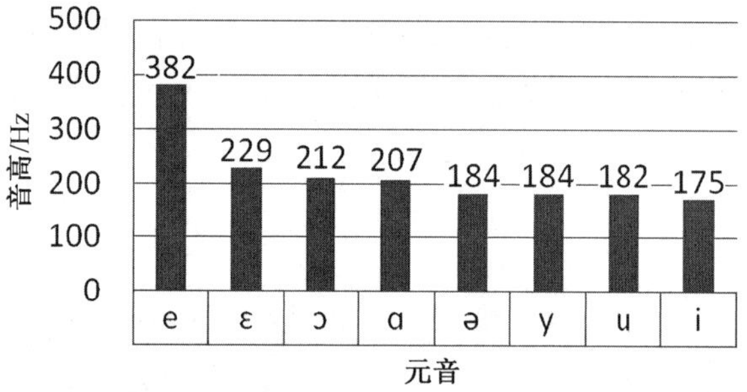

图 6-1-4　满语非词首音节位置元音音高比较图(单位: Hz)

综上,由实验数据和分析可知,音长方面,满语元音音长与舌位在高低上呈现一定的规律性,舌位高的元音音长稍短,舌位低的元音音长稍长,但音长与舌位的前后没有体现规律性,关系不是很密切;不同元音后接辅音时,舌位对元音的固有音长有一些影响,其中前后对音长影响不大,但高低对音长有一定的影响,舌位低音长较长,舌位高音长较短些。音强方面,满语元音位于词首音节和非词首音节时,音强大小的分布没有规律性,在元音音强的影响因素方面,可能存在其他的影响。音高方面,位于词首音节时舌位的前后对音高有影响,前元音的音高要大一些,后元音的音高要小一些,而舌位的高低对音高影响不大;位于非词首音节时,舌位的高低和前后对音高的影响存在不规律性。

第二节 满语的音节

一、音节概述

音节是音系学和语音学的重要概念之一,20 世纪 70 年代末,Kahn 确立了音节在音系学中的地位, 可以更好地解释和描述音系学规则、变化以及语音配列制约条件。[①]

音节有音系学和语音学两个方面的定义,O'Connor 与 Trim 提出,音系学上的音节是元音和辅音或辅音串构成的最小单位,而在语音学上,Couper-Kuhlen 根据响度理论提出,音节是由一个响度最高峰的音段所构成。[②] 这为音节的划分提供了参数依据。

当前,随着信息技术在声学领域得到广泛的应用,语音合成和语音识别等技术需要大规模的语料和声学参数作为基础,人们将研究重点逐渐转向实际感知,对词内音节分布情况进行统计和分析,为语音的智能化研究和运用提供服务。

音系学上的音节主要有四种模式。一是单调音节模式。Clements 与 Keyser 等人提出,这种模式下的音节首、音节核、音节尾在音节结构中地位是平等的。二是音节首-韵模式。在这种模式下音节核、音节尾紧密结合,Fudge 与 Goldsmith 等人提出,先将音节核、音节尾结合成为音节韵,再与音节首构成音节。三是主体-音节尾模式。McCarthy 与 Wheeler 等人提出,音节核与音节首构成音节主体,再与音节尾构成音节。四是莫拉模式。Hayes 提出,莫拉是音节的基本单位,一个音节中,辅音和短元音是第一个莫拉,元音后的辅音是第二个莫拉,但长元音是两个莫拉。[③]

二、满语音节概况

20 世纪以来,随着满语研究热潮的兴起,众多的学者运用传统的方法,对满语的音节、重音、元音和谐等进行了研究,取得了较好的成果,王庆丰、赵杰、季永海、乌拉熙春等专家学者做出了积极的贡献,解决了一些疑难问题,深化了对满语语音规律的认识,推动了满语以及满-通古斯语言研究的深入开展。王庆丰认为:"满语音节主要有五种类型,以元音开头,单独构成音节;以元音开头,后面跟着辅音组成的音节;以元音开头,后面跟着元音组成的音节;以辅音起首,后面跟着元音组成的音节;以辅音起首,后面跟着元音和辅音组成的音节。"[④]季永海提出:"满语的音节是由元音构成的,大体来说词中有几个元音(包括复合元

---

① 李智强.生成音系学的音节理论[J].外语教学与研究,1997(4):4-5.

② COUPER-KUHLEN E. An introduction to English prosody[M]. London:Edward Arnold,1986:11-16.

③ KESSLER B, TREIMAN R. Syllable structure an dthe distribution of phonemes in English syllables[J]. Journal of Memory and Language,1997,37:295-311.

④ 王庆丰.满语研究[M].北京:民族出版社,2005:15-16.

音)就有几个音节。"[①]赵杰以泰来依布气满语为研究对象,对清代满语和满语口语的音节进行了研究,认为:"以单音节特征为主和以轻声为主要音强作用的汉语介词进入满语,特别是和满语固有词的混用、并用或结合,致使满语的整个语素构成体系发生了质的变化,单词的音节大面积发生紧缩,由清代满语的多音节简化成现代满语的少音节。"[②]乌拉熙春也提出:"现代满语中两个音节的单词最多,其次是三个音节和一个音节的,四个音节的较少,四个音节以上的都是复合词或词组之属。现代满洲语的音节有结尾辅音的音节、有伴随现象的音节以及无结尾辅音亦无伴随现象的音节等三种类型。"[③]元音和辅音是组成音节的必要因素,其中元音是核心要素,辅音是次要要素。辅音在音节中的位置组成了音节的不同形式,按照音节中是否有辅音以及辅音在元音的前、后、前后等位置,形成四种基本音节类型,其他类型的音节就是在这四种基本音节类型基础上形成的,通过组合可以有效提升语音的韵律和层次。满语的基本音节主要有四种类型(V 表示元音,C 表示辅音):V、VC、CV、CVC。满语没有复辅音,有二合元音(VV)、三合元音(VVV)等复合元音,因此基本音节主要有 V(VV)、V(VV,VVV)C、CV(VV,VVV)、CV(VV,VVV)C 等类型。本节我们运用统计的方式,对满语的音节类型出现的情况进行统计,对音节的分布以及出现频率等情况进行研究。

三、满语的音节分布

在音节的分析方面,宝玉柱等认为:"由于音节类型及功能不同,可能导致音节长度、分布及出现频率也不尽相同,应着重分析音节结构类型、词的音节数、音节组合模式及其变化,重音以及词的平均长度等问题。"[④]对音节在词汇中的分布情况进行统计和研究,可以发现音节在词汇中的分布频率,对于音节的地位、分布等研究意义重大。呼和等对蒙古语音节在词中的分布进行了分析和统计,发现"在词的不同部位,各类音节的出现频率不一样"[⑤]。本节我们对满语语料库中 1 671 个词汇的四种基本音节的分布情况进行统计,在词首、词中和词尾三个部分,四种基本音节类型都有出现(不含复合元音音节),但出现频率和分布相差较大,具体情况见表 6-2-1 所示。

表 6-2-1 满语音节分布情况统计表 单位:次

音节位置	音节类型			
	V	VC	CV	CVC
词首音节	166	94	756	438
词中音节	0	5	494	32
词尾音节	0	0	964	394

① 季永海. 满语语法(修订版)[M]. 北京:中央民族大学出版社,2011:71.
② 赵杰. 现代满语研究[M]. 北京:民族出版社,1989:56.
③ 爱新觉罗·乌拉熙春. 满洲语语音研究[M]. 京都:玄文社,1992:62.
④ 宝玉柱,孟和宝音. 现代蒙古语正蓝旗土语音节研究[J]. 中央民族大学学报(哲学社会科学版),2008(5):101.
⑤ 呼和,确精扎布. 蒙古语语音声学分析[M]. 呼和浩特:内蒙古大学出版社,1999:175.

由表6-2-1可知，词首音节（不含单音节词）中，V型音节出现166次，约占词首音节总数（1 454个）的11.4%；VC型音节出现94次，约占6.5%；CV型音节出现756次，约占52.0%；CVC型音节出现438次，约占30.1%。在词首音节中，出现频率最高的音节是CV型音节，其次是CVC型音节，两种音节占词首音节总数的82.1%。与之相比，V型音节和VC型音节约占总数的17.9%，出现频率较低，可见词首音节主要由CV型音节和CVC型音节构成。

词中音节中，没有V型音节出现，VC型出现5次，约占整个词中音节总数（531个）的0.9%；CV型音节出现494次，约占93.0%；CVC型音节出现32次，约占6.0%。在词中音节中，CV型音节是出现频率最高的音节，绝大部分音节是由CV型音节构成的，很小的一部分由CVC型音节构成，VC型音节出现得极少。可见，词中音节主要是由CV型音节构成的。

词尾音节中，没有V型和VC型音节出现，主要是CV型和CVC型音节。其中CV型音节出现964次，约占整个词尾音节总数（1 358个）的71.0%，是词尾出现频率最高的音节，CVC型音节出现394次，约占29.0%，出现概率不到CV型音节的一半，可见词尾音节主要是由CV型音节构成的。

由以上数据可知，在1 671个词汇的词首、词中和词尾三个位置的3343个音节中，四种基本音节出现频率最高的是CV型音节，出现2 214次，约占整个音节总数的66.2%；其次是CVC型音节，出现864次，占25.8%；第三为V型音节，出现166次，约占5.0%；最少的为VC型音节，出现99次，约占3.0%。可见满语中，CV和CVC是活跃型的音节，满语词汇的大多数音节是由这两种音节组成的。

从上述数据及分析来看，满语口语是以CV型开音节（音节结尾是元音）为主的语言，这一点，从赵杰对依布气满语的研究中可以看出来。赵杰认为，虽然现代满语音节结构种类比较齐全，但每种类型所辖的词汇量远非均匀，闭音节类型有四种，但它们的词汇却没有开音节的多，现代满语开音节词的比例仍占大多数，它是一种以开音节为主的语言。① 本节我们对语料库的词汇音节分布及出现频率进行统计发现，在满语词汇中，CV型开音节的词汇仍占据了大多数，说明满语是一种以开音节为主的语言。

四、满语音节的长度

这里我们对满语四种基本音节在词汇中不同组合中的长度进行研究，进一步理解满语音节搭配组合规律。

（一）V型音节

V型音节指的是单独由元音或复合元音构成的音节，V型音节可以独立成词，也可以和其他类型的音节一起成词。在语料库中该音节出现166次。由于满语是由元音和辅音交替出现组合成词汇的，因此V型音节后面只出现CV型和CVC型音节，语料库中V型单独出现5次，V+CV型出现112次，V+CVC型出现49次。从音节长度来看，V型音节在V+CV型双音节结构中长度为162 ms，在V+CV型三音节结构中长度为108 ms，在V+CVC型双音节

① 赵杰．现代满语研究［M］．北京：民族出版社，1989：66.

结构中长度为 157 ms,和双音节结构中长度相差不大,但随着音节数量的增多,音节长度变小。

(二)VC 型音节

这类音节由元音+辅音构成,由于以辅音结尾的是闭音节,这种音节不能单独成词。语料库中该音节出现 99 次,其中词首音节出现 94 次,词中音节出现 5 次。VC 型音节后面主要接辅音起首的音节,既 CV 和 CVC 型音节。VC+CV 结构中,该音节的长度为 224 ms,VC+CVC 结构中,音节长度为 241 ms,两者相差不大。

(三)CV 型音节

这类音节由辅音+元音构成,以元音结尾是开音节,是最为常见的音节类型,既可以单独成词,也可以与其他类型的音节共同成词,分布位置较为灵活,可以在词首、词中或词尾位置出现。CV 型音节是出现频率最高的音节,语料库中出现了 2 214 次,其中词首出现 756 次,词中出现 494 次,词尾出现 964 次,是构成满语词汇的主要音节。音节组合中,这种音节前面既可以是以元音结尾的开音节,形成 CV+CV 或 V+CV 型音节组合;也可以是以辅音结尾的闭音节,形成 VC+CV、CVC+CV 型音节组合;还可以是以辅音起首的音节,形成 CV+CVC 型音节组合。单独成词时,CV 型音节的长度为 121 ms,在 CV+CV 型的双音节词中,处于词首时音节长度为 74 ms,处于词尾时音节长度为 235 ms,词尾位置音节长度要大于词首位置。在 CV+CV 型三音节词中,词首的音节长度为 179 ms,要大于单独成词时的长度,词尾的音节长度为 118 ms,比单独成词的长度要小一些。

(四)CVC 型音节

这类音节由辅音+元音+辅音构成,以辅音结尾,是闭音节,在满语词汇中,这种音节也是一种较为常见的音节,出现频率仅低于 CV 型音节。在与其他音节成词时,CVC 型音节既可以出现在词首位置,也可以出现在词中或词尾位置。语料库中 CVC 型音节出现 864 次,其中词首出现 438 次,词中出现 32 次,词尾出现 394 次,也是构成满语词汇的主要音节。在与其他音节的组合方面,CVC 型音节的前后都可以接其他三种类型的音节,是一种组合能力较强的音节。CVC 型音节在独立成词时长度为 265 ms,在双音节的词首位置长度为 205 ms,词尾位置长度为 263 ms。在三音节的词首位置长度为 194 ms,词尾位置为 221 ms,随着音节数量的增加,长度减小。

综上,通过对满语音节分布统计可知,满语四种基本音节中,出现频率最高的是 CV 型音节和 CVC 型音节,占四种基本音节的绝大多数,是最活跃的音节,满语词汇的大多数音节是由这两种音节组成的。从音节结尾情况来看,满语以开音节结尾的占大多数,是一种以开音节为主的语言。满语四种基本音节在词汇中不同组合的长度显示,CV 型音节和 CVC 型音节是组合能力最强的音节,满语词汇中的大部分音节都是由这两种音节构成的,音节长度随着音节数量的增加而变小。

第三节 满语的重音

一、满语重音研究情况

重音不是满语研究的重点问题,学界对此关注不多,成果较少,田野调查中往往缺少关于满语重音现象的记录和描写。现有的关于满语重音的一些成果中,研究者们认为满语口语存在重音,但对重音位置及性质看法不同,关于重音的定义也较为模糊,描写术语不尽一致,相关研究尚不够深入细致。关于重音的位置和性质,有的学者认为重音的位置是固定的,具有代表性的观点,如鲍培认为,满-通古斯语有动力重音和声调,其中动力重音在第一音节,声调在第二音节。[①] 季永海等人认为,清代书面满语动词原形中,重音在倒数第二音节,在动词命令、祈请式及其他形态中重音常在最后一个音节上。[②] 王庆丰提出,满语和同语族诸语言一样也有重音,在词内主要表现在词的第一个音节的元音上,其程度则为微弱的着力重音,大致情况为单音节词的落在元音上;双音节词的落在第一个音节或第二个音节上,前者约占 2/3 以下,后者约占 1/3 以上;三音节词大部分为动词的基本形式,重音主要落在第三个音节上;三音节以上的词大都属于构形附加成分或复合词,一般落在构形附加成分上。[③] 乌拉熙春认为,重音是词的一个音节在音强(或音强兼音高)上优于其他音节。重读音节的元音音值清晰、带有结尾辅音或伴随现象,非重读音节的元音和辅音都出现程度不等的弱化,重音由词干末音节向词首音节移动。[④] 当然,也有学者持重音位置不定的观点,如孟达来认为,满语口语的重音位置不固定,可以出现在词中任何位置。[⑤] 赵杰认为,泰来满语的重音由固定重音变成了自由重音,除不落在动词后缀上外,可以落在单词的其他任何一个音节之上,但人们的发音习惯又限制着某个单词的重音位置。[⑥] 这些研究中,学者们有的根据音色、音强确定重音性质,也有的根据音高确定重音位置,由于研究的方法和手段不一,存在一些争议和分歧。与此同时,也有学者采用语音实验的方法对重音问题开展研究,如李兵等人对锡伯语口语双音节、三音节词进行了实验分析,对重音的语音表征和语音学类型、位置等问题进行了探讨,提出锡伯语的双音节词中,第一音节是词重音的位置;词重音属于音高显突型。[⑦] 三音节词中,第二、三音节趋于弱化并导致元音脱落,第一音节可视为重音位置。[⑧] 此外,李兵、胡伟还对大五家子满语九类动词进行了实验分析,从音强、音高、时长三个方面对重音分布和声学特点进行了研究,认为现代满语的词重音属于音强

---

① 鲍培. 阿尔泰语言学导论[M]. 周建奇,译. 呼和浩特:内蒙古教育出版社,2003:223.

② 季永海,刘景宪,屈六生. 满语语法[M]. 北京:民族出版社,1986:91-92.

③ 王庆丰. 满语研究[M]. 北京:民族出版社,2005:16-17.

④ 爱新觉罗·乌拉熙春. 满洲语语音研究[M]. 京都:玄文社,1992:61-66.

⑤ 孟达来. 北方民族的历史接触与阿尔泰诸语言共同性的形成[M]. 北京:中国社会科学出版社,2001:140.

⑥ 赵杰. 现代满语研究[M]. 北京:民族出版社,1989:71.

⑦ 李兵,汪朋,贺俊杰. 锡伯语双音节词重音实验语音学研究[J]. 民族语文,2012(2):55.

⑧ 李兵,贺俊杰,汪朋. 锡伯语三音节词重音的实验语音学研究[J]. 民族语文,2014(2):71.

重音，时长与音高在区分轻、重读音节时作用不明显，词缀性质对重音分布可能有影响。[①]为深入了解词重音特点和分布规律，李兵等人还对鄂伦春语等语言进行了实验研究，提出鄂伦春语双音节词重音的主要声学对应物是音高，多数情况下双音节词的第一音节承载重音。[②] 这些研究较为细致，学术价值较高，对于深入认识了解满语语音规律具有重要的作用和意义。但还有一些问题仍需采用新的方法和手段进一步研究和探讨，例如重音影响因素以及声学性质等。

二、满语词重音的实验研究

本节我们借鉴锡伯语、蒙古语等语言重音的实验方法，对满语词重音进行实验研究，从语料库中选取样本语料，对满语双音节和三音节词汇词重音的特点和分布情况进行声学描写。

（一）实验方法

我们在语料库中选取双音节词 432 个、三音节词 289 个作为实验样本，注重涵盖名词、动词和形容词，对满语的双音节、三音节词的重音问题进行研究。李兵等人对锡伯语双音节和三音节词重音可能存在的语音表征，即时长、音强及音高进行了实验研究，确定重音的语音表征、语言学类型以及重音位置，他们对有关数据的测量主要是基于韵部进行的，并提出韵部是计算音节时长、音强及音高的主体，其内部结构是主要相关因素。[③] 我们根据李兵等人关于锡伯语双音节和三音节词汇词重音的测量方法，[④][⑤]针对满语双音节词的 V+CV、V+CVC、VC+CV、VC+CVC、CV+CV、CV+CVC、CVC+CV、CVC+CVC 等 8 种音节组合，以及三音节词的 V+ CV+CV、VC+ CV+CV、CV+CVC+ CV、CV+ CV+CVC、CV+ CV+CV、CV+CVC+CVC、CVC+ CV+CV、CVC+ CVC+CV 等 8 种音节组合的韵部进行测量和计算，对这 16 种音节组合下，双音节词和三音节词所有音节韵部的音高、音强和时长情况进行考察，依托测量数据进行实验分析和研究，探讨满语双音节和三音节词的词重心位置和特点。由于满语四种基本音节产生的各种音节有多种组合方式，但受词汇量所限，一些音节组合的类型和结构的实验样本分布不均，有的音节组合没有相应的样本词汇，因此，本次我们主要对满语双音节和三音节词常见的音节组合情况进行研究，有重点地选择常见的音节组合进行分析，没有涵盖所有的音节组合，待后续进一步整理挖掘语料，再对其他的音节组合进行实验研究。测量方法如下。

音高的测量：把双音节词和三音节词的每个音节的韵部都进行九等分，提取每个点的音高值，再求出音高的平均值。

时长的测量：对双音节词，分别测出两个音节的韵部时长和以及前后两个音节韵部时长的比值。

---

① 李兵，胡伟. 现代满语大五家子方言动词重音分布的声学分析[J]. 南开语言学刊，2013(2)：62-73.
② 李兵，李文欣. 鄂伦春语双音节词重音实验语音学报告[J]. 民族语文，2011(3)：48.
③ 李兵，汪朋，贺俊杰. 锡伯语双音节词重音实验语音学研究[J]. 民族语文，2012(2)：56.
④ 李兵，汪朋，贺俊杰. 锡伯语双音节词重音实验语音学研究[J]. 民族语文，2012(2)：55.
⑤ 李兵，贺俊杰，汪朋. 锡伯语三音节词重音的实验语音学研究[J]. 民族语文，2014(2)：71.

音强的测量：分别测出两个音节韵部的音强平均值以及前后音节韵部音强的比值。

(二)双音节词重音实验

实验测得满语双音节词 8 种音节组合中相关音节时长、音高和音强数据如表 6-3-1 所示。

表 6-3-1　满语双音节词时长、音高、音强平均值表

序号	音节组合	第一音节			第二音节		
		时长/ms	音高/Hz	音强/dB	时长/ms	音高/Hz	音强/dB
1	V+CV	102	201	76	99	219	76
2	V+CVC	115	196	75	212	213	79
3	VC+CV	94	212	76	99	197	75
4	VC+CVC	112	210	77	189	174	76
5	CV+CV	170	174	76	150	159	71
6	CV+CVC	94	212	76	179	195	70
7	CVC+CV	220	197	73	162	184	75
8	CVC+CVC	160	198	77	115	236	84

满语双音节词常用的元辅音组合有 8 种方式，为深入探讨满语双音节词重音位置和特点，我们对这 8 种组合方式依次进行讨论。

1. V+CV 型

此种音节组合的时长关系，由表 6-3-1 可以看出，第一音节时长为 102 ms，第二音节时长为 99 ms，第一音节时长较长；从音高来看，第一音节音高为 201 Hz，第二音节音高为 219 Hz，第二音节的音高较大；从音强来看，两个音节的音强相等，都是 76 dB。为探讨满语、锡伯语词重音问题，李兵等对锡伯语双音节词重音的位置和性质进行了实验研究，认为“在音高、时长和音强之间，两个音节时长之间差异的稳定性和系统性最弱，时长和音强各自的差异和音高差异之间有可能相互抵牾，但不排除后两者起到加强音高差异作用的可能。虽然不同音节之间在时长和音强方面的差异会受到某些语言和非语言因素的影响，但显著、系统和稳定的音高差异基本上体现了双音节词词重音的相对显突。音高差异是确定双音节词重音的主要依据。锡伯语双音节词词首音节是词重音的位置”①。同时还在文中转述特拉斯克(Track 1996)的表述，认为“这种现象属于音高显突(pitch prominence)，即在一个词里，重读音节的音高明显高于或低于周围音节从而使重读音节得以凸显”②。这里通过对双音节词 V+CV 音节组合的时长、音高和音强关系进行考察，结合实际听感，我们赞同李兵等人的实验结论，满语双音节词的 V+CV 音节组合中，时长和音强的因素影响不大，重音主要体现的还是音高因素，可以用特拉斯克的音高显突表述进行描写。在 V+CV 型音节组合

① 李兵，汪朋，贺俊杰. 锡伯语双音节词重音实验语音学研究[J]. 民族语文，2012(2)：62-63.

② 参阅 TRACK R L. A dictionary of phonetics and phonology[M]. London：Routledge，1996.

中，第一音节是由元音单独组成，元音单独构成音节时，音质饱满，发音清晰，因此音高较高；第二音节为辅音+元音构成的音节，在满语的音节组合中，C+V 型的音节组合是最常见、最基本的组合方式，也是最稳定的组合方式，因此此种组合方式下辅音对元音的影响和控制较强，构成的音节响度也是最强的，体现在音高上，即为音高凸显型。因此我们通过对语料库的 105 个该音节类型词汇进行实验后，认为该种音节组合方式的重音在第二个音节上，即在 CV 音节上。在后续实验中，我们以音高凸显为主要表征，对满语双音节词汇重音位置进行考察和研究。

2. V+CVC 型

V+CVC 型的第一音节时长为 115 ms，第二音节时长为 212 ms，第二音节时长较长；从音高来看，第一音节音高为 196 Hz，第二音节音高为 213 Hz，第二音节的音高较大；从音强来看，第一音节音强为 75 dB，第二音节音高为 79 dB，第二音节的音强稍大一些。时长和音强区分重音作用不明显，V+CVC 型双音节的第二音节音高大于第一音节，词重音在第二个音节上。

3. VC+CV 型

VC+CV 型的第一音节时长为 94 ms，第二音节时长为 99 ms，第二音节时长较长；从音高来看，第一音节音高为 212 Hz，第二音节音高为 197 Hz，第一音节的音高较大；从音强来看，第一音节音强为 76 dB，第二音节音高为 75 dB，第一音节的音强略大。可知 VC+CV 型的词重音在第一个音节上。

4. VC+CVC 型

VC+CVC 型的第一音节时长为 112 ms，第二音节时长为 189 ms，第二音节时长较长；从音高来看，第一音节音高为 210 Hz，第二音节音高为 174 Hz，第一音节的音高较大；从音强来看，第一音节音强为 77 dB，第二音节音高为 76 dB，两个音节的音强基本接近。可知 VC+CVC 型的词重音在第一个音节上。

5. CV+CV 型

CV+CV 型的第一音节时长为 170 ms，第二音节时长为 150 ms，第一音节时长较长；从音高来看，第一音节音高为 174 Hz，第二音节音高为 159 Hz，第一音节的音高较大；从音强来看，第一音节音强为 76 dB，第二音节音高为 71 dB，第一音节的稍大些。可知 CV+CV 型的词重音在第一个音节上。

6. CV+CVC 型

CV+CVC 型的第一音节时长为 94 ms，第二音节时长为 179 ms，第一音节时长远大于第二音节；从音高来看，第一音节音高为 212 Hz，第二音节音高为 195 Hz，第一音节的音高较大；从音强来看，第一音节音强为 76 dB，第二音节音高为 70 dB，第一音节的稍大些。可知 CV+CVC 型的词重音在第一个音节上。

7. CVC+CV 型

CVC+CV 型的第一音节时长为 220 ms，第二音节时长为 162 ms，第一音节时长也是远大于第二音节；从音高来看，第一音节音高为 197 Hz，第二音节音高为 184 Hz，第一音节的音高较大；从音强来看，第一音节音强为 73 dB，第二音节音高为 75 dB，第二音节的稍大些。可知 CVC+CV 型的词重音在第一个音节上。

8. CVC+CVC 型

CVC+CVC 型的第一音节时长为 160 ms，第二音节时长为 115 ms，第一音节时长大于第二音节；从音高来看，第一音节音高为 198 Hz，第二音节音高为 236 Hz，第二音节的音高较大；从音强来看，第一音节音强为 77 dB，第二音节音高为 84 dB，第二音节的稍大些。可知 CVC+CVC 型的词重音在第二个音节上。

从上述 8 种音节组合类型的时长、音高和音强数据来看，8 种音节类型组合的音强数据差值较小，除了 CVC+CVC 型的音强为 84 dB 外，其余的 7 种组合的两个音节的音强数值都是在 70~80 dB 之间，差值不大，对重音的区别意义不大；从时长数据来看，8 种音节类型组合中，第一音节和第二音节有的时长差值较大，但时长有时与发音人个人因素相关，并且两个音节时长之间差异的稳定性和系统性最弱，对确定重音位置意义不大；由于满语重音也具有音高凸显特征，音高是确定重音位置的重要因素。8 种组合中，重音在第一音节的有 VC+CV、VC+CVC、CV+CV、CV+CVC、CVC+CV 等 5 种音节组合，在第二音节的有 V+CV、V+CVC、CVC+CVC 等 3 种音节组合。关于满语双音节词的重音，王庆丰认为，“重音落在第一个或第二个音节上，前者约占 2/3 以下，后者约占 1/3 以上”①。赵杰提出，“清代满语的固定重音到现代满语变成自由重音后，其重音的位置不与特定的音节相联系，重音除不落在动词后缀上外，可以落在单词的其他任何一个音节之上”②。根据我们对满语双音节词常见的 8 种音节组合类型的研究可知，满语双音节词的重音大部分在第一音节上，小部分重音在第二音节，音高是词重音的主要区别因素。

(三)三音节词重音实验

实验测得满语三音节词 8 种音节组合中相关音节时长、音高和音强数据如表 6-3-2 所示。

表 6-3-2　满语三音节词时长、音高、音强平均值表

序号	音节组合	第一音节			第二音节			第三音节		
		时长/ms	音高/Hz	音强/dB	时长/ms	音高/Hz	音强/dB	时长/ms	音高/Hz	音强/dB
1	V+CV+CV	115	216	77	99	232	76	85	198	75
2	VC+CV+CV	158	203	75	102	197	76	130	186	74
3	CV+CVC+CV	112	209	69	100	204	71	94	195	72
4	CV+CV+CVC	105	212	78	126	197	77	101	189	79
5	CV+CV+CV	89	209	69	88	170	71	101	160	73
6	CV+CVC+CVC	92	197	78	83	213	72	139	192	77
7	CVC+CV+CV	107	188	73	106	166	76	90	201	76
8	CVC+CVC+CV	98	196	74	97	210	76	83	187	72

① 王庆丰. 满语研究[M]. 北京：民族出版社，2005：16.

② 赵杰. 现代满语研究[M]. 北京：民族出版社，1989：71.

满语三音节词常用的元辅音组合也有 8 种方式,相关研究和讨论如下:

1. V+CV+CV 型

这种类型的时长关系,由表 6-3-2 可以看出,第一音节时长为 115 ms,第二音节时长为 99 ms,第三音节时长为 85 ms,第一音节的时长较长;从音高来看,第一音节音高为 216 Hz,第二音节音高为 232 Hz,第三音节音高为 198 Hz,第二音节的音高较大;从音强来看,三个音节的音强分别为 77 dB、76 dB、75 dB,音强差值较为接近。可见 V+CV+CV 型的重音在第二音节上。

2. VC+CV+CV 型

这种类型的第一音节时长为 158 ms,第二音节时长为 102 ms,第三音节时长为 130 ms,第一音节的时长较长;从音高来看,第一音节音高为 203 Hz,第二音节音高为 197 Hz,第三音节音高为 186 Hz,第一音节的音高较大;从音强来看,三个音节的音强分别为 75 dB、76 dB、74 dB,音强较为接近。可见 VC+CV+CV 型的重音也在第一音节上。

3. CV+CVC+CV 型

这种类型的第一音节时长为 112 ms,第二音节时长为 100 ms,第三音节时长为 94 ms,第一音节的时长较长;从音高来看,第一音节音高为 209 Hz,第二音节音高为 204 Hz,第三音节音高为 195 Hz,第一音节的音高较大;从音强来看,三个音节的音强分别为 69 dB、71 dB、72 dB,音强较为接近。可见 CV+CVC+CV 型的重音也在第一音节上。

4. CV+CV+CVC 型

这种类型的第一音节时长为 105 ms,第二音节时长为 126 ms,第三音节时长为 101 ms,第二音节的时长较长;从音高来看,第一音节音高为 212 Hz,第二音节音高为 197 Hz,第三音节音高为 189 Hz,第一音节的音高较大;从音强来看,三个音节的音强分别为 78 dB、77 dB、79 dB,音强较为接近。可见 CV+CV+CVC 型的重音在第一音节上。

5. CV+CV+CV 型

这种类型的第一音节时长为 89 ms,第二音节时长为 88 ms,第三音节时长为 101 ms,第三音节时长较长;从音高来看,第一音节音高为 209 Hz,第二音节音高为 170 Hz,第三音节音高为 160 Hz,第一音节的音高较大;从音强来看,三个音节的音强分别为 69 dB、71 dB、73 dB,第三音节的音强稍大些。可见 CV+CV+CV 型的重音在第一音节上。

6. CV+CVC+CVC 型

这种类型的第一音节时长为 92 ms,第二音节时长为 83 ms,第三音节时长为 139 ms,第三音节的时长较长;从音高来看,第一音节音高为 197 Hz,第二音节音高为 213 Hz,第三音节音高为 192 Hz,第二音节的音高较大;从音强来看,三个音节的音强分别为 78 dB、72 dB、77 dB,第一音节的音强稍大些。可见 CV+CVC+CVC 型的重音在第二音节上。

7. CVC+CV+CV 型

这种类型的第一音节时长为 107 ms,第二音节时长为 106 ms,第三音节时长为 90 ms,第一音节的时长较长;从音高来看,第一音节音高为 188 Hz,第二音节音高为 166 Hz,第三音节音高为 201 Hz,第三音节的音高较大;从音强来看,三个音节的音强分别为 73 dB、76 dB、76 dB,数值相差不大。可见 CVC+CV+CV 型的重音在第三音节上。

8. CVC+CVC+CV 型

这种类型的第一音节时长为 98 ms,第二音节时长为 97 ms,第三音节时长为 83 ms,第一音节的时长较长；从音高来看，第一音节音高为 196 Hz，第二音节音高为 210 Hz，第三音节音高为 187 Hz，第二音节的音高较大；从音强来看，三个音节的音强分别为 74 dB、76 dB、72 dB，数值相差不大。可见 CVC+CVC+CV 型的重音在第二音节上。

从上述满语的 8 个音节类型三音节词中我们可以看到，与双音节词相比，三音节词的时长、音高和音强的分布更为复杂无序。音强数据显示，8 种音节类型的音强数值较为接近，在 69～79 dB 之间分布，差值不大，对重音的区别意义不大。从时长来看，8 种三音节组合中，除 VC+CV+CV 和 CV+CV+CVC 型外，其他 6 种音节中，第一音节时长较长，第三音节时长较短，呈现从第一音节到第三音节递减的趋势，说明随着音节的增加，音节时长变短。从音高来看，8 种三音节组合中，VC+CV+CV、CV+CVC+CV、CV+CV+CVC、CV+CV+CV 等 4 种音节类型的第一音节音高数值最大，V+CV+CV、CV+CVC+CVC、CVC+CVC+CV 等 3 种音节类型中第二音节音高数值最大，只有在 CVC+CV+CV 型音节中第三音节的音高数值最大，说明 8 种音节类型中，VC+CV+CV、CV+CVC+CV、CV+CV+CVC、CV+CV+CV 等 4 种类型中第一音节是重音位置，V+CV+CV、CV+CVC+CVC、CVC+CVC+CV 等 3 种类型中第二音节是重音位置，CVC+CV+CV 型中第三音节是重音位置。

李兵等人依据语音实验，提出锡伯语中三音节词与双音节词相同，词重音位置是第一音节。[①] 我们根据满语常见的 8 种音节类型的实验可知，满语的三音节词重音大部分在第一音节上，也有在第二或第三音节上的，这与王庆丰关于“三音节词的大部分为动词的基本形式，其重音主要落在第三个音节上”[②]的说法稍有不同。需要说明的是，王庆丰提出三音节词大部分是动词，重音主要落在第三音节上，我们在区分 8 种音节组合时，没有区分语料的词性，即对动词、名词、形容词等词汇没有进行单独区分、单独实验，而是取的平均值进行计算和分析，因此可能存在一些误差，在后续的研究中，我们将对此进行专题研究。关于重音的性质，赵杰曾进行过详细的描述：“重音的严格定义指的是词的某个（或者某些个）音节上声音的加强或者音高的增加，有重音落在上面的音节叫作重读的音节。如果重音表现在重读音节的声音加强上，这叫动力重音，如俄语。如果重音表现在重读音节的音高增加上，这叫乐调重音，如日语。声音的加强通常是随着音高的增加而强化，声音的减弱通常也是随着音高的降低而弱化。”[③]通过对满语三音节词重音进行实验和分析，我们认为，满语三音节词重音与日语相似，属于音高重音，即乐调重音，特征较为符合特拉斯克所表述的音高凸显的特点，重音类型属于音高凸显型，大部分位于第一音节，也有位于第二或第三音节的情形。

通过对满语双音节词和三音节词的 16 种音节组合类型进行实验和分析，我们认为，在时长、音高与音强等因素中，音高的表现最为稳定，是决定重音位置和特性的重要因素，时长与音强的稳定性和系统性较弱，对重音的影响不大，未发现具有明显的规律性和影响性，仅发现时长与音节数量具有一定关联性，即随着音节数量增加，音节的时长呈现变短的趋势。实验显示，满语双音节和三音节词的词重音大部分位于第一音节，第二、三音节也有分布，决定重音的表征因素是音高，重音类型属于音高凸显型。

---

① 李兵，汪朋，贺俊杰. 锡伯语双音节词重音实验语音学研究[J]. 民族语文，2012(2)：80.

② 王庆丰. 满语研究[M]. 北京：民族出版社，2005：16-17.

③ 赵杰. 现代满语研究[M]. 北京：民族出版社，1989：68.

第四节 满语的元音和谐

一、研究概述

元音和谐是阿尔泰语言的重要特征，主要指词内音节中元音舌位高低、前后等搭配情况。关于元音和谐，G. J. 兰司铁认为元音和谐是："语言内部结构规定了第一音节的元音永远是最重要的，对于词的后来发展空间是决定性的。"①鲍培从形态学的角度提出："元音和谐是一种形态音位特征，只有某些元音可以出现在一个词中。"②清格尔泰也对元音和谐现象做了精辟的论述："元音和谐律就是关于一个词的前后音节里的元音之间的求同性、限制性、序列性、制约性的规律。"③

满语的元音和谐在满语词汇、词法、语法等方面具有重要的作用，刘景宪、王庆丰、赵杰、乌拉熙春等学者对满语元音和谐的性质、特点以及规律进行了研究探索，学术成果丰硕。书面语方面，季永海认为："满语的元音和谐律不太严整，一般来说阳性元音只能和阳性元音和谐；阴性元音只能和阴性元音和谐；中性元音既可以和阳性元音和谐，又可以和阴性元音和谐；中性元音之间也可以和谐，还有少量词（包括附加成分）中，阳性元音和阴性元音同时出现。"④刘景宪则提出："由于元音和谐的作用，满语词汇中，三个阳性元音极少同时出现在同一个词内，两个中性元音共同组成的词在满语词汇中所占比例不大。"⑤口语方面，王庆丰认为："满语阳性元音只能与阳性元音或中性元音和谐，阴性元音只能与阴性元音、中性元音和谐，中性元音能与中性、阳性、阴性元音和谐。"⑥赵杰通过对清代满语和现代满语进行比较研究，认为"清代满语的元音和谐律已逐渐松化，现代满语由于受到语音繁化和自由重音的影响，加之古今阴阳混性汉语借词接连不断地直接渗入，其元音和谐律已全面解体"⑦。乌拉熙春也认为："现代满洲语中，元音和谐表现为覆盖在整个词各音节元音上的舌位或唇形的协同倾向；辅音的和谐则表现为伴邻辅音间在清或浊、送气或不送气的一致性。"⑧上述成果中，不同学者对满语的元音和谐现象提出了不同的见解，相关研究既有相同点也有较大的分歧，相关结论值得深入思考和推敲。

当前，尚未发现运用实验的方法对满语元音和谐进行研究的成果，但蒙古语、维吾尔语等其他民族语言的成果较多，其中宝玉柱用实验的方法对传统蒙古语进行了研究，根据实验和数据提出："传统语音学的所谓阴阳，就是元音的高低组划分，大约以第一共振峰的600 Hz 为界（男性发音），体现在舌位图上，就是用一个分界线把元音舌位图分成上下两个

① 兰司铁. 阿尔泰语言学导论[M]. 周建奇，译. 呼和浩特：内蒙古教育出版社，2003：113.
② 鲍培. 阿尔泰语言学导论[M]. 周建奇，译. 呼和浩特：内蒙古教育出版社，2003：227.
③ 清格尔泰. 关于元音和谐律[J]. 中国语言学报，1983（1）：218.
④ 季永海. 满语语法（修订版）[M]. 北京：中央民族大学出版社，2011：65.
⑤ 刘景宪. 论满语元音和谐律[J]. 满语研究，1995（2）：19-21.
⑥ 王庆丰. 满语研究[M]. 北京：民族出版社，2005：17-19.
⑦ 赵杰. 现代满语研究[M]. 北京：民族出版社，1989：41-44.
⑧ 爱新觉罗·乌拉熙春. 满洲语语音研究[M]. 京都：玄文社，1992：84.

区域。一般情况下,以高元音起首的词,后续元音也是高元音,以低元音起首的词,后续元音也是低元音。蒙古语中一个词的发音,开口度不会有频繁的大幅度的张合变换,说到底,是发音的省力原理在起作用。”①这些成果可以为我们用实验的方法研究满语元音和谐现象提供数据参考。

二、元音和谐研究

传统研究中,满语元音被分为阳性、阴性和中性,满语的元音和谐就是一个词汇中同性属的元音可以相拼,中性元音可以与阴阳两种性属的元音相拼,形成词汇的组合搭配规律。但这些现象的声学基础是什么?元音和谐的属性有什么特征?都是值得深入思考的问题。传统研究中,王庆丰将 8 个满语元音 e、i、u、y、ɑ、o、ə、ɛ 分为阳性元音、阴性元音和中性元音三组,其中阳性元音为 ɑ、o、ɛ,阴性元音为 ə,中性元音为 e、i、u、y,阳性元音只能与阳性元音或中性元音和谐;阴性元音只能和阴性元音或中性元音和谐;中性元音除了与中性元音和谐外,还可以分别与阳性、阴性元音和谐。② 本节我们运用实验的方法,依据数据对满语元音和谐现象进行实验验证和简要分析。

(一)实验方法

从满语语料库中选择词汇,运用 Praat 语音实验软件提取元音的 F1、F2 等共振峰进行研究。

(二)数据和图表

运用 Praat 语音实验软件提取了满语元音 e、i、u、y、ɑ、ɔ、ə、ɛ 等 8 个元音的第一、第二共振峰数据,如表 6-4-1 所示。

表 6-4-1 满语元音共振峰数据表

元音	共振峰	共振峰数据				
		最小值/Hz	最大值/Hz	平均值/Hz	标准差/Hz	变异系数
e	F1	431	532	483	25. 406	0. 053
	F2	1 728	1 811	1 774	20. 984	0. 012
i	F1	251	370	312	27. 135	0. 087
	F2	1 933	2 154	2 056	57. 185	0. 028
u	F1	261	372	317	26. 939	0. 085
	F2	918	1 088	1 006	43. 26	0. 043

① 宝玉柱. 蒙古语正蓝旗土语元音和谐律研究[J]. 语言研究,2010,30(1):125.

② 王庆丰. 满语研究[M]. 北京:民族出版社,2005:17.

表 6-4-1(续)

元音	共振峰	共振峰数据				
		最小值/Hz	最大值/Hz	平均值/Hz	标准差/Hz	变异系数
y	F1	267	381	324	35. 144	0. 108
	F2	1 899	2 178	1 987	59. 769	0. 03
ɑ	F1	774	1 041	922	73. 335	0. 08
	F2	1 129	1 350	1 250	58. 975	0. 047
ɔ	F1	519	678	615	38. 585	0. 063
	F2	936	1 146	1 038	47. 669	0. 046
ə	F1	416	563	484	31. 594	0. 065
	F2	1 179	1 357	1 294	50. 49	0. 039
ɛ	F1	596	707	638	31. 168	0. 049
	F2	1 665	1 803	1 755	37. 453	0. 021

依据表 6-4-1 数据做出满语元音声学元音图,如图 6-4-1 所示。

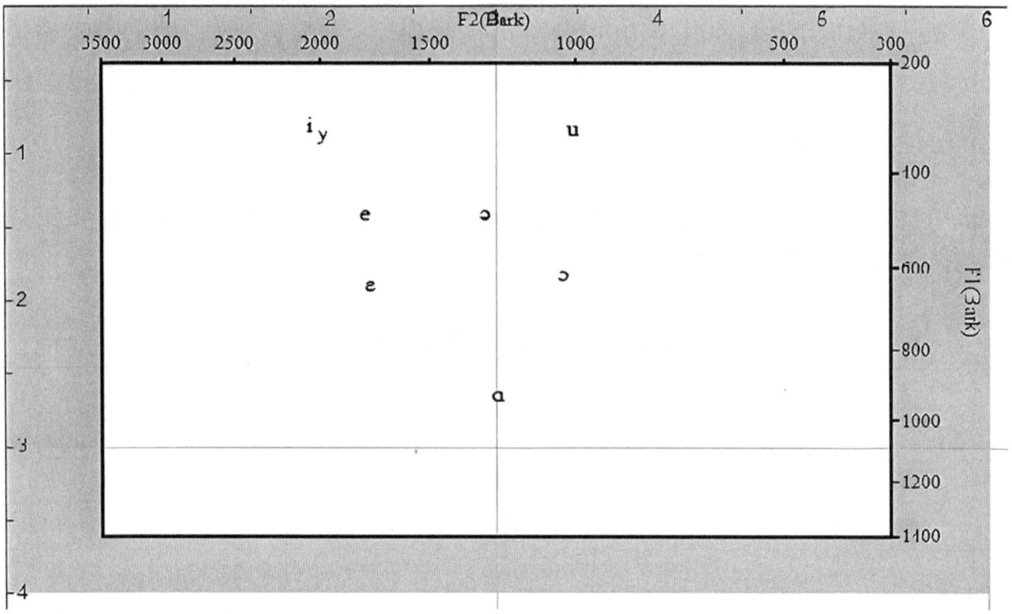

图 6-4-1　满语元音声学元音图

(三)实验分析

(1)元音 ɑ

ɑ 为央(稍后)、低、展唇元音,记为[ɑ]。从实验数据来看,ɑ 的 F1 的平均值为 922 Hz, F2 的平均值为 1 250 Hz。依据实验中关于元音阴阳,也就是高低大约以第一共振峰的 600

Hz 为界的划分,ɑ 为阳性、展唇元音。

(2)元音 ɔ

ɔ 为中低、后、圆唇元音,记为[ɔ]。从实验数据来看,ɔ 的 F1 的平均值为 615 Hz,F2 的平均值为 1 038 Hz,ɔ 为阳性、圆唇元音。

(3)元音 ɛ

ɛ 为前、中低、展唇元音,记为[ɛ]。从实验数据来看,ɛ 的 F1 的平均值为 638 Hz,F2 的平均值为 1 755 Hz,ɛ 为阳性、展唇元音。

(4)元音 ə

ə 为后、中高、展唇元音,记为[ə]。从实验数据来看,ə 的 F1 的平均值为 484 Hz,F2 的平均值为 1 294 Hz,ə 为阴性、展唇元音。

(5)元音 e

e 为前、中高、展唇元音,记为[e]。从实验数据来看,e 的 F1 的平均值为 483 Hz,F2 的平均值为 1 774 Hz,e 为中性、展唇元音。

(6)元音 i

i 为前、高、展唇元音,记为[i]。从实验数据来看,i 的 F1 的平均值为 312 Hz,F2 的平均值为 2 056 Hz,i 为中性、展唇元音。

(7)元音 u

u 为前、高、圆唇元音,记为[u]。从实验数据来看,u 的 F1 的平均值为 317 Hz,F2 的平均值为 1 006 Hz,u 为中性、圆唇元音。

(8)元音 y

y 为前、高、圆唇元音,记为[y]。从实验数据来看,y 的 F1 的平均值为 324 Hz,F2 的平均值为 1 987 Hz,y 为中性、圆唇元音。

由实验和数据可以看出,满语词汇中还有一定的元音和谐情况存在,但元音和谐已经不够完整了。王庆丰将满语元音分为阴性、阳性和中性三种类型,其中:"阳性元音为 ɑ、o、ɛ,阴性元音为 ə,中性元音为 e、i、u、y。"①从舌位高低来看,由满语元音声学元音图(图 6-4-1)可以看出,ɑ、ɔ、ɛ 三个阳性元音都是舌位较低的元音,呈现低音的特征;e、i、u、y 四个中性元音的舌位都较高,呈现高音的特征;而阴性元音的舌位较为居中,呈现中元音的特点。从舌位前后来看,三个阳性元音 ɑ、ɔ、ɛ 既有前元音,也有央后及后元音;四个中性元音 e、i、u、y 也是前后元音都有;而阴性元音 ə 为后元音,在舌位的前后方面无规律可循,可见满语的元音和谐主要是舌位的高低之间的和谐,即阴阳和谐,是元音 ɑ 与 ɔ、ɛ 间的阳性和谐,ə 与 y、i、u 间的阴性和谐。

从满语语料库的词汇中可以发现一些基本规律,具体为:

第一音节为阳性元音 ɑ 时,后续音节可以为 ɑ-ɑ、ɑ-ɔ、ɑ-ɛ 等元音。

ɑ-ɑ 型:

abdaɣa(叶子)	abga(天)	ama(父亲)	amaga(公公)
amba(大,大的)	aŋŋa(口)	aʁa(雨)	

第一音节为阴性元音 ə 时,后续音节可以为 ə-ə、ə-y、ə-i、ə-u 等元音。

---

① 王庆丰. 满语研究[M]. 北京:民族出版社,2005:17.

ə-ə 型：

bəjə(身体，自己)　bələ(米，稻米)　bənəme(送，解送)

bɛtələme(用，使)　bətgə(脚，腿)

ə-i 型：

ərbin(茅草)　ərin(时间)　əji(流)

ə-u 型：

əlu(葱)　məku(蘑菇)

……

第一音节为中性元音时，后续音节可以为中性、阴性或阳性元音。由此可以看出，在大部分的词内，元音的搭配组合是有一定规律的，表现在舌位高低（也就是阴阳）上，词首高元音之后接高元音，词首低元音之后接低元音。为了避免语流中口型变换幅度过大，需要后接高低度与之相近的元音，是一种发音中的省力现象，但这只是理想状况，实际上满语词汇中很多元音和谐现象已经被破坏了，在 ɑ 与 ə 的关系上表现得尤为明显。对此李兵提出："/ɑ/与/ə/的对立对维系以[ɑ 舌根后缩]为和谐特征的通古斯型元音和谐起着重要的作用，一旦/ɑ/和/ə/的对立关系发生变化（如音位合并或不再以舌根后缩为区别特征），通古斯型的元音和谐将会完全解体，三家子满语和锡伯语的情况证明了这一点。"[①]这种现象在语料库中也有很多例子。

如 a-ə 型：

ɑʁʥ̢ən(雷)　ɑlbən(公务)　tɑlmən(雾)　bandzə(算盘)

fatəme(掐，摘)　garmən(蚊子)　gavdəme(射)　havən(官员)

jadəre(穷，贫穷)　madaɤən(利息)　nadən(七，七个)

……

在词干内阴性元音 ə 与阳性元音 ɑ 共存比较普遍，说明满语的元音和谐已被破坏和解体了。

概而言之，针对满语中还存在着元音和谐现象，按照传统的研究，满语元音有阴性、阳性和中性三种类型，实验发现，满语元音的阴阳和谐实际上是元音舌位的高低和谐，大部分词内元音的搭配组合主要表现在舌位高低（也就是阴阳）搭配上，高元音之后接高元音，词首低元音之后接低元音，究其原因主要为避免语流中口型变换幅度过大，需要接加与舌位高低度相近的元音与之适应，是一种发音的省力现象。根据语言调查和实验可知，满语的元音和谐已经不够完整了，阳性元音 ɑ 与阴性元音 ə 的对立关系已被破坏，具有严谨阴阳对立的 ɑ 与 ə 在很多词汇中共存，仅残留一些较少的元音和谐现象。

本章结合语音实验以及数据统计，对满语的音位音系及韵律特征进行了研究。将满语的音位归纳为 8 个元音音位和 26 个辅音音位，运用 11 对区别特征进行了音系描写。对元音音高、音长、音强等韵律特征进行研究，揭示了音高、音长、音强与元音舌位间的关系。对音节分布频率进行了统计，四种基本音节中出现频率最高的是 CV 型音节和 CVC 型音节，音节长度随着数量的增加而变小，以开音节结尾的占大多数，因此，满语是一种以开音节为主的语言。通过对 16 种类型的双音节和三音节词重音进行实验，在时长、音高和音强三个

---

① 李兵. 通古斯语言元音和谐与书面满语元音系统[J]. 满语研究，1998(1)：27.

影响因素中,音高最为稳定,决定了重音的位置和特性,时长与音强稳定性和系统性较弱,没有明显的影响性。满语词重音大部分位于第一音节,重音类型属于音高凸显型。元音和谐实验表明,满语元音传统的阴阳和谐实质上是舌位的高低和谐,主要由发音的省力原则决定的。当前元音和谐已被破坏,仅残留少量的和谐现象。

第七章　满语的智能化探索

近年来,随着人工智能和数据库技术的发展,语音合成与识别等技术取得了突出的成果,其中汉语的文语转换、智能翻译、教学运用等成果取得了显著的市场和实用效益,在语音导航、智能客服、语音播报等方面得到了广泛的应用,为人们提供了便捷高效的技术服务。满语这方面的研究还处于刚刚起步阶段,本章我们依托实验数据和成果,通过设计程序、开发模块,基于隐马尔可夫模型(HMM)探索满语的语音识别与语音合成,是实现濒危满语智能化保护的核心和关键。

第一节　基本研究框架

当前,我国汉语普通话以及藏、维吾尔、蒙古、回等民族语言的语音合成、语音识别等智能化研究取得重要的进展,依托互联网建立了语音平台,在人们的交往交流以及生产生活等方面获得了广泛的应用,取得了较好的社会效益和经济效益。但满语的智能化研究才刚刚起步,国内已有学者和科研机构对此进行了探索,但国外尚未发现同类的研究。我们针对满语是低资源语言,面临着语料不足、发音规则缺乏的实际,充分借鉴和参考普通话以及其他民族语言相关的研究成果,搭建满语智能化研究框架,主要研究框架由六个部分组成。分别是满语的形态结构分析、实验语料库建设、基于 HMM 的语音识别、国际音标转录、设计田野调查模型、基于 HMM 的语音合成,期望能够为满语的抢救与保护提供一些参考。相关的研究框架如图 7-1-1 所示。

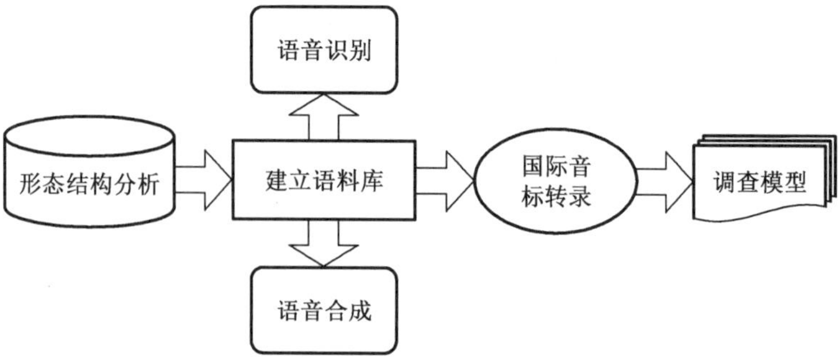

图 7-1-1　满语智能化研究框架图

第二节　满语的形态分析

满语是黏着型语言,属于拼音型文字,词汇一般由词干和词缀两部分组成,“词干是词的稳定部分,具有一定语义,可以单独用来指称。附加成分是词在语音上依附词干的部分,不能离开词干而单独存在,没有单独意义,只有与词干相结合才获得意义”①。例如,以满语动词 arambi(做,写,造)为例,词干 ara 后附加不同的词缀分别表示不同的语法意义。

ara-mbi	写、做(动词原形,表示现在或将来时)
ara	令写、令做(祈使形式)
ara-ra	写、做(表示现在、将来时的动名词、形动词)
ara-me	写着、做着(伴随副动词,表示伴随)
ara-ha	写了、做了(一般过去时、过去时的动名词和形动词)
ara-rakv	不做、不写(表示将来时的否定)
ara-hakv	没做、没写(表示对过去时的否定)
ara-bu-mbi	使写、使做、被做(表示被动意义)

词汇的形态分析在自然语言处理中具有重要的地位和作用,词法的准确率可以直接影响语音识别、语音合成以及信息检索等的有效性。由上述例子可知,满语的一个词汇附加构型后可视为一个新词,在实际操作中,如果把满语词汇作为一个整体来处理,不进行构型分析,将会丢失大量的语法和词类等信息,增大了系统的错误概率。因此,对满语进行深层次的构形分析,能够正确切分词根、词干和词缀,获取词类属性和语法关系等信息,可以为建立语言模型,为其与发音词典相结合用于满语的语音识别与合成应用中,为大规模的满语智能化研究提供数据支撑。由于研究所限,本节仅对满语词汇的构形进行形态分析,相关例句源自《御门听政》《朔漠方略》《清语易言》《庸言知旨》《满文老档》《百二老人语录》《诗经》等满文典籍,不逐一进行标注。

一、词汇构形

满语词汇可分为体词类(名词、代词、数词、量词、形容词)和动词类(普通动词、助动词),具有丰富的形态变化,通过词干后附加不同形态的词缀表示不同语法意义。

(一)体词类

1. 名词

(1)指人名词的复数构形由词干(N 表示名词)后附加 sa、se、so、si、ri 等构成,具体表示为 N-sa(se、so、si、ri、ta、te)。例如:amban(大臣)、ambasa(大臣们);guqu(朋友)、guquse(朋友们);monggo(蒙古人)、monggoso(蒙古人们);haha(男人)、hahasi(男人们)。

(2)名词的格和格助词。满语的格助词有 5 个,8 种含义。具体为:属格格助词 i/ni,意

① 朱麟. 从满语、英语形态变化看语言共性[J]. 内蒙古民族大学学报,2006(3):88.

为“的、用等”;宾格格助词 be,意为“把、将、经过等”;位格格助词 de,意为“在、向、到、凭着等”;从比格格助词 qi,意为“从、自、比等”;从格格助词 deri,意为“经由、通过等”。

2. 代词

(1)人称代词。例如:bi(我)、be(我们)、si(你)、suwe(你们)、i(他、她、它)、qe(他们)、tere(他、她、它)、tese(他们)、muse(咱们)。

(2)指示代词。例如:ere(这)、tere(那)、gvwa(别)、weri(别人)、ese(这些)、tese(那些)、tome(每个)、yaya(一切)、enteke(这样的)、tenteke(那样的)、utala(这些)、tutala(那些)。

(3)物主代词、反身代词。物主代词为其属格形式,名词性物主代词在形容词性物主代词后附加 ngge、ingge 构成,反身代词由代词的属格附加 beye 分写构成。

(4)疑问代词。例如:we(谁、何人)、ya(何人、哪个人)、ai(什么)、ya(什么、何)、yaba(何处)、absi(往哪里、往何处)、aibide(哪里)、ya(哪何)、atanggi(何时、哪天)、antaka(如何、怎样)等。

3. 数词

(1)基数词。例如 emu(一)、juwe(二)、ilan(三)、duin(四)、sunja(五)、ninggun(六)、nadan(七)、jakvn(八)、uyun(九)、juwan(十)。

(2)序数词。一般在基数词后面加-qi 构成。

(3)分配数词。一般在基数词后加接 ta、te、to 构成。

4. 量词

序数词-ggeri 构形,构成满语的量词,表示××遍、××次、××回之意。

5. 形容词

形容词由原级、减弱级以及增强级组成。

形容词是原形,例如 amba(大)、ajige(小)、labdu(多)、komso(少)等。

形容词根-kAn(A 为 a、e、o)/liyan/-meliyan/-si 构形。表示形容词的减弱级,意为“略、稍微”。

ele-形容词构形。表示形容词的增强级,意为“更”。

(二)动词类

动词是满语的基础和核心,满语重要的语法功能是通过在动词词干后附加不同的后缀表示的。

1. 动词的时附加构形

满语动词由词干(用 V 表示)+mbi 表示,形态变化都是基于动词原形表示的。满语中除了四个无形态变化动词 inu(是)、bi(有、存在)、waka(不是)、akv(没有、不存在)外,其他都是通过在动词词干后附加不同成分表示时的关系的。

(1)V-mbi 构形。动词词干附加 mbi 表示现在或将来要发生的动作以及经常性、习惯性的动作和客观事实等意义,是满语动词的基本形式。例:

amban bi narhvn hergen be kemuni tuwame mute-mbi.

臣目力尚能细视。——《御门听政》

agu si ilan inenggi dubede uthai buce-mbi.

君三日当死。——《聊斋》

(2)V-ra(re、ro)构形。动词词干后附加 ra、re、ro,表示即将发生的动作、状态。例:

geli g'aldan be aikabade mini gene-re be donjifi,burulame generakv.

又恐噶尔丹闻朕亲行,遂尔逃遁。——《朔漠方略》

pan gin liyan geli hendume,si ebsi jiu, bi sinde hendu-re,si ainu eksembi.

潘金莲又说:你过来!我跟你说,你为何急急忙忙?——《金瓶梅》

(3)V-me bi 构形。动词词干后附加 me bi,表示现在正在进行的动作。例:

bi neneme nikan bithe be hvlaha bihe,te geli manju bithe be hvla-me bi.

我先读汉书来着,现今又读满洲书呢。——《清语易言》

damu botoyak ama namjai emu boo boigon urse, ne kiran i bade usin tara-me bi.

然博托雅克之父纳木斋一家,今正在奇兰种地。——《乾隆朝·胡图陵阿等奏折》

(4)V-HA(h/k+a、e、o)构形。表示过去某个时间发生的动作或情况。例:

cooha be nadan biyai ice ninggun de jurambu-ha.

七月初六日率师起行。——《朔漠方略》

tereci enduringge han genggiyen elhe boo de wesi-ke.

汗遂还清宁宫。——《满文老档》

(5)V-HAbi(A 为 a、e、o)构形。表示到现在为止已经完成或刚刚完成的动作。例:

fudaraka arbun umesi iletule-hebi.

逆状极彰。——《朔漠方略》

emu mukxan jafafi tere bade lasihime ili-habi.

(史进)持一棍在那里混抡。——《水浒传》

(6)V-fi bi 构形。表示从过去某时刻开始,持续到现在并且有可能会继续延续下去的动作或情况。例:

we wang han,u wang han i taxan,undehen xusihe de ara-fi bi.

文武之政,布在方策。——《清文虚子指南编》

tuwaqi,duka yaksi-fi bi. duka neiqi seme hvlaqi,umai jabure niyalma akv.

一瞧,关着门呢。叫开门呢,没有答应的人。——《庸言知旨》

(7)V-HAi bi(A 为 a、e、o)构形。表示动作开始于过去,但延续至今或将来。例:

geren xusai se aliya-hai bi.

诸先生仍在等待。——《聊斋》

Sargan dembei kidume ere-hei bi.

妻翘盼綦切。——《聊斋》

(8)V-HAbihe(A 为 a、e、o)构形,表示过去时间或动作之前发生的动作或状态。也可写为 V-HAbihebi/-V-HA bihe/V-HA bihebi 等形式。例:

tuktan de angga alja-ha bihe,sirame gisun aifuha.

始而应允,继而食言。——《清文虚子指南编》

dergici uthai ere baita taxan seme hese wasimbu-ha bihe.

皇上即传谕此事非真。——《朔漠方略》

(9) V-mbihe 构形。表示过去的习惯性动作或过去某段时间内一直进行着的动作。例:

bi urunakv hacihiyame katunjame gene-mbihe.

朕必勉强力疾而行。——《朔漠方略》

onggolo ahasi bai ere gese sain ningge be, ejen i kesi be baime akdulame wesimbufi, bithei de baitala-mbihe.

前奴才等曾保举这样能者用于笔帖式。——《乾隆朝·胡图陵阿等奏折》

(10) V-ci aqambihe 构形。表示从过去的某个时间看本应要发生的事情。例:

taqire urse beye haqihiya-ci aqambihe.

学者须自勉焉。——《庸言知旨》

(11) V-me bihe 构形。表示在过去的一个比较具体的时间正在发生的动作。例:

nenehe kooli de harangga gurun ilaci aniya emgeri alban benji-me bihe.

前例内,该国曾三年一贡。——《使交纪事》

xun han i beye usin weilembihe sere, fu yuwei furdan niohumbihe sere, be lii ki ihan tuwakiyambihe sere, giyoo ge dabsun fuifume imaha bai-me bihe sere.

舜发于畎亩之中,傅说举于版筑之间,胶鬲举于鱼盐之中。——《孟子·告子篇》

2. 动词的式附加构形

表示句子的语气,有陈述、否定、疑问、命令、请愿、虚拟等6种式。

(1)陈述式。由动词的原形或动词的各种时构成,表示句子的肯定语气。例:

jai buraki toron be sabumbi seme.

又云望见尘起。——《朔漠方略》

jai cimari gereme, han geli jacin beile amin de juwe mingga cooha afabufi sirabume unggihe.

翌旦,上复命二贝勒阿敏率兵二千继之。——《萨尔浒战事文书》

(2)否定式。动词的否定式表示动作、行为不进行或者没有进行。例:

taqin fonjin i doro gvwa de akv.

学问之道无他。——《庸言知旨》

ere beri be ainu alan buriha akv.

这弓为什么不罩桦皮了?——《清语老乞大》

①V-rakv 构形。对现在将来的否定,表示动作不进行。例:

julgei niyalmai gisun, naxhvn be emgeri ufarabuci, jai lak seme baha-rakv ombi sehengge, cohome erebe henduhebi kai.

古人有言,机会一失,不可恰巧复得者,特谓此也。——《朔漠方略》

ainaha seme niyalma unggifi elbime dahabuci ojo-rakv.

断不可派人招降。——《平定海寇方略》

②V-HAkv(h/k+a、e、o)构形。对过去的否定,表示动作没有进行。例:

tere ucuri bi beye nimeme ofi, afara bade isina-hakv.

其时,因朕躬有疾,未至战地。——《朔漠方略》

ere dade te de isinjifi juwan duin aniya oho, inu umei hacin be acinggiyafi niyeceteme dasatame weilehekv.

且历今一十四载,亦未动项粘补。——《乾隆朝·耀海题本》

③V-rakv bihe 构形。对将来时的否定，表示过去不进行某个动作。例：

ama i jetere de amuran jaka,urunakv jui de icangga seci ojo-rakv bihe.

父所爱食之物，必不能令其子爱食之。——《御门听政》

bi ning hiya de coohalame genehede,umai amu isinjirakv bihe.

朕出师宁夏时，竟不成寐。——《御门听政》

④V-HAkv bihe(A 为 a、e、o)构形。对过去完成时的否定，不曾做某个动作。例：

jang jiyoo simnere de dosi-hakv xusai bihe.

那张角本是个不第秀才。——《三国》

ere dade te de isinjifi juwan duin aniya oho, inu umai hacin be acinggiyafi niyeceteme dasatame weilehekv bihe.

且历今一十四载，亦未动项粘补。——《乾隆朝·耀海题本》

(3)疑问式。表示动作行为的疑问或者反问口气。例：

sini salu gemu xaraka kai,weihe tuhe-keu?

尔鬓已白，齿曾落否？——《御门听政》

ing ing hendume,si fu ren de alahao akvn?

莺莺云：你曾告夫人知道也不？——《西厢记》

①V-mbiu 构形。对现在将来的疑问。例：

si fi jafara de yasai buleku be baitala-mbiu?

汝执笔可戴眼镜乎？——《御门听政》

jang xeng hendume,si emhun genembiu? geli aika niyalma be aisilabu-mbiu.

张生说：你独自去？还是要人帮扶着？——《西厢记》

②V-rAu 构形。对现在将来的疑问。例：

kesi isibume xolo xangna-rau.

施恩赏假。——《庸言知旨》

kitat se geli vlet kalka i han beile se aikabade dalai lama ergi de genere,eici gvwa bade genere ohode,aliya-rau seme dacilaha.

祁他特等又奏曰：厄鲁特、喀尔喀之汗、贝勒有赴达赖喇嘛或至他处者，则待之乎？——《朔漠方略》

③V-kvn 构形。对否定式动词的疑问。例：

tere haha hendume,meni hvdaxara hvda gemu si i dorgi benciyan,tehengge gemu si i boo, adarame gelhun akv sinde uncambi,jy xen hendeme,si yargiyan i uncara-kvn?

那汉子道：我们见关着本寺的本钱，见住着本寺的屋宇，如何敢卖与你吃？智深道：你真的不卖？——《水浒传》

hiowande hendume,balai ume kenehuncere,sini jacin ahvn yvn cang ni yan liyang be waha be saha-kvn,zi lung ainaha seme mimbe waliyarakv.

玄德曰：休错疑了。岂不见你二兄云长诛颜良之事乎？子龙必不弃我也。——《三国》

(4)命令式。命令口气让某人做某事。

①V 构形。表示说话人直接命令听话人做某事。例：

cang ping ni dooli de afabufi, erin akv ciralame baicabu.

责令昌平道官不时严察。——《顺治朝·上谕》

te simbe cohome fugiyan i tai wan i jergi babe tuwakiyara zung bing guwan sindaha, tai wan fu i hoton de te.

兹特命尔充镇守福建台湾等处总兵官,驻扎台湾府城。——《乾隆朝·敕》

②Ume-V-rA 构形。表示对禁止的命令式。不要做 A、严禁做 A。例:

dai zing tere gisun be donjifi, kirici ojorakv injeme hendume, beliyen ningge balai ume gisurere.

大圣听了那话,忍不住笑道:呆子莫乱说。——《西游记》

hvlhai mejige bici, uthai cooha gaifi hvsutulame wa jafa, ume tuwaxatame coohai baita be sartabure.

如遇寇惊,即统兵勠力剿捕,不得观望致误军机。——《乾隆朝·敕》

(5)请愿式。表达的是祈请和愿望的语气。

①V-ki 构形。用于平辈、上对下、一般客气的祈请语气,表达的是说话人对听话人的祈求。例:

gurun i mohon akv kesi be hukxeme karulame faxxa-ki .

感戴国家无穷的恩泽,愿奋力报效。——《庸言知旨》

jiyanggiyvn be solifi gisure-ki.

请将军答话。——《西厢记》

②V-kini 构形。表达说话人对他人的欲使、指令、祝愿等语气。例:

harangga solon i meyen i amban be hahilame jurambufi tuxan i baru gene-kini.

饬令该索伦领队大臣迅速启程赴任。——《同治朝·图库尔奏折》

ejen i jalafun enteheme akdun o-kini.

愿汗寿域永固。——《庸言知旨》

③V-rAu 构形。用于下对上、对尊长、非常客气的祈请语气,表达的是说话人对听话人的祈求,表示祈请语气的请愿。例:

aisilara cooha be hvdun unggi-reu.

请速遣援军。——《平定察哈尔方略》

Goromime bodo-rou.

请从长计议。——《清文虚子指南编》

④V-cina。表示随意的祈请,意为就做 V 吧!例:

han sin be tuwa-cina, aika kirire hvsun akv oci, amala aide bahafi ci gurun i wang ombi.

看韩信,要没有忍劲,后来怎么得作三齐王。——《清语采旧》

jeng tu hv, lu ti hiya be sabufi ekxeme tucifi doro arafi hendume, ti hiya ubade te-cina sehe.

郑屠户见是鲁提辖,忙出来唱喏,说:提辖到这里坐。——《水浒传》

(6)虚拟式。用于表达对未发生的某个动作状态的担忧或推测。例:

gungge gebu mutebu-rakv ayou sembi.

恐怕功名未成。——《庸言知旨》

emu mentuhun niyalma hvdai bade genefi emu juru ice sabu ba udaki sembi.

有个愚人想到市上买双新鞋。——《愚人买鞋》

V-rahv 构形。恐怕(A 会做)V,恐怕 V 会发生。例:

bi aikabade g'aldan be untuhun i ucuri huhu hoton de latunji-rahv, seme tuttu cooha belhebuhe.

朕恐噶尔丹或乘虚来犯归化城,故令发兵预备。——《朔漠方略》

hvda komso bahambi seme, uncarakv ojorahv.

价钱便宜,恐不卖。——《顺治年间档》

3. 动词的态附加构形

满语动词的态是表示行为、动作的主体与客体之间的关系,有主动、使动、被动、使被动、方向、互动、齐动、持续等 8 种态。主动态用动词原形表示,其他的在动词词干后附加成分表示的。

(1)主动态。动词的各种时与式的变化形式。例:

te i juse be tuwaci, hvdai ba be xurdeme hokorakv yabu-mbi, efin sebjen de dosikabi.

观今之子弟,唯游逛市井,耽于戏乐。——《满文老档》

tasha dobi i banjiha arbun muru be tuwa-fi, gurgu i ejen ojoro be xuwe akda-hakv.

老虎看了狐狸的长相后,不相信狐狸能当兽王。——《狐假虎威》

(2)使动态。V-bu-式-时构形。动词前的格助词为 be,构成使动态。例:

coucou lu giyang ni ba i taixeu hafan ju guwang be wan qeng be tuwakiya-bumbi.

曹操命庐江太守朱光镇守宛城。——《三国》

han duin minggan cooha be ming gurun i cooha be aliya-bumbi.

汗命四千兵丁等待明军。——《萨尔浒战事书文》

(3)被动态。V-bu-式-时构形。动词前的格助词为 de,构成被动态。例:

bi g'aldan de gida-buha.

我等为噶尔丹所败。——《朔漠方略》

bi kemuni ilan jergi hafan tefi, ilan jergi ejen de boxo-buhabi.

吾尝三仕,三见逐于君。——《管晏列传》

(4)使被动态。V-bu-式-时构形。动词前的格助词为 be 和 de,构成使被动态。例:

geren gaxan tokso i sengge urse be meimeni xolo be tuwame idureme yamun de ji-bumbi.

据各村屯长者之闲暇,轮流叫来衙门。——《百二老人语录》

yasa xan de bakqila-buha baita be getukelere.

宣明耳目所触之事。——《庸言知旨》

(5)方向态。V-nA-式-时(A 为 a、e、o)/V-nji-式-时构形,构成方向态。例:

saksaha i feye de dudu bimbi, ere gege be buhe de, tanggv secen i okdo-nombi.

维鹊有巢,维鸠居之。之子于归,百辆御之。——《诗经》

te jing jen yuwan i juwan nadaci aniya juwe biyai icereme oho, ging hecen de simne-nembi.

即今贞元十七年二月上旬,欲往上朝取应。——《西厢记》

(6)互动态。V-nu/ndu-式-时构形,构成互动态,互相做 V。例:

te juwe tasha niyalma be temxeme ofi becu-nume, ajige ningge toktofi bucembi.

今两虎争人而斗,小者必死。——《教科书》

emu ba i poo guwendeci, ba ba i poo siran-dume sindaki.

一处放炮,别处炮声皆应。——《白塔信炮章程》

(7)齐动态。V-cA-式-时(A 为 a、e、o)构形,构成齐动态,一齐做 V。例:

lu da hendume, sini ere gese sain mujilen be baharangge mangga sefi, ilan niyalma nure omicame wajiha manggi, tuwaci yatu jifi alame, hafan niyalma bedereme jihe sehe.

鲁达说:难得你这好心。说完三人共同饮酒后,丫头前来告诉说:官人回来了。——《水浒传》

boo i gubci i ere mejige be donjifi gemu songgo-combi.

全家人听到这个消息都哭起来。——《尼山萨满》

(8)持续态。V-ta/da/te/de/xA/qA/jA(A 为 a、e、o)-式-时构形。构成持续态,常作一个动作。例:

teni nenehe mafari i baita gvnin be sirame mutefi, amaga juse omosi i alhvdame yabure be erehun-jeci ombi kai.

如此方能继承祖先事业、心志,望后代子孙效仿行之。——《百二老人语录》

wang tai xi jortai gvni-jame, manggaxara arame, elhexehei geli kejine oho.

王太师故作沉思,做难状,迟疑良久。——《聊斋》

4. 副动词的附加构形

满语的副动词是由动词词干后附加不同的成分构成的,可以单用,也可以与别的动词连用,有并列、顺序、条件、连续、直至、极尽、延伸、未完、伴随、程度等 10 类副动词。

(1)V-me 构形。构成并列副动词,是并列或修饰关系。例:

emu morin yaluha nikan uka-me jihe.

一个骑马的汉人逃来。——《满文老档》

(2)V-fi 构形。构成顺序副动词。表示动作的顺次发生。例:

usung nure be omi-fi, ala de tafaha.

武松喝了酒,登上了冈子。——《水浒传》

giohoto fahame injeme hendume, hocikon gege mimbe buyehe ni sefi, uthai ili-fi tuwarakv yoha.

乞人大笑曰:佳人爱我哉! 遂起,行已不顾。——《聊斋》

(3)V-ci 构形。构成条件(假设)副动词,表示当前动作是后一个动作发生的条件。例:

sain amba giyahvn fulu baha-ci, inu benjikini.

若多获大鹰,亦令送来。——《顺治年间档》

ereni bata be afa-ci, ai bata efujerakv.

以此制敌,何敌不摧。——《讨武曌缴》

(4)V-HAi(A 为 a、e、o)构形。构成连续副动词,表示动作行为连续不断,可以做状语和谓语。例:

amasi julesi doolame debu-hei, fuhali heni mejige ekiyehe ba akv.

往复挹注,竟不少减。——《聊斋》

tere aha be ucarafi xukilara jakade bucehe, tuttu ofi ukame yabu-hai ubede isinjiha.

正迎着那厮,被洒家三拳打死,因此逃至这里。——《水浒传》

(5)V-tALA(A 为 a、e、o)构形。构成直至副动词,强调的是后面的动作一直发生直到前面的动作发生或达到前面的状态。例:

fuzi hendume, inenggidari ebi-tere jeme, mujilen be baitalara ba akv oqi, mangga kai sehebi.

子曰:饱食终日,无所用心,难矣哉!——《清语问答四十条》

yaya baita uttu be dahame, doigvnde sarangge mangga, amban bi beye cuku-tele hvsun mohotolo buceci teni nakambi.

凡事如是,难可逆见,臣鞠躬尽瘁,死而后已。——《后出师表》

(6)V tAi(A 为 a、e、o)构形。构成极尽副动词,表示后一动作发生到一个极点或一个极限状态。例:

ejen be weilerede beyebe waliya-tai ome mutere.

事君能致其身。——《清文启蒙》

(7)V-(m)pi 构形。构成延伸副动词,表示一个动作在进行的过程中逐步达到极限程度。例:

hirame tuwaci, sargan jui irgaxara yasai narame xafi, femen juwa-mpi ijarxame injehe.

睨之,女秋波转顾,启齿嫣然。——《聊斋》

hiowande hendume, mimbe sin ye ci dahame ubade isinjiha irgen be adarame je-mpi waliyara.

玄德曰:百姓从新野相随至此,吾安忍弃之?——《三国》

(8)V-nggALA/V-rA onggolo(A 为 a、e、o)构形。构成未完副动词,表示动作位于下一个动作之前。例:

baita tucinji-nggele neneme jailaha.

事未发先躲了。——《清文虚子指南编》

eme hendume, ai adarame sini gese ice urun be bahafi, sakda beye uileme tuhembume mutere seme gisureme waji-nggala mujilen soksiha.

母曰:安得新妇如儿,而奉老身以死也!言讫,悲哽。——《聊斋》

(9)V-rA-lame(A 为 a、e、o)构形。构成伴随副动词,表示两个伴随动作相当于"一边……一边……"的意思。例:

ahvn deo juwe niyalma yabu-releme gisurembi.

兄弟二人边走边说。——《满语语法》

(10)V-shVn/shun;V-meliyan 构形。构成程度副动词,表示动作进行的程度,相当于"微微、稍微"之意。例:

nomun suduri de ure-shvn.

经史稀熟。——《清话问答四十条》

inje-meliyan i kiyeo lu i gala be jafaxame.

笑握仇禄手。——《聊斋》

5. 能愿动词的附加构形

满语常用的能愿动词有四个词语,使用中对其前面的动词形态有一定的要求。

(1)V-ci ombi 构形。表示"可以"之意。可以变形为 V-ci ojorakv 不可以,V-ci ombiu 可以吗,V-ojorakvn 不可以吗。例:

ejen amban de baita akv ojoro be dahame,sebjelere saraxara efin be akvmbu-ci ombi.

君臣无事,可以尽豫游之乐。——《上十思疏》

te aha bi niyalma be sonjome mutehekv elhexeme goidara de isiburengge,yargiyan i weile ci guwe-ci ojorakv.

今奴才不能择人,以致迟延,咎实难辞。——《雍正朝·常宝奏折》

(2)V-ci acambi 构形。表示"应该"之意。可以变形为 V-ci acarakv 不应该,V-ci acambio 应该吗,V-ci acarakvn 不应该吗。例:

emu baita i darga-ci acara be lashalarangge be inenggi sonjombi sembi.

断一事之宜忌者,曰择日。——《教科书》

(3)V-me mutembi 构形。表示"能够"之意。可以变形为 V-me muterakv 不能,V-me mutembio 能吗,V-me muterakvn 不能吗。例:

saitu gvniha songkoi oci gisan erebe icihiya-me mutembio.

如卿所见,纪山能办此事吗?——《平定金川方略》

sirame sunja da be sasari muksolo seme buhe manggi,fuhali murime muksolo-me mutehekv.

旋给五杆,命一并折之,竟不能折。——《蒙古源流》

(4)V-me bahanambi 构形。表示"会"之意。可以变形为 V-me bahanarakv 不会,V-me bahanambiu 会吗,V-me bahanarakvn 不会吗。例:

gurun be dasa-me bahanambi,cooha be baitalame bahanarakv.

善治国,不善用兵。——《清文虚字指南编》

(5)V 形动词-LA/ele 构形。构成"所有形"形动词,表示"所有……的"等之意。例:

amba cooha dulehe-le bai bata urse oci,daharakvngge akv.

大兵所过之处,敌人无不投顺。——《清文启蒙》

(6)V 形动词-ngge/ningge 构形。构成"的字结构"动名词,表示"……的"之意。例:

sefu i doroi ulaburakv-ngge goidaha.

师道之不传也久矣。——《师说》

ini boode dosici,gar gar seme songgoro-ngge besergen de bihebi.

入其室,则呱呱者在床上矣。——《聊斋》

(三)天干、地支、纪年的表示

1. 天干

niuwanggiyan(甲)、niuhon(乙)、fulgiyan(丙)、fulahvn(丁)、suwayan(戊)、sohon(己)、xanyan(庚)、xahvn(辛)、sahaliyan(壬)、sahahvn(癸)。

2. 地支

singgeri(子)、ihan(丑)、tasha(寅)、gvlmahvn(卯)、muduri(辰)、meihe(巳)、morin(午)、honin(未)、boniu(申)、qoko(酉)、indahvn(戌)、ulgiyan(亥)。

3. 年、月、日

aniya(年)、biya(月)、inenggi(日)。

4. 星期

biya usinggi(星期一)、tuwa usinggi(星期二)、muke usinggi(星期三)、mou usinggi(星期四)、aisin usinggi(星期五)、boigon usinggi(星期六)、xun usinggi(星期日)、ai usinggi(星期几)。

二、构形统计

设计脚本对满语词汇构形进行统计,简要算法步骤如下:

S1:输入词汇;

S2:读取词汇,根据词汇信息判断词性;如果是体词,则转到 S3;如果是动词,则转到 S4;

S3:判断体词后,根据体词构形规则进行构形赋值;

S4:判断动词后,根据动词构形规则,进行动词标记;

S5:进行动词的时判断,运用动词的时构形规则,进行时标记;

S6:进行动词的式判断,运用动词的式构形规则,进行式标记;

S7:进行动词的态判断,运用动词的态构形规则,进行态标记;

S8:如果是副动词,运用副动词构形规则,进行副动词标记;

S9:如果是能愿动词,运用能愿动词构形规则,进行能愿动词标记;

S10:如果不是,则转到 S12;

S11:输入构形结果;

S12:结束。

上述算法仅是对词汇构形的简单判断和标记,本节首先运用较为简单的构形规则进行限制,而后在语料库中进行文本检验和校验完善。对人名、地名等专有名词进行人工标注加工,消除判断失误。相关的满语语料库词汇构型统计如表 7-2-1 所示。

表 7-2-1 满语语料库词汇构型统计表

动词		构形	标记	分布
时	未完成体	V-mbi	VW	761
		V-me bi	VW	314
		V-ra	VW	351
	完成体	V-mbihe	VY	23
		V-fi bi	VY	124
		V-HA	VY	452
		V-Habi	VY	57
		V-HAi bi	VY	24
		V-Habihe	VY	102
		V-qi aqambihe	VY	101
		V-me bihe	VY	28

表 7-2-1(续 1)

动词		构形	标记	分布
式	陈述式	V-mbi	VC	761
	否定式	akv	VF	320
		V-rakv	VF	234
		V-Hakv	VF	221
		V-rakv bihe	VF	64
		V-HAkv bihe	VF	26
	疑问式	V-hAu	VYW	78
		V-mbiu	VYW	69
		V-rAu	VYW	53
		V-kvn	VYW	53
	命令式	V	VM	125
		Ume-V-rA	VM	9
	请愿式	V-ki	VQ	109
		V-kini	VQ	98
		V-rAu	VQ	56
		V-qina	VQ	46
	虚拟式	V ayou	VX	53
		V-rahv	VX	37
态	主动态	动词的时与式	TZ	625
	使动态	V-bu-式-时	TS	72
	被动态	V-bu-式-时	TB	63
	使被动	V-bu-式-时	TSB	23
	方向态	V-nA/nji-式-时	TF	39
	互动态	V-nu/ndu-式-时	TH	12
	齐动态	V-qA-式-时	TQ	14
	持续态	V-ta/jA-式-时	TC	16
副动词	并列	V-me	FB	256
	顺序	V-fi	FS	235
	条件	V-qi	FT	324
	连续	V-HAi	FL	142
	直至	V-tALA	FZ	25
	极尽	V-tAi	FJ	19
	延伸	v-(m)pi	FY	16
	未完	V-nggALA/V-rA nggolo	FW	23
	伴随	V-rA-lame	FB	36
	程度	V-shVn/shun V-meliyan	FC	46

表 7-2-1(续 2)

动词		构形	标记	分布
能愿动词	可以	V-qi ombi	NK	76
	应该	V-qi aqambi	NY	68
	能	V-me mutembi	NN	69
	会	V-me bahanambi	NH	89

三、形态分析

Yamashita 等人提出:“语言的形态分析是自然语言处理研究的基础性工作,主要包括词干提取、词性标注、形态还原等内容。”①可为机器翻译、信息检索、情感分析等工作提供基础的数据资源。当前,对一种语言开展形态分析,进行词干提取、词性标注等工作,可将其作为序列标注问题。②徐春等人针对维吾尔语相关研究的实际,提出“以统计机器翻译为基本框架,将维吾尔语形态分析中的词干提取、词性标注等序列标注任务转为文本翻译问题,并加入外部知识,对模型进行优化。”③针对满语形态分析还是一个空白的实际,本节参考相关研究成果,对满语的词干提取和词性标注等工作进行探索。

(一)词干提取

由于满语是通过在词干后附加若干词缀构成新词,因此满语的形态丰富,构形复杂,但语料库中不可能含有满语词汇的所有形态,在机器处理时容易造成数据稀疏问题。词干提取是形态分析的重要组成部分,通过一定的规则去除满语词汇的词缀,仅提取词干信息,这样词的数量就会大大减少,可以缓解数据稀疏问题。当前,在语言的词汇切分方面主要有基于规则和基于统计的方法。基于规则的方法主要是依靠研究人员建立的规则,但这种方法也有不足,规则不完整时易造成歧义问题;由于“基于统计方法主要是根据机器学习算法,通过训练切分模型实现的,这种方法可以缓解规则不完整和歧义问题”④,因此是常用的词干切分方法。自然语言在数学上可以使用线性表示,因此很多问题可以运用序列标注进行解决,例如对自然语言词汇的分词、词性标注、浅层语义分析等。满语的词汇切分也可以作为序列标注问题,运用隐马尔可夫等统计模型进行解决。

本节对满语进行词干提取,在参考相关研究的基础上,结合满语特点,运用 Morfessor 软件并按照满语的构形规则,自行设计相关算法实现。Morfessor 软件常用的是 Baseline 模型,

---

① YAMASHITA T, MATSUMOTO Y. Language independent morphological analysis [C]//Proceedings of the sixth conference on applied natural language processing. Stroudsburg: Association for Computational Linguistics, 2000: 232-238.

② NGUYEN N, GUO Y S. Comparisons of sequence labeling algo-rithms and extensions [C]//Proceedings of the 24th international conference on machine learning. NewYork: Association for Computing Machinery, 2007: 681-688.

③ 徐春,杨勇,蒋同海.基于机器翻译的维吾尔语形态分析研究[J].计算机工程与应用,2017,53(14):138-142.

④ 徐春,杨勇,蒋同海.基于机器翻译的维吾尔语形态分析研究[J].计算机工程与应用,2017,53(14):139.

相关算法最开始为“循环最小描述长度”①,这个模型与上下文没有关联,主要是为其余的两个上下文模型做基准或初始化使用。②

相关的公式为:

$$p(lexion \mid corpus) \propto p(lexion)p(corpus \mid lexicon) = \prod_{letters \in \alpha}^{p(\alpha)} \prod_{morphs \in \mu}^{p(\mu)}$$

其中 lexion 为词典,含有所有的词素,corpus 为语料库,是词素的集合。

Morfessor 软件对满语进行切分时,首先针对语料库中的训练语料统计词频,得到训练语料库,其次是对得到的语料库进行训练,由于 Morfessor 软件使用的是统计的方法,在训练中可能导致有用信息被切除,造成切分错误。因此,我们从语料库中挑选了 100 个满语句子,通过穆麟德夫转写、手工切分和校正后作为训练数据,根据满语构形规则和数据库,对一些错误进行纠正,对切掉有用信息的,利用构形数据库,通过数据匹配进行完善。简要算法流程如下。

S0:输入待切分词汇;

S1:读取待切分词汇,判断当前词素是否为词干;

S2:如果是词干,进行匹配切分,保留词缀部分;

S3:如果不是词干,判断其他词素是否为词干;

S4:如果其他语素是词干,进行匹配切分,保留词缀部分;

S5:如果其他语素不是词干,与前一个词素合并;

S6:读取合并后的词素,进行判断,如果是,跳转到 S2,如果不是,跳转到 S3;

S7:获取切分结果;

S8:读取训练语料库词频数据,根据统计数据中切分概率进行统计;

S9:以最大概率切分视为切分结果;

S10:运用 S7 的切分语料,进行测试集切分;

S11:读取词缀库中的词缀信息;

S12:运用词缀规则对切分结果进行还原;

S13:切分结果匹配,从当前切分结果的后端进行字符匹配;

S14:匹配成功,进行不完备切分;

S15:匹配不成功,根据规则往前连接,跳转到 S8;

S16:输出结果;

S17:结束。

在运用 Morfessor 软件进行满语词干切分时,我们还设计了满语还原规则和词缀库等。

还原规则。主要指还原附加成分或词干的规则。由于满语词汇的构形附加可以直接

① CREUTZ M, LAGUS K. Unsupervised discovery of morphemes [C]//Proceedings of the ACL-02 workshop on morphological and phonological learning: Volume 6. Stroudsburg: Association for Computational Linguistics, 2002: 21-30.

② CREUTZ M, LAGUS K. Induction of a simple morphology for highly-inflecting languages[C]//Proceedings of the 7th meeting of the ACL special interest group in computational phonology: Current themes in computational phonology and morphology. Stroudsburg: Association for Computational Linguistics, 2004: 43-51.

附加在词干上，也可以分写在词干之后形成附加，因此设计了连写附加和分写附加两种还原规则以供使用。

词缀词典。根据构形统计，对附加词缀形成词缀词典，在语料库训练时运用 100 句短语进行词汇切分实验，实验情况如表 7-2-2 所示。

表 7-2-2 满语短语词汇切分统计表

实验	准确率	召回率	F 值
MAP+词缀词典	0.70	0.70	0.72

由实验情况可知，在 Morfessor 软件中运用了满语词缀词典，可以避免不符合规则的切分情况，切分的准确率还是比较可观的。

（二）词性标注

词性标注主要是为句子中的每个词汇的词类进行标记，通过词性标注可以有效消除词汇的歧义发生。当前常用的词性标注主要有"基于规则和统计的方法，基于规则的方法主要依据词汇的形态结构对词性进行预测，并通过词典信息对标注结果进行优化。而基于统计的方法主要有基于 n-gram 和基于 HMM 的方法等。"①目前，其他少数民族语言的词性标注主要运用的是基于规则的方法，但这种方法也有缺点和不足，当规则不完整或不准确时，易造成歧义。为此，我们从语料库中挑选了 150 个满语词汇，作为训练词汇进行实验。满语词性简要标记符号如表 7-2-3 所示。

表 7-2-3 满语词汇词性标注符号表

标记符号	词性	标记符号	词性	标记符号	词性
n	名词	l	连词	f	副词
v	动词	gz	格助词	fd	副动词
d	代词	xd	形动词		
lc	量词	dm	动名词		
x	形容词	yw	疑问词		
m	数词	yq	语气词		

简要的算法流程如下。

S0：输入待标注词汇；

S1：读取词汇，进行词汇预处理；

S2：判断当前词素是否为词干；

S3：如果是词干，进行匹配切分，保留词缀部分；

① 徐春，杨勇，蒋同海．基于机器翻译的维吾尔语形态分析研究[J]．计算机工程与应用，2017，53(14)：140.

S4：如果不是词干，判断其他词素是否为词干；

S5：如果其他词素是词干，进行匹配切分，保留词缀部分；

S6：如果其他词素不是词干，与前一个词素合并；

S7：读取合并后的词素，进行判断，如果是，跳转到 S2，如果不是，跳转到 S3；

S8：获取切分结果；

S9：对切分的词汇进行标注，如果符合标注规则，则标记为词干+词缀+词性；

S10：如果不符合标注规则，跳转到 S2；

S11：输出结果；

S12：结束。

第三节　满语的语音识别

语音识别主要是实现人类语言到文本形式的转换，属于人工智能方向的一个重要分支，涉及许多学科，如信号处理、计算机科学、语言学、声学、生理学、心理学等，是人机自然交互技术中的关键环节。① 本节我们在满语实验语料的基础上，探索运用隐马尔可夫模型对满语语音进行识别。

一、语音识别概述

科研人员对语音识别的研究起始于 20 世纪中期，大致经历了起源、发展以及应用三个阶段，推动了人和机器的交流，使人类和科技的互动变为现实。

起始阶段。1952 年，美国贝尔实验室研制出了 Audry 系统，这是人类最早的语音识别系统。这个系统使用模拟电子元件，通过提取语音中的元音共振峰数据，然后对模板中的信息进行匹配，可以识别十个英文数字，并且达到了 98%的识别准确率。②

发展阶段。随着信息技术的发展，语音识别技术也得到了飞速的发展，新算法的不断出现，对语音识别技术的进步起到了有力的推动作用。20 世纪中期，苏联的科学家提出了动态规划算法，从时间上对不同长度的语音进行对齐，使之成为相同时长的任务，可以实现对语音信号的有效区分，极大地推动了语音识别研究的进展。③ 但这种算法的最大不足是对发音人员要求过高，过于依赖特定人员，无法应用于其他未经训练的发音人，不能得到有效的拓展应用。

应用阶段。20 世纪后期，随着大规模语料库技术的发展，科研人员提出了基于统计模型的语音识别方法，具有代表性的就是隐马尔可夫模型的应用，隐马尔可夫模型较好地实

① 邵建勋，倪俊杰. 带你了解语音识别技术[J]. 中国信息技术教育，2021(21)：75-79.

② DAVIS K H，BIDDULPH R，BALASHEK S. Automatic recognition of spoken digits[J]. The Journal of the Acoustical Society of America，1952，24(6)：637-642.

③ VINTSYUK T K. Speech discrimination by dynamic programming[J]. Cybernetics and Systems Analysis，1968，4：52-57.

现了语言学、声学等方面内容集成到统一的模型之中，可以实现对语音信号的良好描述，是语音识别技术的重大突破，使得语音识别技术从实验室走向实际应用。1988 年，卡内基梅隆大学的学者用隐马尔可夫模型对语音时序进行建模，用高斯模型观察建模语音的概率，是第一个基于隐马尔可夫模型的大量词汇语音识别系统。① 其对语音识别技术起到了重要的推动作用，使得基于隐马尔可夫模型的方案得到了广泛的应用。

当前，实现语音识别主要有基于声道模型和语音的方法、模板匹配法以及人工神经网络算法等三种方法。

基于声道模型和语音的方法是语音识别研究最早的方法，研究人员认为人类语言的语音基元是有限的，人们按照时间间隔把语音信号进行分段，分别对应相应的语音单元声学特征，给出相应的语音标号，得到语音基元网格和词序列，以此进行语音识别，但由于人类语音知识比较复杂，直到现阶段该技术还未得到广泛的使用。

模板匹配法是目前发展比较成熟的语音合成方法，并且达到了实用阶段，主要包括动态时间规整、隐马尔可夫理论和矢量量化三种常用的技术。20 世纪中期，Itakura 提出了动态时间规整算法，使得特征值模型特征相对应。20 世纪 70 年代后，语音识别理论引入了隐马尔可夫法，由于语音信号是一个时变序列，并且可以进行观测，根据人类语言过程作为双重随机过程的原理，隐马尔可夫法通过建立语音信号统计模型，模仿人类语言的双重随机过程，对语音信号进行描述，并且具有很好的整体非平稳性和局部平稳性，由于语音样本的样点可以构成相应数量空间的一个矢量，通过对语音信号样本矢量进行量化，即可求出最佳矢量系统，实现最大可能的平均信噪比，这种方法在小词汇量和孤立词识别方面具有较为突出的优势。

20 世纪 80 年代末，人们还提出了人工神经网络算法，这种算法容错性好，其强大的分类能力和映射能力对语音识别具有重要的意义，但由于这种方法的训练和识别时间较长，目前与大规模应用还有一定的距离。

二、基本框架

语音识别主要由声学模型、发音词典、语言模型组成，这三部分共同构成了语音识别的基本框架。② 一个完整的语音识别框架系统大致分为特征提取、声学模型和解码器三个部分，其中特征提取部分主要从语音样本中提取语音特征，声学模型的识别算法通过将获取的与输入的语音特征相匹配得到识别结果，解码器由语音模型和发音词典构成。基本框架如图 7-3-1 所示。

---

① LEE K F. An overview of the SPHINX speech recognition system[J]. IEEE Transactions on Acoustics Speech & Signal Processing Speech, 1990, 38(1): 34-55.

② LI J Y, DENG L, GONG Y F, et al. An overview of noise-robust automatic speech recognition[J]. IEEE/ACM Transactions on Audio, Speech, and Language Processing, 2014, 22(4): 745-777.

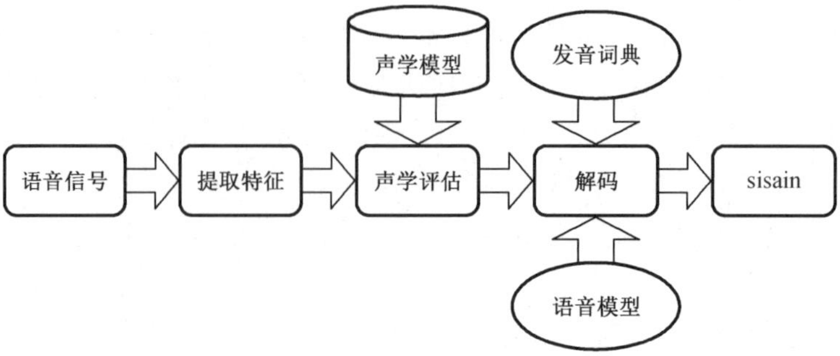

图 7-3-1 满语语音识别框架图

语音识别系统的实现主要是用输入的语音序列求出假设的离散特征,实现公式为:

$$W = \arg\max_{W} P(X \mid W)P(W)$$

其中 X 为输入的语音特征序列,W 为转换后输出的文字序列,$P(W)$ 为语音合成模型的输出概率,$P(X \mid W)$ 为声学模型输出。

(一)特征提取

一段待输入语音首先要进行静音切除等预处理,从音频信号中识别和消除无效的语音片段,降低无效音频的干扰和影响。消除无效音频后,开始待处理音频信号的特征提取工作。通常,待处理音频中含有丰富的数据参数,表示着不同的声学含义,因此要选取有效的音频信号,提取特征参数。特征提取主要有感知线性预测(PLP)、梅尔频率倒谱系数(MFCC)、倒谱均值与方差归一化(CMVN)和动态特征提取(DFE)等方法,其中 MFCC 是基于人的听觉特征提取出来的参数,是对人耳听觉的表述,因此提取音频信号的特征时常提取 MFCC 参数。

(二)声学模型

语音识别的声学模型主要是运用语音知识建立数学模型,实现声学特征和语音序列的完整匹配。声学模型是语音识别系统的核心,一个合格的声学模型,可以较好实现输入声学特征到输出语言单位的转换。当前,建立声学模型主要运用隐马尔可夫模型、分段模型、最大熵模型等。随着深度学习技术的发展及应用,隐马尔可夫模型结合深度学习技术已经成为语音识别领域的有效模型。

1. 隐马尔可夫模型

马尔可夫过程是一种数学描述,可以用来描述某个序列的时间点上的事件发生概率,而这个事件的概率是由历史概率决定的,这个模型可以观察输入的序列,对可能性最高的状态跳转进行预估,在建模音素状态转移方面应用最为广泛。相关公式为:

$$P(x) = p(x_1) \prod_{t=2}^{T} P(x_t \mid x_1, \cdots, x_{t-1})$$

隐马尔可夫模型可以解决评价、学习和解码的问题,其中评价问题主要使用前向算法解决,在给出已知概率和观测概率的情况下,通过给定的观测序列可以计算该序列出现的概率;学习问题主要使用前-后向算法解决,在观测序列和状态序列已知的情况下,通过计算对状态转移和观测概率进行估计和预测；解码问题主要使用维特比算法解决，在状态转移和观测概率已知的条件下，通过给定观测序列，计算出相应的状态序列。

2. 高斯-隐马尔可夫模型

隐马尔可夫模型主要用来解决发音状态转移问题，对观测概率估计则支持不够，而高斯混合模型可以解决多个中心点分布的数据问题，研究者将高斯混合模型与隐马尔可夫模型结合起来，构建了高斯-隐马尔可夫模型，成为语音识别中著名的声学模型。高斯-隐马尔可夫模型首先假设单个音素与上下文音素发音不相关联，而后初始化全局数据，构建基础单音子发音的声学模型，在此基础上对单音子模型参数进行更新，主要解决协同发音的问题，以此建立三音子模型，最后重新对模型参数进行评估，得到输出模型。相关公式为：

$$P(X \mid W) = p(x_1) \prod_t P(x \mid w_t) P(w_t \mid w_{t-1})$$

$P(x \mid w_t)$为当前的高斯模型概率，$P(w_t \mid w_{t-1})$为隐马尔可夫模型的概率。

3. 深度神经网络模型

深度学习是机器学习的应用范畴，主要采取深层网络结构处理信息，是一种优秀的机器学习方法。由于深度学习更适合处理复杂信号，研究人员将深度学习应用到语音识别领域后，取得了出色的表现。随着大数据技术的发展，在语音识别领域，卷积神经网络（CNN）、循环神经网络（RNN）等神经网络结构得到了广泛的应用，特别是循环神经网络应用时间长、建模能力强大，已成为当前主要的语音识别技术，在语音识别领域取得了重大的进展。此外，国外的一些研究者还提出了残差网络、注意力机制等建模技术，语音识别率达到90%以上，推动语音识别技术达到了新的高度。

（三）解码器

解码器由语言模型和发音词典构成，主要实现最优化选取特征序列到字符串的过程。声学模型的输出不是固定的，而是具有多种可能性的，判断语音到文本是否正确转换需要引入发音词典和语言模型。解码器的数学思想就是在给定的观测概率和可能路径方案后，找出最优化路径的解，这方面通常运用动态规划算法进行解码。发音词典主要用来确定音子与词汇文本的关系，需要具有专业语言知识的人员进行编撰。语言模型主要解决字符和词汇组合的问题，输入的文本库是语言模型的基础，形成语言模型的数据库，同时解决同音或同义词汇的问题，系统将所有同音的字符输出，发音词典将这些字符组合，形成词汇，经评价后输出识别结果。连续的语音识别中，由于后一个字符的概率与前面字符密切相关，因此常用N元语法模型进行计算，相关的公式为：

$$P(w) = \prod_{k=n+1}^{k} P(w_k \mid w_{k-1}, w_{k-2}, \cdots, w_{k-n+1})$$

N元语法模型实质上也是马尔可夫过程，从公式可以看出，当前字符概率与它前面字符有着直接的关系。

三、语音识别系统

本书在前人研究的基础上，运用实验语音学、计算语言学等学科的理论和方法，对满语语音中的语料库设计、建立注音词典、建立声学模型等问题进行研究和讨论，并结合满语实际,探索建立一个简单的满语词汇语音识别系统,如图 7-3-2 所示,实现简单的满语词汇从语音到文本的转换。

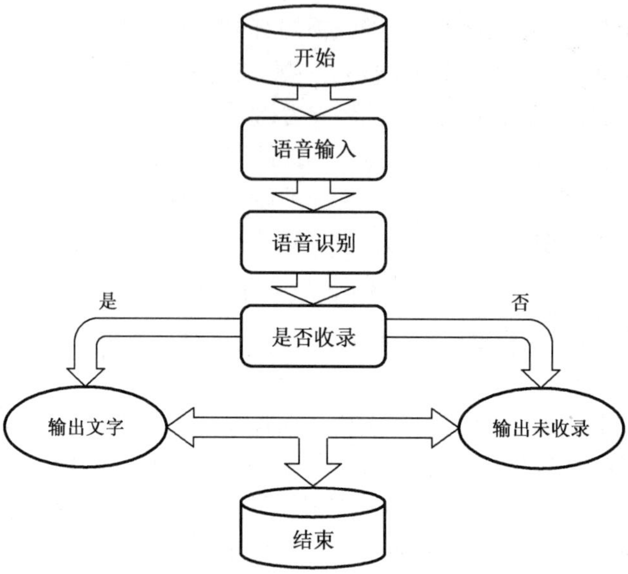

图 7-3-2 满语词汇语音识别流程图

语音识别主要包括语音训练和识别两个阶段,其中识别算法是核心和基础,目前主要的算法模型有模板匹配、隐马尔可夫和神经网络等,隐马尔可夫模型由于功能强大、稳定性好得到了广泛的应用。运用隐马尔可夫模型时首先要提取参数,对模型进行训练和数据转换,而后将提取的参数训练为算法模型,以此对实验数据进行识别。文本识别系统主要由 4 个模块组成。

(一)语料处理模块

对满语语料库单音节语料进行特征分析、预处理,对训练语料进行同音分类,检测语音端点并打好时间标注,得到识别材料。

(二)特征提取模块

为了提升识别效果,可分别选取不同的特征参数、HMM 状态数、MFCC 系数等进行实验,对参数进行人工调节,获得最佳的参数组合,对训练数据提取 MFCC 特征参数。[①] MFCC 主要由快速傅里叶变换(FFT)、梅尔滤波器组等部分组成,提取 MFCC 参数的基本算法如下。

S1:进行快速傅里叶变换;

S2:进行梅尔频率转换;

S3:配置梅尔滤波器组;

① 王娣.人工智能抢救濒危满语的研究与探索[J].边疆经济与文化,2022(11):51.

S4:对滤波器信号幅度的谱滤波进行计算;
S5:输出;
S6:进行滤波器输出对数运算;
S7:进行离散余弦变换(DTC);
S8:输出 MFCC;
S9:结束。

(三)模型训练模块

运用 MFCC 参数建模,修改完善 HTK 软件包,用于提取语音特征,训练声学模型,建立识别样本模型库。声学模型训练基本算法如下。

S1:声学特征与音素标注;
S2:全局参数初始化;
S3:基于 K 均值的参数初始化;
S4:单音素模型的参数评估;
S5:三音素模型的初始化;
S6:三音素模型的参数评估;
S7:基于决策树的状态聚类;
S8:模型参数重估;
S9:模型输出;
S10:结束。

(四)模式匹配模块

对待识别语音进行预处理并提取特征参数,用训练好的模型匹配未作标记的待识别语音,得到识别结果。①

四、满语的语音识别

满语的语音识别主要由语料处理、提取语音特征、建立声学模型、训练声学模型、识别模式匹配等步骤组成。具体实现步骤如下。

(一)第一步:训练语料处理

建立满语语音识别语料库,以语料库为基础形成训练语料。语料库主要包含 10 个小时左右的满语母语者的语料录音,其中测试用句子 120 条,满族传统民间故事 5 个,短语 200 条,词汇 1 500 个,分别由何世环、陶青兰、孟宪孝等 5 名满语母语者进行发音。另外,还从刘景宪等专家学者于 1986 年到三家子和大五家子进行田野调查时录制语料中,选取 50 条句子和 500 个词汇作为训练语料。做好语料的清洗和整理等工作,将语料整理成统一音频

① 王娣. 人工智能抢救濒危满语的研究与探索[J]. 边疆经济与文化,2022(11):51.

格式的音频文件。一是统一音频文件的采样率,根据系统要求采样率统一为 16 kHz。二是完成句子和短语的切分工作,由于本次重点是实现满语词汇的语音识别,对语料库中的句子和短语进行切分,按照音节切分成词汇形式。语料切分运用自动切分技术非常方便,通过设定时间点即可进行自动切分,但本次的满语语料库成分复杂,有长篇故事、句子、短语等,时间跨度大,按照设定的时间进行自动切分容易造成歧义或信息丢失。因此本次实验我们运用语音处理软件进行人工手动切分,将语音文件按音节切分为满语词汇。三是完成语料的标注工作。根据语音处理标准,将切分后的语音文件使用八位文件名称进行标注,标注语料的发音人、性别、编号等信息。

(二)第二步:提取语音特征

为了提升识别效果,可分别选取不同的特征参数、HMM 状态数、MFCC 系数等进行实验,对参数进行人工调节,获得最佳的参数组合。[①] 运用脚本程序提取 MFCC 特征参数,首先对训练数据进行预加重,分帧及傅里叶变换;其次计算功率谱,通过三角带通滤波器输出;再次运用 Mel 域与线性频率关系,将输出的滤波转为对数形式;最后通过 DCT 变换,得到训练数据的 MFCC 系数。简要算法步骤如下。

S1:输入语音信号;

S2:归一化 Mel 滤波器阶数、FFT 变换长度、采样频率等系数;

S3:归一化倒谱提升窗口;

S4:预加重滤波器;

S5:语音信号分频,计算每帧 MFCC 参数;

S6:进行快速傅里叶变换;

S7:计算功率谱,得到功率谱通过三角带通滤波器;

S8:输出滤波结果;

S9:运用 Mel 域与线性频率关系式将其转为对数形式;

S10:求出一阶、二阶差分系数;

S11:合并 MFCC 参数和一阶差分 MFCC 差分参数;

S12:除去首尾两帧,将首尾两帧差分数赋值为 0;

S13:进行 DCT 变换,得到 MFCC 系数;

S14:输出结果;

S15:结束。

(三)第三步:建立声学模型

声学模型是满语语音识别系统的核心部分,主要担负着将语音特征转换成注音文本的任务。隐马尔可夫模型是从隐马尔可夫链发展起来的,能够从统计的角度描述语音的波形特征,在语音识别领域得到了广泛的应用。隐马尔可夫模型的基本算法有三种,一是针对估值问题的 Forward-Backward 算法,二是常用于识别的 Viterbi 算法,三是用于学习问题的

---

① 王娣.人工智能抢救濒危满语的研究与探索[J].边疆经济与文化,2022(11):51.

Baum-Welch 算法。建立满语语音识别系统,我们使用剑桥大学研发的隐马尔可夫模型工具包(HTK),HTK 包含丰富的语音特征提取、语音分析以及语音识别等工具,是基于隐马尔可夫模型语音识别领域常用的软件。另外,HTK 是开放的,我们可以根据需要添加代码,完成所需功能。为了建立声学模型,我们在电脑上搭建 HTK 平台,并在 DOS 下对相关命令进行测试,运用 HCopy 工具提取语音文件的特征,并将其转为 MFCC 特征参数,完成声学前端处理工作。语音的前端处理,输入训练语音和标注集,进入声学前端进行处理,对模型进行初始化和训练,得到所需的隐马尔可夫模型。语音的识别测试,输入待处理的语音数据,使用模型进行语音识别,输出注音文本,并进行正确性对比分析。

(四)第四步:训练声学模型

我们运用 HTK 训练满语的声学模型,并对识别率进行测试。在模型训练阶段,主要使用 HCompV 和 HERest 工具对隐马尔可夫模型进行识别训练。一是对模型进行初始化。HCompV 工具对输入的语音数据进行扫描,计算赋予均值和方差,并根据所创建的隐马尔可夫模型文件,重新生成宏和初始化文件。二是模型的训练。主要运用 HERest 工具进行循环和滚动训练,在初始化的隐马尔可夫模型基础上,每次都使用前一次的隐马尔可夫模型,并对相关的模型参数进行更新。训练开始后,HERest 工具依次读取训练文件,使用已标注的数据构造隐马尔可夫链,完成所有的待训练文件后,对相关数据进行估计获得新的数据,输出隐马尔可夫集合,程序结束。

(五)第五步:模式匹配

隐马尔可夫模型将接收的语音特征通过学习算法产生,识别时将语音信号与模型进行匹配获得识别结果。这个环节主要对待识别语音进行预处理并提取特征参数,用训练好的模型匹配未作标记的待识别语音,得到识别结果。[①] 为了获得更好的匹配效果,这里我们参考聂晓飞等人的匹配模式算法,[②]并进行了改进和优化,简要算法步骤如下。

S1:输入语音信号;

S2:对语音信号进行预处理,

S3:按照频率标准进行信号采样;

S4:削减语音信号幅值;

S5:完成语音信号加窗,过滤高频成分;

S6:截取语音信号并进行分帧;

S7:对语音信号进行端点检测;

S8:对语音信号进行帧处理,提取相关数据;

S9:对语音信号进行快速傅里叶变换;

S10:确定采样频率临界点的分割点;

S11:提取语音信号特征矢量;

S12:进行模板匹配判断;

---

① 王娣.人工智能抢救濒危满语的研究与探索[J].边疆经济与文化,2022(11):51.

② 聂晓飞,赵禹,詹庆才.一种基于模板匹配的语音识别算法[J].电子设计工程,2011,19(19):59-60.

S13:测试匹配结果;
S14:输出匹配结果;
S15:结束。

五、识别结果分析

经过实验,系统能够对满语语料库的基本词汇进行识别,但识别的准确率还不是很高,通过分析发现,影响识别率的主要原因有两种:

一是语料的标注不精确。由于满语已极度濒危,濒临消亡,能够熟练运用满语进行交流的人极少,目前仅有三家子几位高龄老人,而四季屯也仅有何世环老人一人而已。口语发音较为复杂,缺乏正音,发音的准确性不是很高,有的则较为模糊,给语料的注音和标注带来了很大的困难,导致有些语料注音不准,标注不精确,对相关词汇的语音识别造成干扰和影响。

二是系统设计不够完善。由于满语的语音识别目前尚处于萌芽阶段,相关的研究以及文献极少,研究中缺乏参考和借鉴,有的只能借鉴蒙古语、藏语等少数民族语言的语音识别研究成果。由于语言不一致,语法和词汇差别很大,因此在系统的设计上存在着一定的研究难点。此外,由于满语口语语料极为难得,建立大规模的满语语料库非常困难,因此导致语音识别系统规模较小,结构简单,仅能实现对词汇的识别,训练数据不足,效果不够理想和完善,但从实验情况来看,系统还是实现了满语的词汇级语音识别,可以在此基础上开展后续研究。

第四节　满语的语音合成

语音合成可以将文本信息转换为语音,是综合计算机技术、语言学、声学等多学科的前沿技术,运用语音合成技术合成原生态的满语语音,在濒危满语的抢救和研究等方面,具有十分重要的理论意义和实用价值。

一、语音合成概述

语音合成技术最早出现在 18 世纪中期,主要经历了机械式、电子式和计算机技术语音合成三个阶段。①

机械式语音合成。1773 年,克里斯蒂・克拉特兹斯坦教授,把风琴管和共鸣管连在一起,制造出了一个发音设备,这个设备是由机械做成的,可以发出与人类元音相似的音,是人类最早的语音合成研究。

电子式语音合成。20 世纪以来,电子技术合成语音成为学界研究的重点,1939 年,Dudley 结合声源激励和滤波原理,运用电子元器件制成了一个语音合成器,开辟了电子语

---

① 才让卓玛. 基于混合基元的藏语语音合成技术研究[D]. 西安:陕西师范大学,2016:3.

音合成的新道路。①

计算机技术语音合成。1960 年,瑞典声学语音学家 Fant 的专著《语音产生的声学理论》出版,在这本专著中,他系统阐述了语音产生的声学原理,促进了人们对语音的深刻认识,推动语音合成技术达到新的高度。②

20 世纪 80 年代, Charpentier 等人依托计算机技术提出了等基音同步叠加算法(PSOLA),有效提高了合成语音的质量和自然度,使得基于波形拼接的语音合成技术得到了快速的发展,为基于语料库的语音合成技术奠定了坚实的技术基础。③ 到了 20 世纪后期,出现了基于统计参数的语音合成技术,其中基于隐马尔可夫模型的语音合成技术得到了广泛的应用。④ 这种技术规模不大,对语音和发音人要求不高,能够满足不同的需求,成为主要运用的语音合成技术。

二、主要技术

随着科技的发展,语音合成技术由早期的模拟人类的发音器官合成语音逐渐发展到运用语音信号合成语音。实际运用中,源-滤波器合成技术等四种语音合成技术由于技术成熟,研究深入,因而得到了广泛的应用。

源-滤波器语音合成技术。人类语音是由声带和声道组合而成的发音系统,这种技术通过模拟人类发声器官,主要运用线性预测(LPC)和共振峰(Formant)等参数合成技术进行语音合成。⑤ 线性预测(LPC)合成比较直观,通过 P 次乘法和 p 次加法就可以合成一个语音,相关的公式为:

$$S(n) = \sum_{i=1}^{p} a_i s(n-1) + Gu(n)$$

公式中的 G 表示模型增益,P 表示预测器阶数,$u(n)$ 表示激励。

由于线性预测和共振峰合成技术使用不同的声道模型,选取不同的声源,即使在数据不多、成本较低的情况下,也能够合成较好的语音。

波形语音合成技术。波形合成主要有波形编码合成和波形编辑合成两种技术。⑥ 波形编辑合成技术(PSOLA)主要利用短时傅里叶变换实现的,可以保持语音的音段特征,调整语音的音高、音强和音长等韵律参数,相关的公式为:

$$X_n(e^{jw}) = \sum_{m=-\infty}^{\infty} x(m)\omega(n-m)e^{-j\omega m}, n \in Z$$

这两种技术在语音合成中使用语音波形进行合成,对需要处理的语音波形直接量化处

---

① DUDLEY H. The vocoder[J]. Bell Labs Rec. ,1939,18:122-126.

② FANT G. Acoustic theory of speech production:With calculations based on X-Ray studies of Russian articulations[M]. 2nd ed. The Hague:Mouton,1970.

③ MOULINES E,CHARPENTIER F. Pitch-synchronous waveform processing techniques for text-to-speech synthesis using diphones[J]. Speech Communication,1990,9(5/6):453-457.

④ ZEN H,TODA T. An overview of Nitech HMM-based speech synthesis system for Blizzard Challenge 2005[C]//Proc. INTERSEECH,[S.l. :s.n.],2005:93-96.

⑤ 张冉. 基于 HMM 的混合语音合成系统的研究[D]. 北京:中国科学院大学,2014:摘要.

⑥ 赵力. 语音信号处理[M]. 2 版. 北京:机械工业出版社,2009.

理，进行编码压缩和存储，能够最大限度地保留语音波形中的声调、重音以及韵律等信息，合成时再恢复为模拟信号后输出，因而合成语音的质量比参数合成要好。

统计参数语音合成技术。主要通过合成单元分析和参数编码，自动生成语音库，最后运用参数合成器合成语音。语音合成时可以依托自动化流程，运用相关技术建立声学参数模型，对待合成的数据进行声学训练获得合成系统，再对模型输出的声学参数进行语音合成。当前，基于隐马尔可夫模型的统计参数合成技术，仿真率高，稳定性强，是常用的合成技术。相关的公式为：

$$P(O \mid \lambda) = \sum_{allq} P(O \mid Q, \lambda) P(q \mid \lambda)$$

公式中的 O 表示语音参数矢量数列，q 表示高斯分布序列。

在统计参数语音合成技术中，K. Tokuda 等人采用多空间概率分布，对基频和谱参数进行了统一建模。① 这种技术具有所用语料库较小、构建系统速度快、可移植性强等特点，引起了学界的关注，在语音合成方面得到了广泛的发展。

语料库语音合成技术。随着计算机信息技术和语料库技术的发展，以及现代计算机存储能力的提升，语料库语音合成技术发展迅速，逐渐成为主流的语音合成技术。与前几项语音合成技术相比，大规模语料库技术使得语料库语音合成技术的语料库进一步增大，可以不经过参数调整直接选取语音片段作为合成基元，语音合成的连续性得到了很大的改善，有效提高了合成语音的自然度。②

上述技术各有优势，各具特色，但运用最为广泛的是基于统计参数和语料库的语音合成技术，从实际应用层面来看，基于统计参数的技术还有一定的不足，与实用要求有距离。而基于语料库的合成技术运用具有较好的清晰度与自然度，质量要高于参数合成。

三、系统架构

一个完整的语音合成框架包含文本分析、韵律控制及语音合成三个核心模块。语音合成是智能系统，“合成前需要对目标文本进行分析，根据文本的上下文信息确定词的读音、词性及语音的轻重缓急、停顿方式等韵律信息，然后把从文本分析得到的信息转化为控制信息，与语音单元一起输入合成模块，才能合成连续、自然的语音”③。系统框架如图 7-4-1 所示。

文本分析。对需要输入合成系统的语音文本，要按照有关规则进行文本分析，通过文本的归一化、分词、注音等工作，获得音节、音素等基础语音信息。文本分析由文本分析模块完成，通过程序功能实现计算机对输入文本的自动分析和处理。文本分析模块有三个功能，一是对待处理文本中的拼写问题、无法发音的字符以及特殊符号进行检测和过滤，对有关的数字进行转换和描述；二是对待处理文本中词汇的发音、词语的边界以及句子的语法和停顿进行明确；三是针对文本的结构和标点符号，对词汇以及句子的重音、停顿等进行明

① TOKUDA K, MASUKO T, MIYAZAKI N. et al. Hidden Markov models based on multi-space probability distribution for pitch pattern modeling[C]//IEEE International Conference on Proceedings of the Acoustics, Speech, and Signal Processing. Arizona: [s. n.], 1999: 229-232.

② 章森，刘磊，刁麓弘. 大规模语音语料库及其在 TTS 中应用的几个问题[J]. 计算机学报，2010，33(4)：687-696.

③ 才让卓玛. 基于混合基元的藏语语音合成技术研究[D]. 西安：陕西师范大学，2016：44.

确。完成上述三项任务后,对待处理文本进行标注,而后输送到语音合成模块。

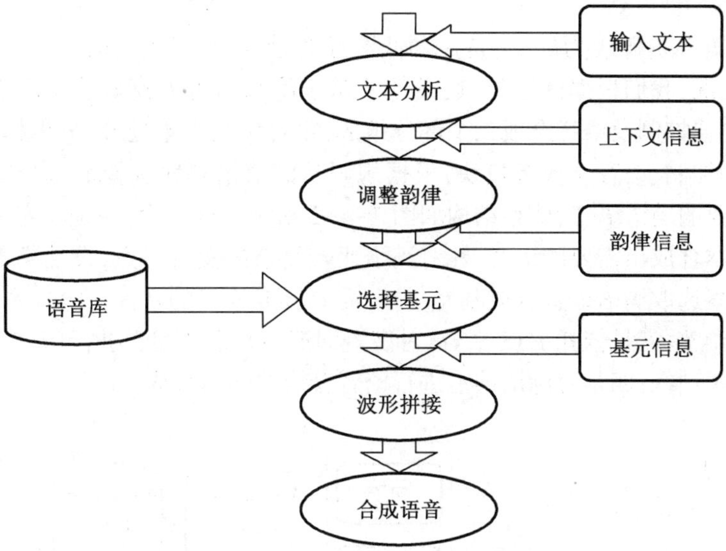

图 7-4-1　满语语音合成系统架构简图

韵律控制。人们用语言进行交往时,可以使用语气、强调、停顿等韵律表达出强烈而鲜明的思想感情。语音合成时需要设计算法,通过对合成语音的音长、音高、重音等韵律进行调整,体现说话者的情感信息。

语音合成。合成器收到文本分析韵律调整信息后,通过训练模型预测声学和韵律参数,合成所需要的自然语音。当前,常用的合成方法有两种,一是拼接合成法,语音合成器根据文本模块和韵律模块输入的文本信息以及音高、音长、重音等韵律信息,在语料库中选择最为匹配的语音单元,运用波形拼接算法,合成自然语音。二是参数合成法,语音合成器通过文本信息和韵律信息获得语音的谱参数、基频等参数后,结合参数合成语音。

四、满语的语音合成模型

当前,基于隐马尔可夫模型的合成技术稳定性强,应用广泛。赵建东等人结合蒙古语特性,设计了上下文属性集以及相应的用于模型聚类的属性问题集,实现了基于 HMM 的蒙古语语音合成。[1] 当前,语音合成的研究和应用主要集中在汉语、英语等语言上,而其他低资源语言的成果则相对较少,这方面,赵立铉、杨鉴提出了基于 BERT 预训练语言模型的印尼语语音合成系统,也可用于其他低资源语言。[2] 本文参考相关研究成果,设计了针对满语的语音合成系统。

---

① 赵建东,高光来,飞龙. 基于 HMM 的蒙古语语音合成技术研究[J]. 计算机科学,2014,41(1):81.

② 赵立铉,杨鉴. 基于 BERT 预训练语言模型的印尼语语音合成[J]. 云南大学学报(自然科学版),2021,43(6):1087.

(一)体系结构

由于满语语音资源较为缺乏,是一种低资源的语言,关于满语语音合成的研究相对滞后,针对这种情况,我们根据满语特点,设计了基于隐马尔可夫模型的满语语音合成系统,由文本分析、韵律控制及语音合成三个部分组成,主要包括文本处理、分词标注、基元选择、韵律调整、规则控制、语音合成等模块,根据规则从满语语料库选择最适合的语音样本,合成并输出所需要的满语语音,体系结构如图 7-4-2 所示。框架为:一是注音方案,为使语音合成器根据文本合成出需要的语音,针对满语比较复杂的发音特点,设计满语注音方案;二是根据注音方案选取满语语音合成基元,并对需要合成词汇的音高、音长、音强和重音等韵律进行控制和调整;三是依托 HTS 平台,对满语词汇的元音和辅音进行切分,运用隐马尔可夫模型进行声学训练;四是对满语词汇进行语音合成并输出合成后的语音。

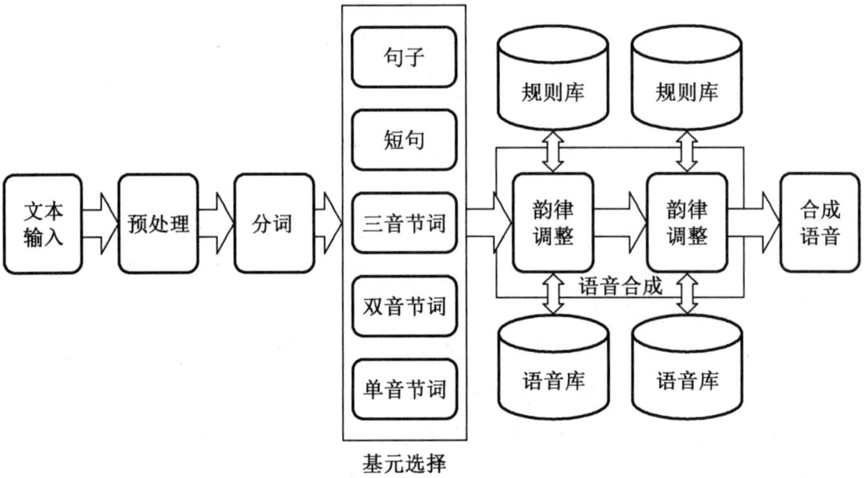

图 7-4-2　满语语音合成体系结构简图

(二)主要功能模块

1. 文本处理模块

该模块主要功能是通过扫描待处理文本,按照规则确定句子或词汇边界,以词汇为单位切分文本,检测文本中的阿拉伯数字和非罗马转写字符,经过字符扫描,对相关字符串进行分离和转换。

2. 自动分词模块

根据满语语音合成的需求和特点,对文本中的词汇进行排序,增加未登录词规则,通过词汇间的关系设计算法进行匹配,最大限度地避免重复以及歧义产生。同时针对未登录词优化相关算法,进行有效匹配,提高算法性能。假定输入文本为 T、分词为 V、分词库为 V * 、字表为 D。简要算法步骤如下。

输入:文本 T;

输出:分词词汇;

S1:输入文本 T,对系统的临时变量 Temp 进行初始化;

S2:结合满语词汇特征分词;

S3:对需要分词的目标句子进行判断,如果为空,跳转到 S20(结尾句),如果目标句子不为空,跳转到 S4;

S4:根据分词规则,对目标句子进行分词和匹配,读取字符 V_i,进行下一步;

S5:对 V_i 进行自动判断,判断字表中是否有 V_i,如果有进行下一步,如果没有跳转到 S16;

S6:对 V_i 长度进行判断,如果 V_i 的长度大于 3,则输出分词 Temp = V_i,并进行下一步,如果小于等于 3,则跳转到 S8;

S7:接着读取下一个字符 V_{i+1},跳转到 S4;

S8:对 V_i 中含有简略词进行判断,如果有简略词 $V_i = V_i + T$,进行下一步,如果没有则跳转到 S12 ;

S9:对简略词进行判断,如果满足 T,进行下一步,如果不满足则跳转到 S11;

S10:对 V * 进行判断,如果 V * 可以接续词汇,则输出 Temp = V *,如果不能接续,则输出分词结果,并跳转到 S7;

S11:对字表 D 进行扫描,如果 Vi 在 D 内,则输出 Temp = V_i+T,并跳转到 S7,如果不在,则输出分词结果,并跳转到 S7;

S12:对 V_i 和前一词汇 V_{i-1} 进行判断,如果可以接续词汇,则输出分词 Temp = V_i,并跳转到 S7,如果不可以接续就进行下一步;

S13:对 V_i 含有简略词进行判断,如果有就标记为 $V_i = V_{i1} + V_{i2}$,并进行下一步,如果没有则跳转到 S15;

S14:对 V_i 和 V_i 前一词汇进行判断,如果可以接续词汇就输出 Temp = V_{i1},并跳转到 S7,如果不可以接续就进行下一步;

S15:对 T 进行扫描,对不能接续的字符或者不在字表中的存入临时字表,并跳转到 S7;

S16:根据分词规则,对目标句子进行分词和匹配,并进行下一步;

S17:对临时字表库的字符串进行判断,如果频次大于 1,将其作为专用词汇存入 D 中,如果小于 1,仍存放在临时字表库中并进行下一步;

S18:对分词和匹配情况进行比较,如果出现歧义情况,则比较两种匹配结果,选取使用频率高者存入 D 中并进行下一步;

S19:对简略词的音节进行处理,将其作为新增名词存入 D 中,进行下一步;

S20:结束。

3. 音节分解模块

将完成罗马转写的满语词汇按照音节自动分解为音节单位,为系统顺利合成未登录词语音提供技术保证。

4. 韵律控制模块

基于满语韵律层次的声学特征与语法特征,在自动分词的基础上,在文本中动态插入韵律停顿标记,保证词汇结构的完整性,增强系统的韵律表达,假定输入的待处理文本为 T,输出的韵律标注为 Y。简要算法步骤如下。

S1:输入待处理文本 T;

S2:分词处理,对分词进行标注,标定词汇标记;

S3:对文本 T 中的句子进行识别,对句子进行设定边界 E_0 与 E_n,标定分句标记;

S4:对已标定的分句音节进行统计,记为 Y_{number};

S5:统计已标定的分句音节数,判断 Y_{number} 与句中音节数大小(设定每句中的标准音节数为 6),如果大于 6,则进入下一步,如果小于 6,则跳转到 S17;

S6:扫描句子,查找并统计满语虚词数,记为 X_{number};

S7:比较 X_{number} 值情况,如果 X_{number} 值为 0,则进入下一步,如果 X_{number} 值不为 0,则跳转到 S14 ;

S8:对词汇边界值进行设置,记为 B=0;

S9:读取词汇 B_i,统计 B_i 的音节个数;

S10:统计词汇 B_i 的音节数,运用权值进行计算;

S11:扫描句子确定句子最后的词汇,跳转到 S15,如果不确定则进行下一步;

S12:确定 X 与 B 的大小,如果 X 大于 B,则进行下一步,如果 X 小于 B,则跳转到 S9;

S13:找到 X 大于 B 的词汇,进行韵律边界标注,跳转到 S8,如果不符合条件,则读取后续词汇;

S14:对句子进行韵律边界标注,句首为 E_0,句尾为 E_n,对 E_0 至 E_n 间的音节数进行判断,如果小于 b,则跳转到 S16,如果大于 b,则进入下一步;

S15:当 E_0 至 E_n 间的音节数大于 b 时,对句首 b_0 与句尾 b_n 设置边界,并跳转到 S7;

S16:结束。

5. 词重音调整模块

通过分析对比词和短语的音长、音高、音强以及重音等声学特征,依据规则计算出目标词汇的词重音,得出重音系数,而后对韵律词、韵律短语的重音进行分配和调整。相关算法,我们参考了李雅等人的重音调整模型的 HMM 语音合成系统相关算法,①自行设计脚本程序对语音合成中的重音进行调整。简要算法步骤如下。

S1:输入语料文本;

S2:对含有重音的文本进行分析,

S3:运用重音影响参数进行标注;

S4:对含有重音特征的文本进行参数调整;

S5:依据规则计算出目标词汇的重音,得出重音系数;

S6:形成隐马尔可夫参数模型;

S7:对文本中重音比例及参数进行分配和调整;

S8:生成语音参数;

S9:运用韵律参数进行语音合成;

S10:对未含有重音特征的文本,赋予音高和时长参数;

S11:形成语句隐马尔可夫模型;

S12:赋予音高、时长、谱参数值;

---

① 李雅,潘诗锋,陶建华. 采用重音调整模型的 HMM 语音合成系统[J]. 清华大学学报(自然科学版). 2011, 51(9):1174.

S13:运用韵律参数进行语音合成;

S14:输出合成结果;

S15:结束。

6. 语音合成模块

依托训练好的数据,运用隐马尔可夫算法进行词汇级的语音合成,提高语音合成速度和自然度,增强系统的实用性。语音合成时,通过设计语音样本搜索算法,在语料库中搜索最适合的语音音子进行合成,可以有效提高合成效率。简要算法步骤如下。

S1:输入需要处理的满语文本 t,程序进行初始化 i=1;

S2:对满语文本进行满语语法分析;

S3:对满语文本进行自动分词;

S4:进行分词的韵律控制和标注;

S5:对分词进行国际音标注音,i_n(n=1,2,…,x)其转化为 x_y,其中 x 为满语词汇音子,_y 为音子的偏移量;

S6:计算音子偏移量 offset =x * 9+y; n=n+1;

S7:定位满语语料库中的 offset,获取库中音子编码和偏移指针第 1 个样本信息;

S8:音子样本为最后的样本时,选择规则等同使用条件,程序跳转到 S11;

S9:按照音子的位置及信息,对 n+1 样本进行定位;

S10:跳转到 S6,对 n+1 样本进行判断;

S11:读取满语语料库的样本数据;

S12:按照相关的合成规则,拼接样本,进行语音合成;

S13:如果 y<n+l,程序跳转到 S4,如果 y>n+l,程序进行下一步;

S14:结束。

五、满语短语的语音合成

(一)第一步:文本分析

文本分析模块首先对待处理的文本进行扫描,而后按照规则将文本的句子或短语切分成词汇。本书以罗马转写为识别字符,文本分析模块通过扫描,检测文本中的阿拉伯数字及其他字符,并将其分离和转换为系统识别的字符。自动分词器在语法分词的基础上,根据系统要求,对文本中满语兼类词排序,增加词频信息及规则,通过未登录词算法进行匹配和处理。语音合成时,系统需要正确“读”出满语,需要对满语文本进行国际音标注音,将满语词汇按照读音转换成国际音标。国际音标注音器对满语词汇进行音节划分,分解为辅音和元音,再根据读音规则对分解后的每一部分进行注音,生成注音文本。

(二)第二步:调整韵律

自然语言的韵律是一种非常重要的语言现象,人们交流时,常常通过停顿、词重音等方式表达情感,抒发情怀。语音合成中,常用音长、音高、重音等变化规则对韵律进行控制。

韵律模块主要对已注音的词汇进行音节和词重音调整，插入韵律停顿标记，保证词汇结构的完整性，通过标注词重音，增强词汇的韵律表达效果。

（三）第三步：合成语音

完整的 HMM 语音合成系统主要分为训练与合成两个部分。[①] 本书的满语语音合成系统也由训练与合成两个部分构成，基于 HTS 平台合成满语语音。

1. 训练部分

从满语语料库中选取母语发音者录制的词汇进行切分，而后进行降噪处理和格式转换。本次实验用于训练的满语发音词汇为 1 500 个，我们采用基于隐马尔可夫模型训练，利用 Viterbi 算法进行强制对齐后进行音子自动切分。一是准备训练数据和模型。对选取的 1500 个满语词汇进行文本分析，进行韵律调整后生成韵律文本，再运用录音文件生成等时划分的单音子文件。运用 HTK 从满语音频文件中提取 Mel 倒谱系数、基频等声学参数，根据处理好的单音子文件获得音子的初始隐马尔可夫模型，运用 HCompV 求得均值和方差，运用 HInit 读入初始化的训练数据，完成音子的切分工作。二是参数重估和建立模型。根据训练参数修改音子的隐马尔可夫模型，运用 HeRest 对修改后的模型进行参数重估，经过 3 次训练后完成参数重估和模型建立任务。三是对齐标注文件。运用 HVite 对标注文件进行时间对齐，同时删除无用音子，得到对齐后的标注单音子标注文件。

2. 合成部分

系统进行隐马尔可夫模型训练之前，要先配置建模参数，完成系统训练。语音合成系统分为参数提取与建模模块、模型训练模块、参数生成与语音合成模块 3 个部分。参数提取与建模模块运用 HTK 提取声谱参数、基频等参数，使用 Mel 域倒谱特征形成谱参数特征文本，而后将完成后的单音子标注文件存入系统。模型训练模块运用 HTK 完成声学模型的训练，得到时长、基频、谱参数等相关的隐马尔可夫训练模型。语音合成模块结合预测的状态时长等数据，根据参数模型，利用相关算法预测基频和谱参数，通过训练模型处理实验数据，运用合成器合成满语词汇及短语语音。本系统合成的满语语音能够听辨语义，但自然度和韵律仍需进一步优化，在后续研究中可将此作为重点，集中进行研究和突破。

第五节　满语田野调查模型

田野调查是语言研究中的重要环节，在濒危满语的抢救与保护中具有重要的地位和作用，田野调查的质量和效率直接影响到满语的保护质量。当前田野调查辅助系统相关研究也有了一定的进展，“斐风”等田野调查软件已研制成功并获得了实际的运用。刘航宇对基于 HTK 的计算机辅助田野调查系统进行了研究，在语料充足的情况下，识别率可以达到 80%。[②] 这些软件主要针对汉语等语言，关于满语的田野调查软件还未发现。在当前满语

---

① 刘梦媛，杨鉴. 基于 HMM 的缅甸语语音合成系统设计与实现[J]. 云南大学学报（自然科学版），2020，42(1)：19-27.

② 刘航宇. 基于 HTK 的计算机辅助田野调查系统研究[D]. 上海：上海师范大学，2016：35.

濒临消亡的情况下,对满语进行大规模的语言田野调查,完成录音、记音和汉译等工作,提高工作效率,对于保留原生态满语口语语音、有效延缓满语消亡速度等,具有重要的意义和价值。由于语言田野调查主要是根据调查材料进行记音,运用国际音标标注,音素是记音的基本单元,在语音识别等智能化技术日益成熟的今天,针对满语的田野调查需要,设计一款计算机辅助调查软件,运用计算机完成满语调查的录音、记音及国际音标转写等工作,无疑是一件具有深远意义的工作。

通过对满语的声学实验和分析可知,满语词汇是以元音和辅音的音节组合形式出现的,以四种基本的音节构成了短语和句子,即使在孤立词的音节单元中,元音和辅音也能够紧密结合形成话语材料。因此,本节运用语料库的单音节及双音节词汇,进行语音识别模型搭建,逐个标注词汇音节,进行词汇级语音识别和国际音标标注,建立满语田野调查的模型,为后续相关研究提供技术和数据基础。基本流程如图 7-5-1 所示。

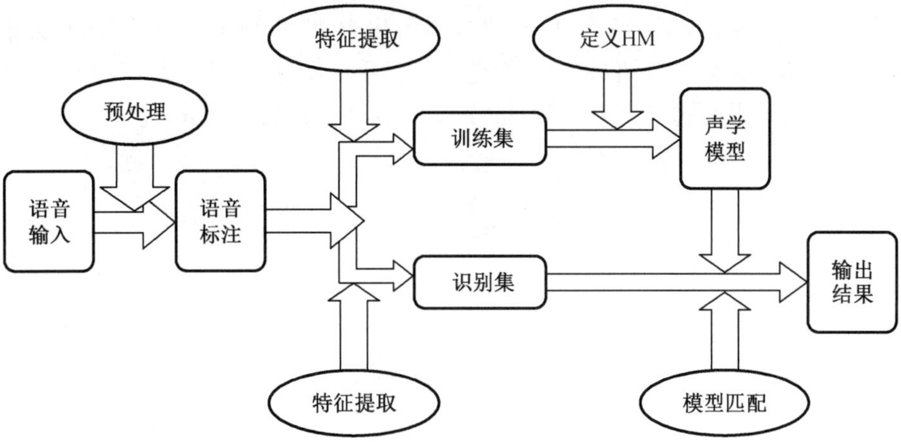

图 7-5-1　满语语音识别基本流程图

简要流程如下。

S1:筛选语料,进行预处理。将单音节看作孤立词,在语料库中挑选单音节和双音节满语词汇,处理后作为田野调查模型的基础语料库。对词汇进行切分和标记,清洗无用音段,提高数据的使用效率。通过筛选,选取 300 个满语单音节和双音节词汇作为训练词汇,经过处理后作为语音识别和标注的原始材料。

S2:搭建识别模型,进行标注和识别。完成原始语料的预处理后,运用 HTK 提取每个单音节或双音节词汇的语音特征,由于 MFCC 特征参数是语音识别的基本参数,可以运用 HTK 对标记后的 MFCC 参数进行批量提取,并进行建模。实验中,我们通过短时傅里叶变换提取每个单音节或双音节词汇的 MFCC 参数,结合 Viterbi 算法对 MFCC 参数进行建模,训练后使之成为识别和匹配的模型。

S3:模型训练,提升识别效果。通过训练后的识别模型,对待识别语料进行匹配。经过多次迭代获得 HMM 的收敛模型,再用训练好的模型对待识别的词汇进行匹配,得到识别结果,将得到的识别结果返回到操作界面上。

S4:国际音标转录。设计满语-国际音标转录模型,将满语转录为国际音标。音节上主要解决词内音节与相邻音节的关系,对满语词汇的音节拆分,分为五种常用音节类型,再将各音节拆分为元音和辅音，不常用的音节比照五种常用音节进行。通过满语转国际音标算法，将满语和国际音标的字符进行匹配，循环读取字符直至结束，通过转换算法，将满语词汇转换为国际音标，实现满语文本到国际音标的孤立词转换。①

S5：人工校验。工作人员对注音和识别情况进行校验，对错误进行修正，提高识别和注音的准确性。实验表明，通过对满语孤立词进行识别和注音实验，准确率可达 70%以上，可以以此进行后续研究。

本章我们运用人工智能的语音识别和语音合成技术，通过设计脚本程序，开发应用型模块，基于隐马尔可夫模型对满语进行了语音识别与语音合成的实验。其中语音识别运用语音特征提取和分析工具、模型训练工具、语音识别工具等模块，构建识别模型，完成语音特征与声学模型的匹配和比较，实现从语音到文字的转换。语音合成系统分为参数提取与建模模块、模型训练模块、参数生成与语音合成模块 3 个模块，以语料库中自然语料为训练数据，配置建模参数，提取声学参数，结合标注文件与上下文信息，基于隐马尔可夫模型进行系统训练，合成简单的满语短语语音，调整和优化韵律，实现了满语的智能“复制”。此外，我们还针对满语田野调查语料多、听音记音任务重的实际，探索设计了田野语音调查模块，运用计算机辅助开展田野调查，缩短记音和转写时间，提高调查效率。

① 王娣. 人工智能抢救濒危满语的研究与探索[J]. 边疆经济与文化，2022(11)：51.

结　语

语言是人类交流思想、沟通感情的桥梁和纽带,也是绵延历史和文化的重要载体,在传播文化、传承文明等方面有着无可替代的作用。作为清代的“国语”,满语在清代得到广泛的推广和运用,对于深化各民族交往融合、形成和铸牢中华民族共同体意识起到了重要的推动作用。在满语面临消亡的今天,运用人工智能技术抢救和保护濒危满语,在促进满文史料翻译与运用,推动清史、清代东北史及边疆史等研究方面有着重要的现实意义。基于此,本书在描写主义语言学理论的指导下,依托满语田野调查建立语料库,运用语音实验及人工智能技术,探索满语智能化抢救和保护的新路子,为保护中华民族优秀传统文化贡献绵薄之力。

本书除绪论、第一章、第二章对研究意义、研究方法以及满族、满语进行简要介绍外,主要从 3 个方面对满语智能化保护展开探讨。

一是满语元辅音的基础性研究。依托满语田野调查语料建立语料库,以此为基础进行语音实验。运用 Praat 语音实验软件分别提取满语元音、辅音声学参数并进行统计和计算,依托声学元音图、辅音语图等声学图表,结合音节类型、数量等对元音、辅音进行实验研究和声学分析。其中元音方面,对 16 个元音音素逐一进行实验和分析,审辨确定音值,确定元音分布空间,探求声学规律;辅音方面,对 38 个辅音音素的声学特征、发音特点逐一进行实验和分析,表征辅音特征,对辅音的发音方法和发音部位进行量化描写。这部分工作主要是通过实验数据审辨确定音值,探求元辅音声学规律,为后续的智能化研究奠定基础。

二是满语语音的系统性研究。这部分工作既是满语语音实验的进阶,亦是智能化研究的起始,主要由 5 个部分构成。

第一,针对满语音系音位,在前人研究成果和实验的基础上,将满语的 16 个元音音素、38 个辅音音素分别归纳为 8 个元音音位和 26 个辅音音位,明确音位变体和分布环境,并运用“元音性/非元音性”“有阻/无阻”等 11 对区别特征对满语音系进行描写。

第二,通过区分音节对元音音高、音长、音强等韵律特征进行研究。实验显示,元音音长与舌位在高低上呈现出一定的规律性,舌位高的音长稍短,舌位低的音长稍长,但与舌位前后关系不大;元音位于词首、非词首位置时,舌位前后对音高有影响,前元音音高要大一些,舌位高低影响较小;元音位置对音强影响较小。

第三,音节统计数据表明,在 4 种基本音节中,出现频率最高的是 CV 型和 CVC 型音节,这两种音节是最活跃的音节,也是组合能力最强的音节;音节长度随着音节数量的增加而变小;满语中以开音节结尾的词占大多数,是一种以开音节为主的语言。

第四,16 种类型的双音节和三音节词重音实验显示,在时长、音高和音强这 3 个音素中,音高最为稳定,决定了重音的位置和特性,时长与音强稳定性和系统性较弱,没有明显的规律性和影响性。但时长与音节数量具有相关性,呈现出音节数量增加而时长变短的趋势。实验显示，满语双音节和三音节词的重音大部分位于第一音节，但第二、三音节也有不少分布；音高是重音的表征因素，属于音高凸显型。

第五，元音和谐实验表明，传统的满语元音阴阳和谐，实质上是舌位的高低和谐，大部分词内元音搭配表现在舌位高低搭配上，高元音后接高元音，低元音后接低元音，主要是由发音的省力性原则决定的。田野调查和实验显示，满语的元音和谐已失去完整性，阳性元音 ɑ 与阴性元音 ə 的对立关系已被破坏，很多词中两者可以共存，仅残留少量的和谐现象。

三是满语的智能化研究。这部分主要依托实验数据和研究成果，通过设计程序、开发模块并基于隐马尔可夫模型进行满语的语音识别与语音合成。语音识别实验中，运用语音特征提取和分析工具、模型训练工具、语音识别工具等模块构建识别模型，完成语音特征与声学模型的匹配和比较，实现从语音到文字的转换。在语音合成实验中，将系统分为参数提取与建模、模型训练、参数生成与语音合成 3 个模块，以自然语料为训练数据，配置建模参数，提取声学参数，结合标注文件与上下文信息，运用隐马尔可夫模型进行系统训练，合成简单的满语短语语音，调整和优化韵律，对满语进行智能化“复制”。在计算机辅助调查模型实验中，针对满语田野调查语料多、听音记音任务重的实际，设计了计算机辅助调查模块，通过搭建识别模型、模型训练、国际音标转录以及人工校验等步骤，实现了计算机辅助的田野调查，缩短了记音和转写时间，提高了调查效率。

本书是运用语音实验和人工智能保护满语的一次积极尝试，既是全新的探索，更是艰难的旅程。在研究过程中，既懂满语又精通现代信息技术的人才极度缺乏，而满语的严重濒危导致语料非常稀缺，没有现成的经验和成果可供参考和借鉴，只能一点一滴地尝试和摸索。因笔者能力水平有限，书中难免存在错讹与舛谬之处，诚请专家学者提出宝贵意见和建议，以便在后续研究中进行改进和提升。“志合者，不以山海为远”，“故有跋涉而游集”。希望在奔赴抢救濒临消亡的满语、保护中华民族优秀传统文化的路上，我们有着生生不息的热爱，如星灿烂，如风自由。

参考文献

中文文献：

[1] 爱新觉罗·乌拉熙春. 满洲语语音研究[M]. 京都:玄文社,1992.

[2] 鲍怀翘,林茂灿. 实验语音学概要(增订版)[M]. 北京:北京大学出版社,2014.

[3] 贝先明,向柠. 实验语音学的基本原理与 praat 软件操作[M]. 长沙:湖南师范大学出版社,2016.

[4] 戴光宇. 三家子满语语音研究[M]. 北京:北京大学出版社,2012.

[5] 恩和巴图. 满语口语研究[M]. 呼和浩特:内蒙古大学出版社,1995.

[6] 冯志伟. 现代语言学流派[M]. 西安:陕西人民出版社,1987.

[7] 兰司铁. 阿尔泰语言学导论[M]. 周建奇,译. 呼和浩特:内蒙古教育出版社,2003.

[8] 呼和,确精扎布. 蒙古语语音声学分析[M]. 呼和浩特:内蒙古大学出版社,1999.

[9] 呼和. 蒙古语语音实验研究[M]. 沈阳:辽宁民族出版社,2009.

[10] 季永海,刘景宪,屈六生. 满语语法[M]. 北京:民族出版社,1986.

[11] 季永海. 满语语法(修订版)[M]. 北京:中央民族大学出版社,2011.

[12] 孔江平. 实验语音学基础教程[M]. 北京:北京大学出版社,2015.

[13] 李兵. 阿尔泰语言元音和谐研究[M]. 北京:商务印书馆,2013.

[14] 林焘,王理嘉. 北京语音实验录[M]. 北京:北京大学出版社,1985.

[15] 林焘,王理嘉. 语音学教程[M]. 2 版. 北京:北京大学出版社,2013.

[16] 罗常培,王均. 普通语音学纲要[M]. 修订本. 北京:商务印书馆,2002.

[17]《罗常培文集》编委会. 罗常培文集·第九卷[M]. 济南:山东教育出版社,2000.

[18] 孟达来. 北方民族的历史接触与阿尔泰诸语言共同性的形成[M]. 北京:中国社会科学出版社 . 2001.

[19] 鲍培. 阿尔泰语言学导论[M]. 周建奇,译. 呼和浩特:内蒙古教育出版社,2003.

[20] 王庆丰. 满语研究[M]. 北京:民族出版社,2005.

[21] 吴宗济,林茂灿. 实验语音学概要[M]. 北京:高等教育出版社,1989.

[22] 叶蜚声,徐通锵. 语言学纲要[M]. 北京:北京大学出版社,1997.

[23] 赵阿平,朝克. 黑龙江现代满语研究[M]. 哈尔滨:黑龙江教育出版社,2000.

[24] 赵阿平,郭孟秀,何学娟. 濒危语言:满语、赫哲语共时比较[M]. 北京:社会科学文献出版社,2013.

[25] 赵杰. 现代满语研究[M]. 北京:民族出版社,1989.

[26] 赵力. 语音信号处理[M]. 2 版. 北京:机械工业出版社,2009.

[27] 罗常培,傅懋勣. 国内少数民族语言文字的概况[M]//罗常培,罗季光,王均,等. 国内少数民族语言文字的概况. 北京:中华书局,1954:29-45.

[28] 乌拉熙春. 满语元音的演变[J]. 民族语文,1990(4):57-65.
[29] 宝玉柱,孟和宝音. 现代蒙古语正蓝旗土语音节研究[J]. 中央民族大学学报(哲学社会科学版),2008(5):101-108.
[30] 宝玉柱. 蒙古语正蓝旗土语元音和谐律研究[J]. 语言研究,2010,30(1):118-126.
[31] 程南昌,杨柳. "音位"理论教学之我见[J]. 百色学院学报,2010,23(4):124-127.
[32] 程试. 音位理论与维吾尔语音位系统研究[J]. 新疆大学学报(哲学社会科学版),1983(1):95-110.
[33] 胡艳霞,贾瑞光. 三家子满语中的汉语借词类型及其特点研究[J]. 大连民族学院学报,2010,12(4):299-302.
[34] 黄锡惠. 满语口语研究的重音问题[J]. 满语研究,2001(1):17-20.
[35] 黄志强,李德新. 齐齐哈尔市富裕县三家子村活态满语遗存的数字化保护与思考[J]. 理论观察,2018(2):5-7,177.
[36] 李兵,贺俊杰,汪朋. 锡伯语三音节词重音的实验语音学研究[J]. 民族语文,2014(2):71-81.
[37] 李兵,汪朋,贺俊杰. 锡伯语双音节词重音实验语音学研究[J]. 民族语文,2012(2):55-63.
[38] 李兵. 阿尔泰语言元音和谐的形式特点及其理论意义[J]. 当代语言学,2014,16(4):466-482,502.
[39] 李兵. 论通古斯语言元音和谐的语音学基础[J]. 民族语文,1998(3):1-12.
[40] 李兵. 满语和锡伯语元音系统结构的历时比较[J]. 新疆师范大学学报(哲学社会科学版),1998(2):32-41,97-98.
[41] 李兵. 满语元音系统的演变与原始阿尔泰语元音系统的重新构拟[J]. 民族语文,1999(3):12-24.
[42] 李兵. 现代满语唇辅音和圆唇元音的交互作用[J]. 民族语文,2004(2):1-12.
[43] 李兵. 元音和谐的类型学问题[J]. 民族语文,2001(2):32-46.
[44] 李雅,潘诗锋,陶建华. 采用重音调整模型的 HMM 语音合成系统[J]. 清华大学学报(自然科学版). 2011,51(9):1171-1175.
[45] 李智强. 生成音系学的音节理论[J]. 外语教学与研究,1997(4):4-11,80.
[46] 刘景宪. 论满语元音和谐律[J]. 满语研究. 1995(2):19-23.
[47] 刘梦媛,杨鉴. 基于 HMM 的缅甸语语音合成系统设计与实现[J]. 云南大学学报(自然科学版),2020,42(1):19-27.
[48] 穆晔骏. 阿勒楚喀满语语音简论[J]. 满语研究. 1985(1):5-15.
[49] 聂晓飞,赵禹,詹庆才. 一种基于模板匹配的语音识别算法[J]. 电子设计工程,2011,19(19):58-60.
[50] 齐士铃,张家騄. 汉语普通话辅音音长分析[J]. 声学学报,1982(1):8-13.
[51] 清格尔泰. 关于元音和谐律[J]. 中国语言学报,1983(1):200-220.
[52] 冉启斌,石锋. 普通话单音节中爆发音的 VOT 分析[J]. 南开语言学刊,2007(2):21-31,154.
[53] 冉启斌. 从音长论普通话舌尖后塞擦音声母的性质[J]. 汉语学报,2007(3):69-77.

[54] 邵艳秋,穗志方,韩纪庆,等.基于依存句法分析的汉语韵律层级自动预测技术研究[J].中文信息学报,2008(2):116-123.
[55] 时秀娟.汉语方言元音格局的系统性表现[J].方言,2006(4):323-331.
[56] 陶建华,赵晟,蔡莲红.基于统计韵律模型的汉语语音合成系统的研究[J].中文信息学报,2002(1):1-6.
[57] 吴宏伟.影响突厥语族语言元音和谐的几个因素[J].民族语文,1990(1):13-19,62.
[58] 吴明.论索绪尔对现代音位学的贡献[J].扬州师院学报(社会科学版),1990(1):82-87.
[59] 徐春,杨勇,蒋同海.基于机器翻译的维吾尔语形态分析研究[J].计算机工程与应用,2017,53(14):138-142,154.
[60] 易斌.维吾尔语元音/y/的声学特征分析[J].南京师范大学文学院学报,2005(4):168-171.
[61] 章森,刘磊,刁麓弘.大规模语音语料库及其在TTS中应用的几个问题[J].计算机学报,2010,33(4):687-696.
[62] 赵建东,高光来,飞龙.基于HMM的蒙古语语音合成技术研究[J].计算机科学,2014,41(1):80-82,104.
[63] 赵杰.富裕县三家子满语与泰来县依布气满语及其音变的时间序列[J].黑龙江社会科学,2017(1):112-115.
[64] 赵杰.泰来满语音位解析[J].满语研究,1987(1):51-66.
[65] 赵杰.同区音与变体音:从汉、满元音分布所想到的[J].满语研究,1986(1):22-25.
[66] 赵杰.锡伯语满语语音演变的比较[J].民族语文,1988(1):32-37.
[67] 赵立铉,杨鉴.基于BERT预训练语言模型的印尼语语音合成[J].云南大学学报(自然科学版),2021,43(6):1086-1095.
[68] 朱麟.从满语、英语形态变化看语言共性[J].内蒙古民族大学学报,2006(3):87-88.
[69] 祖漪清,高丽,王祖燕,等.用语言复制的方法记录濒危语言:锡伯语案例[J].中国语音学报,2017(1):17-24.
[70] 王娣.人工智能抢救濒危满语的研究与探索[J].边疆经济与文化,2022(11):49-53.
[71] 宝音.现代蒙古语喀喇沁土语音系研究[D].北京:中央民族大学,2015.
[72] 才让卓玛.基于混合基元的藏语语音合成技术研究[D].西安:陕西师范大学,2016.
[73] 胡艳霞.濒危语言:黑龙江现代满语借词及其特点研究[D].哈尔滨:黑龙江大学,2005.
[74] 刘航宇.基于HTK的计算机辅助田野调查系统研究[D].上海:上海师范大学,2016.
[75] 张冉.基于HMM的混合语音合成系统的研究[D].北京:中国科学院大学,2014.

外文文献:

[1] LISKER L, ABRAMSON A S. A cross-language study of voicing in initial stops: Acoustical measurements[J]. Word, 1964, 20(3): 384-422.
[2] STEVENS K N. Evidence for the role of acoustic boundaries in the perception of speech sounds[M]//FROMKIN V A. Phonetic linguistics: Essays in honor of Peter Ladefoged.

Orlando:Academic Press,1985:243-255.

[3] DART S N. Articulatory and acoustic properties of apical and laminal articulationgs[A]. UCLA Working Papers in Phonetics,1991(79).

[4] YAMASHITA T, MATSUMOTO Y. Language independent morphological analysis[C]//Proceedings of the sixth conference on applied natural language processing. Stroudsburg: Association for Computational Linguistics,2000:232-238.

[5] NGUYEN N,GUO Y S. Comparisons of sequence labeling algo-rithms and extensions[C]//Proceedings of the 24th international conference on machine learning. NewYork:Association for Computing Machinery,2007:681-688.

[6] CREUTZ M, LAGUS K. Unsupervised discovery of morphemes[C]//Proceedings of the ACL-02 workshop on morphological and phonological learning: Volume 6. Stroudsburg: Association for Computational Linguistics,2002:21-30.

[7] CREUTZ M, LAGUS K. Induction of a simple morphology for highly-inflecting languages [C]//Proceedings of the 7th meeting of the ACL special interest group in computational phonology: Current themes in computational phonology and morphology. Stroudsburg: Association for Computational Linguistics,2004:43-51.

[8] DAVIS K H,BIDDULPH R,BALASHEK S. Automatic recognition of spoken digits[J]. The Journal of the Acoustical Society of America,1952,24(6):637-642.

[9] VINTSYUK T K. Speech discrimination by dynamic programming[J]. Cybernetics and Systems Analysis,1968,4:52-57.

[10] LEE K F. An overview of the SPHINX speech recognition system[J]. IEEE Transactions on Acoustics Speech & Signal Processing Speech,1990,38(1):34-55.

[11] LI J Y, DENG L, GONG Y F, et al. An overview of noise-robust automatic speech recognition[J]. IEEE/ACM Transactions on Audio, Speech, and Language Processing, 2014,22(4):745-777.

[12] DUDLEY H. The vocoder[J]. Bell Labs Rec. ,1939,18:122-126.

[13] FANT G. Acoustic theory of speech production:With calculations based on X-Ray studies of Russian articulations[M]. 2nd ed. The Hague:Mouton,1970.

[14] MOULINES E,CHARPENTIER F. Pitch-synchronous waveform processing techniques for text-to-speech synthesis using diphones[J]. Speech Communication, 1990, 9(5/6): 453-457.

[15] ZEN H,TODA T. An overview of Nitech HMM-based speech synthesis system for Blizzard Challenge 2005[C]//Proc. INTERSEECH,[S. l. :s. n.],2005:93-96.

[16] TOKUDA K, MASUKO T, MIYAZAKI N. et al. Hidden Markov models based on multi-space probability distribution for pitch pattern modeling [C]//IEEE International Conference on Proceedings of the Acoustics, Speech, and Signal Processing. Arizona: [s. n.],1999:229-232.

[17] COUPER-KUHLEN E. An introduction to English prosody [M]. London: Edward Arnold,1986.

[18] KESSLER B, TREIMAN R. Syllable structure an dthe distribution of phonemes in English syllables[J]. Journal of Memory and Language, 1997, 37:295-311.
[19] TRACK R L. A dictionary of phonetics and phonology[M]. London: Routledge, 1996.

附　　录

实验数据节选

单位：Hz

元音	F1	F2
ɑ	944	1 288
	831	1 140
	876	1 129
	979	1 236
	842	1 134
	864	1 304
	879	1 290
	980	1 305
	953	1 279
	903	1 303
	836	1 307
	972	1 175
	827	1 155
	901	1 321
	919	1 299
	1 022	1 313
	1 016	1 222
	973	1 236
	911	1 251
	1 019	1 311
	1 021	1 226
	997	1 220
	969	1 221
	1 025	1 307

续表 1

元音	F1	F2
ɑ	1 022	1 313
	1 016	1 222
	935	1 258
	994	1 257
	851	1 153
	856	1 144
	914	1 324
	884	1 266
	897	1 211
	801	1 193
	852	1 134
	871	1 276
	853	1 311
	814	1 285
	870	1 342
	817	1 325
	906	1 212
	878	1 268
	896	1 129
	890	1 313
	864	1 241
	921	1 296
	853	1 319
	849	1 143
	866	1 174
	774	1 149
	845	1 326
	872	1 350
	868	1 158
	951	1 087
	798	1 157
	783	1 137
	789	1 238
	957	1 269

续表 2

元音	F1	F2
ɑ	1 027	1 219
	1 002	1 285
	995	1 278
	998	1 314
	913	1 254
	944	1 222
	1 022	1 313
	1 016	1 222
	973	1 236
	911	1 251
	1 019	1 311
	1 021	1 226
	969	1 221
	1 025	1 307
	990	1 228
	986	1 277
	1 000	1 264
	1 007	1 233
	994	1 225
	1 031	1 297
	979	1 274
	1 035	1 222
	988	1 295
	963	1 285
	900	1 259
	995	1 278
	998	1 314
	913	1 254
	944	1 222
	1 022	1 313
	1 016	1 222
	973	1 236
	911	1 251
	1 019	1 311

续表 3

元音	F1	F2
ɑ	1 021	1 226
	969	1 221
	1 025	1 307
	864	1 304
	879	1 290
	980	1 305
	953	1 279
	903	1 303
	836	1 307
	972	1 175
	827	1 155
	901	1 321
	919	1 299
	935	1 258
	994	1 257
	851	1 153
	856	1 144
	914	1 324
	884	1 266
	897	1 211
	801	1 193
	852	1 134
	871	1 276
	853	1 311
	814	1 285
	870	1 342
	817	1 325
	906	1 212
	878	1 268
	890	1 313
	864	1 241
	921	1 296
	853	1 219
	849	1 143

续表 4

元音	F1	F2
ɑ	903	1 203
	836	1 307
	972	1 175
	827	1 155
	901	1 221
	919	1 299
	935	1 258
	994	1 257
	851	1 153
	856	1 144
	914	1 224
	884	1 266
	897	1 211
	801	1 193
	852	1 134
	1 022	1 313
	1 016	1 222
	973	1 236
	911	1 251
	1 019	1 311
	1 021	1 226
	969	1 221
	1 025	1 307
	990	1 228
	986	1 277
	1 000	1 264
	1 007	1 233
	994	1 225
	1 031	1 297
	979	1 274
	1 035	1 222
	988	1 295
	963	1 285
	900	1 259

续表 5

元音	F1	F2
ɔ	618	1 005
	582	1 081
	556	1 025
	552	969
	584	1 036
	670	1 060
	626	1 021
	594	1 017
	652	981
	583	1 039
	644	1 023
	653	1 146
	607	1 021
	647	997
	612	974
	552	963
	613	1 041
	595	1 064
	574	991
	556	955
	581	1 038
	622	946
	562	1 121
	561	975
	590	936
	625	963
	609	998
	596	1 014
	556	966
	584	1 081
	649	1 083
	587	1 025
	591	1 075

续表 6

元音	F1	F2
ɔ	659	975
	581	958
	619	992
	597	1 022
	678	1 069
	670	1 072
	661	1 021
	671	1 060
	677	1 010
	616	1 106
	623	1 025
	647	1 056
	642	1 103
	638	1 037
	645	1 073
	626	1 064
	627	1 102
	595	1 050
	625	1 109
	551	1 018
	620	1 095
	645	1 114
	581	1 039
	641	1 044
	662	1 026
	671	1 073
	663	1 037
	646	1 052
	633	1 049
	649	1 027
	537	1 031
	646	1 106
	622	1 090
	656	1 055

续表 7

元音	F1	F2
ɔ	653	1 089
	628	1 060
	519	1 091
	588	1 097
	642	1 103
	638	1 037
	645	1 073
	626	1 064
	627	1 102
	595	1 050
	625	1 109
	551	1 018
	620	1 095
	645	1 114
	581	1 039
	641	1 044
	610	1 060
	626	1 021
	594	1 017
	652	981
	583	1 039
	644	1 023
	613	1 146
	607	1 021
	627	997
	612	974
	552	963
	613	1 041
	595	1 064
	574	991
	556	955
	581	1 038
	622	946
	562	1 121

续表 8

元音	F1	F2
	561	975
	590	936
	625	963
	609	998
	596	1 014
	556	966
	584	1 081
	649	1 083
	587	1 025
	591	1 075
	659	975
	581	958
	619	992
	597	1 022
	618	1 069
	620	1 072
ɔ	661	1 021
	671	1 060
	637	1 010
	616	1 106
	623	1 025
	647	1 056
	642	1 103
	638	1 037
	645	1 073
	626	1 064
	627	1 102
	595	1 050
	625	1 109
	551	1 018
	620	1 095
	645	1 114
	581	1 039
	641	1 044

续表 9

元音	F1	F2
ɔ	662	1 026
	611	1 073
	663	1 037
	646	1 052
	633	1 049
	649	1 027
	537	1 031
	646	1 106
	625	963
	609	998
	596	1 014
	556	966
	584	1 081
	649	1 083
	587	1 025
	591	1 075
	659	975
	581	958
	619	992
	597	1 022
	628	1 069
	670	1 072
	661	1 021
	671	1 060
	617	1 010
	616	1 106
	623	1 025
	647	1 056
	642	1 103
	638	1 037
	615	1 073
	626	1 064
	627	1 102
	595	1 050

续表 10

元音	F1	F2
ɔ	521	1 049
	494	984
	494	1 046
	498	1 007
	492	1 047
	571	1 010
	497	1 008
	527	1 055
	519	999
	491	983
	559	1 010
	533	1 016
	486	1 026
	530	1 054
	563	1 020
	511	983
	566	987
	567	998
	482	1 044
	491	1 053
	489	1 031
i	301	2 107
	315	1 997
	328	2 113
	311	2 110
	309	1 933
	340	2 053
	325	2 051
	282	1 977
	292	2 029
	318	1 990
	324	2 109
	317	2 011

续表 11

元音	F1	F2
i	307	2 084
	318	2 005
	329	2 072
	316	2 071
	351	1 992
	315	2 096
	255	1 983
	325	2 069
	370	2 075
	285	2 013
	319	2 107
	309	2 054
	333	2 064
	319	2 078
	314	2 094
	348	2 090
	332	2 032
	297	2 113
	296	2 073
	287	2 089
	257	2 088
	305	2 126
	313	2 129
	345	2 093
	294	2 045
	326	2 083
	347	2 061
	296	2 074
	285	2 058
	251	2 089
	262	2 101
	312	2 083
	311	2 091
	317	2 011

续表 12

元音	F1	F2
i	307	1 984
	318	2 005
	329	1 972
	336	2 071
	311	1 992
	315	2 096
	255	2 083
	325	2 069
	370	2 075
	285	2 013
	319	2 107
	309	2 054
	333	2 064
	319	2 078
	314	2 084
	318	1 990
	332	2 032
	318	1 960
	324	2 009
	337	2 011
	307	1 984
	318	2 005
	329	1 992
	316	1 991
	311	1 992
	315	2 096
	255	2 083
	325	2 069
	370	2 075
	285	2 013
	329	2 107
	309	2 054
	333	2 064
	319	2 078

续表 13

元音	F1	F2
i	314	2 084
	348	2 090
	332	2 032
	297	2 113
	296	2 073
	287	2 089
	257	2 088
	305	2 126
	333	2 129
	345	2 093
	294	2 045
	326	2 083
	307	2 061
	296	2 074
	285	2 058
	251	2 089
	262	2 101
	342	2 083
	311	2 091
	290	2 072
	309	2 126
	309	2 054
	333	2 064
	319	2 078
	314	2 084
	308	2 090
	312	2 032
	297	2 113
	296	2 073
	287	2 089
	257	2 088
	305	2 126
	333	2 129
	315	2 093

续表 14

元音	F1	F2
i	294	2 095
	326	2 083
	317	2 091
	296	2 074
	285	2 098
	251	2 089
	262	2 151
	342	2 083
	311	2 091
	290	2 072
	309	2 126
	297	2 119
	331	2 098
	296	2 154
	304	2 104
	327	2 073
	264	2 114
	280	2 128
	301	2 107
	315	1 997
	328	2 113
	351	2 110
	309	2 033
	340	2 053
	325	1 951
	282	1 907
	292	2 099
	318	2 060
	324	2 009
	337	2 011
	307	2 084
	318	2 005
	329	2 072
	336	1 971

续表 15

元音	F1	F2
i	351	1 992
	315	2 096
	255	1 983
	325	2 069
	370	2 075
	285	2 013
	319	2 107
	309	2 054
	303	2 064
	319	2 078
	314	1 984
	328	1 990
	332	2 032
	297	2 113
	296	2 073
	337	2 011
	307	2 084
	318	2 005
	329	2 072
	336	1 971
	301	1 992
	315	2 096
	255	1 983
	325	2 069
	370	2 075
	285	2 013
	349	2 107
	309	2 054
	309	1 933
	340	1 953
	325	2 061
	282	1 977
	292	2 029
	318	1 960

续表 16

元音	F1	F2
i	336	1 971
	351	1 992
	315	2 096
	255	1 983
	325	2 069
	370	2 075
	285	2 013
	319	2 107
	309	2 054
	333	2 064
	319	2 078
	320	2 089
	303	2 064
u	326	978
	327	928
	269	935
	272	990
	286	976
	268	927
	301	942
	368	974
	308	918
	329	985
	298	955
	304	942
	348	999
	326	979
	336	1 017
	311	992
	344	977
	365	1 015
	312	987
	366	995

续表 17

元音	F1	F2
u	299	1 031
	347	1 039
	287	1 037
	323	1 010
	326	981
	312	1 023
	350	1 015
	323	925
	306	1 040
	318	1 021
	322	992
	342	1 056
	315	1 003
	312	999
	312	1 030
	300	1 031
	274	1 032
	317	1 031
	285	1 012
	352	979
	348	1 032
	372	1 019
	297	973
	342	1 013
	302	965
	283	1 003
	305	1 006
	343	1 009
	301	1 039
	326	988
	323	1 053
	315	1 027
	329	1 017
	261	1 021

续表 18

元音	F1	F2
u	320	1 088
	296	958
	281	1 019
	359	1 012
	326	981
	312	1 013
	350	1 015
	323	925
	306	1 040
	318	1 031
	322	992
	342	1 056
	315	1 003
	312	999
	312	1 030
	300	1 031
	274	1 032
	317	1 031
	285	1 062
	352	979
	348	1 032
	372	1 059
	297	973
	342	1 013
	302	965
	269	935
	272	990
	286	976
	268	927
	301	942
	368	974
	308	918
	329	985
	298	955

续表 19

元音	F1	F2
u	304	942
	348	999
	326	979
	316	1 087
	311	992
	344	977
	365	1 075
	312	987
	366	995
	299	1 031
	347	1 039
	287	1 057
	323	1 010
	326	981
	312	1 083
	350	1 015
	323	925
	306	1 000
	318	1 031
	322	992
	342	1 056
	315	1 003
	312	999
	312	1 030
	300	1 031
	274	1 032
	317	1 031
	285	1 062
	352	979
	308	1 032
	372	1 059
	297	973
	342	1 013
	302	965

续表 20

元音	F1	F2
u	283	1 043
	305	1 036
	343	1 009
	301	1 039
	326	988
	323	1 053
	315	1 027
	309	1 017
	261	1 021
	320	1 088
	296	958
	286	976
	268	927
	301	942
	368	974
	308	918
	329	985
	298	955
	304	942
	318	999
	326	979
	336	1 087
	311	992
	314	977
	365	1 075
	312	987
	366	995
	299	1 031
	317	1 039
	287	1 057
	323	1 010
	326	981
	312	1 083
	350	1 015

续表 21

元音	F1	F2
e	485	1 728
	476	1 761
	495	1 807
	510	1 802
	515	1 773
	532	1 771
	451	1 769
	467	1 773
	512	1 794
	461	1 765
	515	1 748
	487	1 757
	439	1 806
	493	1 811
	495	1 779
	453	1 749
	431	1 789
	489	1 766
	467	1 773
	451	1 769
	467	1 773
	512	1 794
	461	1 765
	515	1 748
	487	1 757
	439	1 806
	493	1 811
	495	1 779
	453	1 749
	431	1 789
	489	1 766
	476	1 761
	495	1 807

续表 22

元音	F1	F2
e	510	1 802
	515	1 773
	532	1 771
	493	1 811
	495	1 779
	453	1 749
	431	1 789
	489	1 766
	476	1 761
	495	1 807
	510	1 802
	515	1 773
	532	1 771
	451	1 769
	467	1 773
	512	1 794
	461	1 765
	515	1 748
	487	1 757
	439	1 806
	493	1 811
	515	1 748
	487	1 757
	439	1 806
	493	1 811
	495	1 779
	453	1 749
	431	1 789
	489	1 766
	467	1 773
	451	1 769
	467	1 773
	512	1 794
	461	1 765

续表 23

元音	F1	F2
e	515	1 748
	487	1 757
	439	1 806
	493	1 811
	495	1 779
	453	1 749
	431	1 789
	489	1 766
	476	1 761
	495	1 807
	510	1 802
	515	1 773
	532	1 771
	493	1 811
	495	1 779
	453	1 749
	431	1 789
	489	1 766
	476	1 761
	495	1 807
	510	1 802
	515	1 773
	532	1 771
	451	1 769
	467	1 773
	512	1 794
	495	1 807
	510	1 802
	515	1 773
	532	1 771
	451	1 769
	467	1 773
	512	1 794
	461	1 765

续表 24

元音	F1	F2
e	515	1 748
	487	1 757
	439	1 806
	493	1 811
	515	1 748
	487	1 757
	439	1 806
	532	1 771
	451	1 769
	467	1 773
	512	1 794
	461	1 765
	515	1 748
	487	1 757
	439	1 806
	493	1 811
	495	1 779
	453	1 749
	431	1 789
	489	1 766
	467	1 773
	451	1 769
	467	1 773
	512	1 794
	461	1 765
	515	1 748
	487	1 757
	439	1 806
	493	1 741
	495	1 779
	453	1 749
	431	1 789
	489	1 766
	476	1 761

续表 25

元音	F1	F2
e	495	1 807
	510	1 802
	515	1 773
	532	1 771
	493	1 811
	495	1 779
	453	1 749
	431	1 789
	489	1 766
	476	1 761
	495	1 807
	510	1 752
	515	1 773
	532	1 771
	451	1 769
	467	1 773
	512	1 794
	461	1 765
	515	1 748
	487	1 757
	439	1 806
	493	1 751
	515	1 748
	487	1 757
	439	1 806
	493	1 761
	495	1 779
	453	1 749
	431	1 789
	489	1 766
	467	1 773
	451	1 769
	467	1 773
	512	1 794

续表 26

元音	F1	F2
e	486	1 774
	394	1 720
	457	1 756
	491	1 769
	450	1 726
	447	1 760
	458	1 781
	407	1 755
	476	1 798
	449	1 785
	480	1 745
	422	1 780
	442	1 749
	461	1 792
	414	1 770
	438	1 770
	497	1 803
	473	1 785
	471	1 729
	428	1 715
	434	1 739
y	292	2 017
	357	2 033
	304	1 999
	290	1 968
	332	1 959
	381	1 967
	360	1 920
	292	2 012
	357	2 033
	304	1 899
	290	1 968
	332	1 952

续表 27

元音	F1	F2
y	381	1 967
	360	1 920
	375	1 945
	302	2 124
	302	1 989
	305	1 947
	280	2 115
	274	1 988
	299	2 052
	363	2 178
	307	1 986
	303	2 009
	380	1 974
	267	1 938
	293	1 960
	359	1 935
	361	1 968
	332	1 930
	342	2 003
	330	1 942
	275	1 982
	289	2 089
	275	2 112
	338	1 977
	253	2 369
	257	2 278
	398	1 775
	344	1 778
	354	1 750
	347	1 772
	348	1 768
	381	1 815
	399	1 794
	359	1 784

续表 28

元音	F1	F2
y	393	1 846
	345	1 778
	358	1 755
	420	1 769
	416	1 739
	345	1 789
	377	1 752
	406	1 781
	369	1 771
	377	1 802
	413	1 794
	393	1 796
	320	1 769
	372	1 821
	345	1 786
	358	1 785
	416	1 778
	326	1 756
	338	1 789
	390	1 894
	356	1 820
	331	1 788
	323	1 779
	398	1 775
	344	1 778
	354	1 750
	347	1 772
	348	1 768
	381	1 815
	399	1 794
	359	1 784
	398	1 775
	344	1 778
	354	1 750

续表 29

元音	F1	F2
y	347	1 772
	348	1 768
	381	1 815
	399	1 794
	359	1 784
	393	1 846
	345	1 778
	358	1 755
	420	1 769
	398	1 775
	344	1 778
	354	1 750
	347	1 772
	348	1 768
	381	1 815
	399	1 794
	359	1 784
	393	1 846
	345	1 778
	358	1 755
	420	1 769
	416	1 739
	345	1 789
	377	1 752
	406	1 781
	369	1 771
	377	1 802
	413	1 794
	393	1 796
	304	1 999
	290	1 968
	332	1 959
	381	1 967
	360	1 920

续表 30

元音	F1	F2
y	292	2 012
	357	2 033
	304	1 899
	290	1 968
	332	1 952
	381	1 967
	360	1 920
	375	1 945
	302	2 124
	302	1 989
	305	1 947
	280	2 115
	274	1 988
	299	2 052
	363	2 178
	307	1 986
	303	2 009
	380	1 974
	267	1 938
	293	1 960
	359	1 935
	361	1 968
	332	1 930
	342	2 003
	330	1 942
	275	1 982
	289	2 089
	275	2 112
	338	1 977
	253	2 369
	257	2 278
	304	1 999
	290	1 968
	332	1 959

续表 31

元音	F1	F2
y	398	1 775
	344	1 778
	354	1 750
	347	1 772
	348	1 768
	381	1 815
	399	1 794
o	399	1 021
	477	998
	466	1 007
	387	1 018
	460	1 029
	475	998
	454	1 071
	478	1 040
	526	973
	486	1 052
	509	1 057
	447	1 042
	475	1 038
	482	991
	530	1 032
	479	1 019
	502	1 038
	466	1 016
	510	1 032
	479	1 019
	502	1 038
	466	1 016
	495	999
	483	1 033
	484	1 067
	470	1 051

续表 32

元音	F1	F2
o	479	1 035
	494	1 024
	481	1 061
	399	1 021
	477	998
	466	1 007
	387	1 018
	460	1 029
	475	998
	489	1 057
	447	1 042
	475	1 038
	482	991
	530	1 032
	479	1 019
	502	1 038
	466	1 016
	495	999
	513	1 033
	484	1 067
	470	1 051
	479	1 035
	478	973
	486	1 052
	519	1 057
	447	1 042
	475	1 038
	482	991
	530	1 032
	479	1 019
	502	1 038
	466	1 016
	495	999
	486	1 052

续表 33

元音	F1	F2
o	519	1 057
	447	1 042
	475	1 038
	482	991
	490	1 032
	479	1 019
	502	1 038
	466	1 016
	495	999
	513	1 033
	484	1 067
	470	1 051
	479	1 035
	494	1 024
	481	1 061
	399	1 021
	477	998
	466	1 007
	387	1 018
	460	1 029
	475	998
	454	1 071
	508	1 040
	487	973
	486	1 052
	509	1 057
	447	1 042
	475	1 038
	482	991
	530	1 032
	479	1 019
	502	1 038
	466	1 016
	495	999

续表 34

元音	F1	F2
o	513	1 033
	484	1 067
	470	1 051
	479	1 035
	494	1 024
	481	1 061
	488	1 027
	510	1 015
	487	1 033
	513	1 042
	512	1 013
	486	1 025
	489	1 040
	494	981
	520	987
	522	989
	515	1 045
	473	994
	493	992
	481	987
	558	990
	495	1 064
	497	1 012
	494	1 017
	520	1 038
	521	1 049
	494	984
	494	1 046
	498	1 007
	492	1 047
	571	1 010
	497	1 008
	527	1 055
	519	999

续表 35

元音	F1	F2
o	481	987
	558	990
	495	1 064
ε	596	1 803
	624	1 732
	617	1 745
	639	1 721
	615	1 774
	707	1 789
	652	1 729
	633	1 730
	604	1 698
	641	1 777
	631	1 743
	611	1 802
	669	1 773
	628	1 795
	612	1 766
	627	1 785
	669	1 772
	700	1 781
	639	1 721
	615	1 774
	707	1 795
	652	1 729
	633	1 730
	604	1 698
	641	1 777
	631	1 743
	615	1 774
	633	1 730
	604	1 698
	641	1 777

续表 36

元音	F1	F2
ɛ	631	1 743
	611	1 802
	669	1 773
	628	1 795
	612	1 766
	627	1 785
	669	1 772
	700	1 781
	639	1 721
	615	1 774
	617	1 695
	652	1 789
	604	1 698
	641	1 777
	631	1 743
	615	1 774
	687	1 695
	652	1 729
	633	1 730
	639	1 721
	615	1 774
	707	1 745
	652	1 729
	633	1 730
	604	1 798
	641	1 777
	631	1 743
	611	1 802
	669	1 773
	628	1 795
	612	1 796
	627	1 785
	669	1 772
	700	1 781

续表 37

元音	F1	F2
ε	639	1 721
	615	1 774
	707	1 765
	652	1 729
	633	1 730
	604	1 698
	641	1 777
	631	1 743
	615	1 774
	633	1 730
	604	1 698
	641	1 777
	631	1 743
	611	1 802
	669	1 773
	604	1 698
	641	1 777
	631	1 743
	615	1 774
	633	1 730
	604	1 698
	641	1 777
	631	1 743
	611	1 802
	669	1 773
	628	1 795
	612	1 766
	627	1 785
	669	1 772
	700	1 781
	639	1 721
	615	1 774
	707	1 665
	652	1 729

续表 38

元音	F1	F2
	604	1 798
	641	1 777
	631	1 743
	615	1 774
	697	1 765
	652	1 729
	633	1 730
	639	1 721
	615	1 774
	707	1 795
	652	1 729
	633	1 730
	604	1 698
	669	1 773
	604	1 698
	641	1 777
ε	631	1 743
	615	1 774
	633	1 730
	604	1 698
	641	1 777
	631	1 743
	598	1 741
	597	1 730
	680	1 722
	692	1 701
	646	1 761
	641	1 745
	595	1 713
	596	1 716
	599	1 748
	651	1 798
	693	1 735
	683	1 788

续表 39

元音	F1	F2
ɛ	645	1 787
	646	1 756
	598	1 853
	552	1 873
	598	1 810
	598	1 741
	597	1 730
	680	1 722
	692	1 701
	646	1 761
	641	1 745
	595	1 713
	596	1 716
	599	1 748
	651	1 798
	693	1 735
	683	1 788
	688	1 769
	690	1 710
	592	1 743
	598	1 753
	633	1 702
	593	1 798
	641	1 704
	641	1 796
	612	1 767
	652	1 732
	641	1 805
ə	491	1 347
	489	1 329
	491	1 192
	449	1 323
	487	1 275

续表 40

元音	F1	F2
ə	561	1 343
	442	1 299
	493	1 331
	445	1 322
	485	1 342
	488	1 321
	457	1 285
	563	1 188
	541	1 351
	492	1 354
	542	1 197
	447	1 325
	474	1 269
	517	1 256
	476	1 338
	416	1 347
	484	1 255
	427	1 315
	530	1 355
	442	1 323
	495	1 325
	461	1 322
	443	1 287
	511	1 271
	520	1 280
	497	1 329
	427	1 297
	419	1 296
	494	1 275
	469	1 293
	472	1 339
	546	1 345
	467	1 344
	503	1 190

续表 41

元音	F1	F2
ə	529	1 272
	504	1 298
	488	1 349
	454	1 284
	478	1 336
	470	1 286
	508	1 334
	479	1 351
	473	1 357
	480	1 343
	479	1 237
	486	1 331
	510	1 286
	468	1 350
	484	1 196
	472	1 292
	465	1 291
	474	1 279
	513	1 357
	518	1 192
	478	1 189
	475	1 274
	498	1 194
	448	1 257
	516	1 268
	449	1 279
	475	1 276
	491	1 280
	503	1 298
	485	1 179
	461	1 322
	443	1 287
	511	1 271
	520	1 280

续表 42

元音	F1	F2
ə	497	1 329
	427	1 297
	419	1 296
	494	1 275
	469	1 293
	472	1 339
	546	1 345
	467	1 344
	503	1 190
	529	1 272
	488	1 321
	457	1 285
	563	1 188
	541	1 351
	492	1 354
	542	1 197
	447	1 325
	474	1 269
	517	1 256
	476	1 338
	416	1 347
	484	1 255
	427	1 315
	530	1 355
	442	1 323
	495	1 325
	461	1 322
	443	1 287
	511	1 271
	520	1 280
	497	1 329
	472	1 292
	465	1 291
	474	1 279

续表 43

元音	F1	F2
ə	513	1 357
	518	1 192
	478	1 189
	475	1 274
	498	1 194
	448	1 257
	516	1 268
	449	1 279
	475	1 276
	491	1 280
	503	1 298
	485	1 179
	461	1 322
	443	1 287
	511	1 271
	520	1 280
	497	1 329
	427	1 297
	419	1 296
	494	1 275
	469	1 293
	472	1 339
	546	1 345
	467	1 344
	503	1 190
	529	1 272
	488	1 321
	457	1 285
	563	1 188
	541	1 351
	492	1 354
	542	1 197
	447	1 325
	474	1 269

续表 44

元音	F1	F2
ə	517	1 256
	476	1 338
	416	1 347
	484	1 255
	427	1 315
	530	1 355
	442	1 323
	495	1 325
	461	1 322
	443	1 287
	511	1 271
	520	1 280
	497	1 329
	427	1 297
	419	1 296
	494	1 275
	469	1 293
	472	1 339
	546	1 345
	467	1 344
	503	1 190
	529	1 272
	504	1 298
	488	1 349
	454	1 284
	478	1 336
	470	1 286
	508	1 334
	479	1 351
	473	1 357
	480	1 343
	479	1 297
	486	1 331
	510	1 286

续表 45

元音	F1	F2
ə	526	1 233
	490	1 174
	498	1 143
	437	1 147
	452	1 222
	509	1 210
	491	1 209
	477	1 234
	481	1 154
	473	1 144
ɤ	481	1 171
	512	1 132
	499	1 187
	481	1 149
	486	1 132
	488	1 091
	526	1 136
	497	1 155
	498	1 135
	495	1 084
	491	1 200
	496	1 107
	489	1 143
	493	1 138
	500	1 169
	491	1 114
	517	1 112
	502	1 085
	485	1 040
	487	1 055
	517	1 139
	489	1 054
	531	1 190

续表 46

元音	F1	F2
ɤ	499	1 187
	509	1 123
	513	1 101
	519	1 163
	491	1 114
	497	1 113
	523	1 085
	481	1 149
	496	1 132
	488	1 091
	526	1 136
	497	1 155
	498	1 135
	495	1 064
	491	1 200
	496	1 107
	489	1 143
	493	1 138
	510	1 119
	491	1 114
	517	1 112
	522	1 085
	498	1 135
	495	1 084
	491	1 100
	496	1 107
	489	1 143
	493	1 138
	508	1 169
	491	1 114
	527	1 112
	503	1 085
	485	1 049
	487	1 055

续表 47

元音	F1	F2
ɤ	517	1 139
	499	1 054
	531	1 190
	499	1 187
	495	1 129
	496	1 107
	491	1 143
	498	1 138
	510	1 169
	497	1 114
	517	1 112
	502	1 085
	518	1 135
	495	1 084
	491	1 200
	496	1 107
	489	1 143
	493	1 138
	512	1 109
	491	1 114
	517	1 112
	502	1 085
	489	1 040
	498	1 135
	495	1 084
	491	1 167
	496	1 107
	489	1 143
	493	1 138
	514	1 169
	491	1 114
	517	1 112
	502	1 085
	488	1 040

续表 48

元音	F1	F2
ɤ	487	1 055
	517	1 139
	489	1 154
	531	1 190
	499	1 187
	509	1 123
	513	1 141
	499	1 143
	493	1 138
	510	1 119
	495	1 114
	517	1 112
	502	1 085
	495	1 140
	499	1 135
	495	1 084
	493	1 200
	496	1 107
	489	1 143
	498	1 138
	511	1 169
	491	1 114
	517	1 112
	513	1 141
	519	1 163
	491	1 114
	497	1 113
	523	1 085
	481	1 149
	487	1 132
	488	1 191
	526	1 136
	497	1 155
	498	1 135

续表 49

元音	F1	F2
ɤ	534	1 190
	499	1 187
	509	1 123
	513	1 141
	519	1 163
	491	1 114
a	719	1 398
	778	1 526
	815	1 518
	833	1 534
	852	1 497
	818	1 515
	837	1 530
	843	1 537
	825	1 489
	812	1 476
	901	1 487
	737	1 521
	979	1 559
	978	1 526
	1 009	1 541
	958	1 532
	975	1 573
	1 012	1 565
	937	1 530
	943	1 574
	985	1 568
	974	1 495
	1 001	1 487
	987	1 498
	843	1 437
	825	1 489
	812	1 476

续表 50

元音	F1	F2
a	901	1 487
	737	1 421
	979	1 450
	978	1 426
	909	1 541
	815	1 518
	833	1 434
	852	1 497
	818	1 515
	837	1 530
	843	1 537
	825	1 489
	812	1 476
	901	1 487
	737	1 521
	979	1 459
	978	1 526
	971	1 541
	958	1 532
	975	1 573
	1 002	1 565
	937	1 530
	943	1 574
	965	1 568
	974	1 495
	812	1 476
	901	1 487
	737	1 521
	979	1 559
	978	1 526
	1 000	1 541
	958	1 532
	975	1 473
	1 012	1 565

续表 51

元音	F1	F2
a	937	1 530
	933	1 574
	985	1 568
	974	1 495
	1 001	1 487
	987	1 498
	843	1 537
	825	1 489
	812	1 476
	900	1 487
	737	1 521
	971	1 559
	978	1 526
	1 009	1 541
	815	1 518
	833	1 534
	852	1 497
	818	1 515
	837	1 530
	843	1 537
	825	1 489
	812	1 476
	901	1 487
	737	1 521
	979	1 559
	978	1 526
	818	1 515
	837	1 530
	841	1 537
	825	1 489
	812	1 476
	901	1 487
	737	1 521
	979	1 559

续表 52

元音	F1	F2
a	978	1 526
	909	1 541
	951	1 532
	975	1 573
	912	1 565
	937	1 530
	943	1 574
	985	1 568
	974	1 495
	812	1 476
	901	1 487
	737	1 521
	979	1 559
	978	1 526
	809	1 541
	958	1 532
	970	1 573
	1 012	1 565
	937	1 539
	943	1 574
	985	1 566
	974	1 495
	1 001	1 487
	987	1 498
	843	1 537
	825	1 489
	812	1 478
	901	1 487
	737	1 521
	971	1 559
	978	1 526
	829	1 540
	815	1 518
	833	1 534

续表 53

元音	F1	F2
a	812	1 477
	901	1 487
	833	1 534
	852	1 497
	818	1 515
	837	1 530
	841	1 537
	825	1 489
	812	1 479
	901	1 489
	737	1 521
	979	1 559
	978	1 526
	999	1 541
	958	1 532
	975	1 573
	892	1 565
ɐ	721	1 352
	735	1 365
	689	1 414
	737	1 403
	751	1 384
	695	1 338
	742	1 371
	781	1 392
	801	1 365
	769	1 401
	797	1 403
	751	1 384
	775	1 388
	746	1 371
	737	1 403
	711	1 384

续表 54

元音	F1	F2
ɐ	691	1 338
	712	1 371
	711	1 392
	701	1 365
	717	1 403
	711	1 384
	690	1 338
	712	1 372
	711	1 393
	701	1 395
	769	1 411
	742	1 379
	781	1 393
	801	1 375
	769	1 401
	797	1 404
	751	1 384
	775	1 389
	746	1 374
	737	1 405
	751	1 384
	695	1 338
	742	1 374
	781	1 393
	801	1 366
	737	1 404
	751	1 385
	695	1 338
	742	1 371
	781	1 392
	801	1 365
	737	1 403
	751	1 384
	695	1 338

续表 55

元音	F1	F2
ɐ	742	1 371
	781	1 392
	801	1 365
	769	1 401
	797	1 403
	751	1 384
	775	1 388
	746	1 371
	737	1 403
	751	1 384
	695	1 338
	742	1 371
	781	1 392
	801	1 365
	737	1 403
	751	1 384
	695	1 338
	742	1 371
	781	1 392
	801	1 366
	769	1 401
	742	1 372
	781	1 392
	801	1 365
	769	1 404
	769	1 401
	797	1 403
	751	1 386
	775	1 388
	746	1 371
	737	1 403
	751	1 384
	695	1 339
	742	1 371

续表 56

元音	F1	F2
ɐ	781	1 392
	801	1 364
	737	1 403
	751	1 384
	691	1 390
	732	1 371
	780	1 392
	781	1 365
	731	1 403
	731	1 385
	691	1 339
	742	1 372
	781	1 392
	734	1 365
	729	1 402
	791	1 403
	751	1 385
	801	1 365
	769	1 401
	797	1 403
	751	1 384
	775	1 388
	746	1 371
	737	1 403
	711	1 384
	691	1 338
	712	1 371
	711	1 392
	701	1 365
	717	1 403
	711	1 384
	690	1 338
	712	1 372
	711	1 393

续表 57

元音	F1	F2
ɐ	737	1 404
	751	1 385
	695	1 338
	742	1 371
	781	1 392
	801	1 365
	737	1 403
	751	1 384
ɯ	367	1 044
	373	1 071
	359	1 056
	334	1 132
	421	1 101
	355	1 157
	362	1 019
	296	1 101
	321	1 138
	373	1 099
	352	1 156
	334	1 132
	413	1 105
	375	1 157
	342	1 119
	346	1 103
	369	1 026
	335	1 112
	420	1 100
	335	1 117
	362	1 009
	296	1 101
	321	1 128
	373	1 099
	421	1 101

续表 58

元音	F1	F2
ɯ	355	1 157
	362	1 019
	296	1 101
	321	1 138
	373	1 089
	352	1 156
	334	1 131
	413	1 102
	375	1 117
	342	1 110
	346	1 100
	421	1 101
	355	1 121
	362	1 019
	296	1 101
	321	1 138
	373	1 099
	352	1 136
	334	1 122
	413	1 105
	375	1 157
	342	1 119
	346	1 103
	359	1 056
	334	1 132
	421	1 100
	355	1 157
	362	1 019
	296	1 101
	321	1 138
	373	1 099
	421	1 101
	396	1 091
	341	1 138

续表 59

元音	F1	F2
ɯ	378	1 099
	427	1 101
	356	1 157
	363	1 019
	297	1 101
	322	1 138
	374	1 099
	352	1 156
	335	1 132
	416	1 105
	375	1 137
	344	1 119
	347	1 103
	424	1 101
	357	1 157
	369	1 019
	299	1 101
	341	1 138
	374	1 099
	362	1 156
	346	1 103
	369	1 026
	335	1 112
	420	1 100
	335	1 117
	362	1 009
	296	1 101
	321	1 128
	373	1 099
	421	1 101
	355	1 157
	362	1 019
	296	1 101
	321	1 138

续表 60

元音	F1	F2
ɯ	373	1 089
	352	1 156
	334	1 131
	413	1 102
	375	1 117
	342	1 110
	346	1 100
	421	1 101
	355	1 121
	362	1 019
	296	1 101
	321	1 138
	373	1 099
	352	1 136
	334	1 122
	413	1 105
	375	1 157
	342	1 119
	346	1 103
	359	1 056
	334	1 132
	421	1 100
	355	1 157
	362	1 019
	296	1 101
	321	1 138
	373	1 099
	421	1 101
	396	1 091
	341	1 138
	378	1 099
	427	1 101
	356	1 157
	363	1 019

续表 61

元音	F1	F2
ʌ	599	1 089
	597	1 112
	635	1 131
	624	1 093
	616	1 110
	629	1 164
	617	1 172
	635	1 131
	624	1 163
	616	1 185
	629	1 104
	617	1 102
	635	1 108
	622	1 103
	611	1 105
	632	1 131
	623	1 093
	614	1 110
	626	1 164
	617	1 172
	621	1 131
	630	1 139
	614	1 093
	610	1 110
	621	1 164
	611	1 172
	635	1 131
	621	1 163
	614	1 185
	627	1 164
	615	1 172
	610	1 131
	624	1 163

续表 62

元音	F1	F2
ʌ	615	1 115
	623	1 121
	621	1 093
	617	1 110
	628	1 164
	607	1 172
	619	1 161
	616	1 172
	615	1 131
	612	1 111
	621	1 093
	611	1 110
	622	1 164
	613	1 172
	615	1 131
	615	1 115
	623	1 121
	621	1 093
	617	1 110
	628	1 164
	607	1 172
	619	1 161
	616	1 172
	615	1 131
	612	1 111
	621	1 093
	611	1 110
	622	1 164
	613	1 172
	615	1 131
	621	1 131
	630	1 139
	614	1 093
	610	1 110

续表 63

元音	F1	F2
ʌ	621	1 164
	615	1 115
	623	1 121
	621	1 093
	617	1 110
	628	1 164
	607	1 172
	619	1 161
	616	1 172
	615	1 131
	629	1 104
	617	1 102
	635	1 108
	622	1 103
	611	1 105
	632	1 131
	623	1 093
	614	1 110
	626	1 164
	617	1 172
	621	1 131
	630	1 139
	614	1 093
	610	1 110
	621	1 164
	611	1 172
	635	1 131
	621	1 163
	614	1 185
	627	1 164
	615	1 172
	610	1 131
	624	1 163
	615	1 115

续表 64

元音	F1	F2
ʌ	619	1 161
	616	1 172
	615	1 131
	612	1 111
	621	1 093
	611	1 110
	622	1 164
	613	1 172
	615	1 131
	621	1 131
	630	1 139
	614	1 093
	610	1 110
	621	1 164
	611	1 172
	635	1 131
	621	1 163
	614	1 185
	627	1 164
	615	1 172
ɿ	359	1 633
	352	1 636
	369	1 647
	390	1 575
	376	1 622
	371	1 621
	326	1 640
	314	1 637
	359	1 638
	391	1 622
	361	1 644
	348	1 616
	352	1 651

续表 65

元音	F1	F2
ɿ	375	1 630
	346	1 628
	374	1 579
	376	1 622
	371	1 621
	326	1 640
	319	1 637
	359	1 628
	391	1 622
	352	1 636
	369	1 647
	390	1 575
	376	1 622
	371	1 621
	326	1 640
	314	1 637
	359	1 638
	391	1 622
	361	1 634
	358	1 616
	352	1 651
	375	1 630
	391	1 622
	361	1 644
	348	1 616
	352	1 621
	375	1 630
	346	1 628
	374	1 579
	376	1 622
	371	1 621
	326	1 640
	314	1 637
	359	1 638

续表 66

元音	F1	F2
	391	1 622
	352	1 636
	369	1 627
	390	1 575
	376	1 622
	371	1 621
	326	1 640
	314	1 637
	359	1 638
	391	1 622
	361	1 614
	348	1 626
	358	1 616
	352	1 651
	375	1 630
	391	1 622
	361	1 644
ʅ	348	1 616
	352	1 621
	375	1 630
	346	1 628
	374	1 579
	376	1 622
	371	1 621
	326	1 640
	314	1 637
	359	1 638
	391	1 622
	352	1 636
	369	1 627
	358	1 616
	352	1 651
	375	1 630
	391	1 622

续表 67

元音	F1	F2
ɿ	361	1 644
	348	1 616
	352	1 621
	375	1 630
	346	1 628
	374	1 579
	376	1 622
	361	1 644
	348	1 616
	352	1 651
	375	1 630
	346	1 628
	374	1 579
	376	1 622
	371	1 621
	326	1 640
	319	1 637
	359	1 628
	391	1 622
	352	1 636
	369	1 647
	390	1 575
	376	1 622
	371	1 621
	326	1 640
	314	1 637
	359	1 638
	391	1 622
	361	1 634
	358	1 616
	352	1 651
	375	1 630
	391	1 622
	361	1 644

续表 68

元音	F1	F2
ɿ	390	1 575
	376	1 622
	371	1 621
	326	1 640
	314	1 637
	359	1 638
ʅ	390	1 502
	377	1 471
	357	1 423
	372	1 450
	368	1 434
	353	1 398
	299	1 441
	381	1 452
	382	1 381
	385	1 395
	369	1 473
	357	1 450
	382	1 432
	368	1 434
	331	1 367
	310	1 386
	301	1 387
	298	1 397
	342	1 411
	360	1 460
	371	1 456
	362	1 425
	299	1 420
	300	1 411
	369	1 444
	354	1 398
	299	1 449